四川省绿色低碳发展形势与展望

（2020）

——推动绿色复苏，促进低碳转型

主 编◆罗 彬

西南交通大学出版社
·成 都·

图书在版编目（CIP）数据

四川省绿色低碳发展形势与展望. 2020：推动绿色复苏，促进低碳转型 / 罗彬主编. —成都：西南交通大学出版社，2021.5

ISBN 978-7-5643-8016-8

Ⅰ. ①四… Ⅱ. ①罗… Ⅲ. ①绿色经济－区域经济发展－研究－四川 Ⅳ. ①F127.71

中国版本图书馆 CIP 数据核字（2021）第 075052 号

Sichuansheng Lüse Ditan Fazhan Xingshi yu Zhanwang (2020)
——Tuidong Lüse Fusu, Cujin Ditan Zhuanxing

四川省绿色低碳发展形势与展望（2020）
——推动绿色复苏，促进低碳转型

主编　罗　彬

责任编辑　孟秀芝
封面设计　原谋书装

出版发行　西南交通大学出版社
（四川省成都市金牛区二环路北一段 111 号
西南交通大学创新大厦 21 楼）
邮政编码　610031
发行部电话　028-87600564　028-87600533
网址　http://www.xnjdcbs.com
印刷　四川森林印务有限责任公司

成品尺寸　185 mm × 260 mm
印张　14.5
字数　361 千
版次　2021 年 5 月第 1 版
印次　2021 年 5 月第 1 次
定价　88.00 元
书号　ISBN 978-7-5643-8016-8

图书如有印装质量问题　本社负责退换

编 委 会

序　言

循环发展、低碳发展、绿色发展、可持续发展是当代发展的主题词。其基本观念、理想目标、概念内涵和发展方向是一致的、相互支撑的。虽然各个概念之间有一定的区别，理论出现的时间有前后，主题的视域有宽窄，应用的范围有大小，侧重解决的问题有差异，但它们都是随着环境问题的出现和生态危机的加重，旧的发展模式被质疑之后，为寻找新的发展方向和模式而提出和选择的，都为的是人类的永续发展和无止境的追求。

绿色低碳发展是一个内涵十分丰富的命题，是一种新颖的发展模式，是与生态文明建设时代相适应的社会—经济—生态综合系统的创新、变革与转型。它需要有正确的理论作引导，需要落实到产业的重构与新生产方式的建立上，需要有创新的技术与方法作支撑，需要民众广泛的认可和生活方式的改变，需要政府的动员与主导管理，需要政策的保障和法律的支持。可以说，这是一次新的产业革命，是谋求人与自然和谐发展新阶段的必然要求。

绿色发展不是只要绿色不要发展或限制发展，也不是只顾发展不要绿色，而是立足发展，促进发展，创新发展，协调发展，开放发展，共享发展，谋求发展与绿色的最大公约数。创新是绿色发展的灵魂，协调是绿色发展的本质，开放是绿色发展的视野，共享是绿色发展的宗旨。

由此，党中央审时度势，做出绿色发展的战略决策，适应了发展的新选择、新态势、新潮流，顺应了民心。2016 年，党中央提出“创新、协调、绿色、开放、共享”的新发展理念，正式在国家层面上确立了绿色发展的战略地位，并作为国家发展规划重要内容大力推进、实践、兑现，这在全球的绿色发展史上具有里程碑的意义。与此相应，中共四川省委及时做出了《关于推进绿色发展建设美丽四川的决定》，将绿色发展推上了全省主战场，标志着我省发展的历史转变和战略提升。

科学技术界、学术界作为绿色发展的先知者、宣传者、传播者，坚持并奉行着绿色的神圣使命，不忘初心。与此同时，产业企业界通过大量项目建设，变理念为行动，将理论转化为企业、产品、工程、财富，通过专家与企业家互动，拿出看得见、摸得着的成果，具有重要的示范意义。

绿色低碳发展是人类长远的共同目标和追求，只有起点，没有终点。同时，它又贯穿于发展的全过程，体现于并落实在不同地区、不同民族、不同发展阶段的人类活动全过程。四川是国土大省、人口大省、生态大省、经济大省，也是碳排放大省和碳汇大省，更是绿色青山大省、未来绿色产业大省，绿色低碳发展对促进全省产业升级、建设美丽四川具有重大意义，对全国绿色低碳发展也将发挥巨大影响和推动作用。

当前，我们立足于中国、四川的实际和需求，远有目标，近有抓手；既要综合、系统推进，又要突出重点，突出问题导向，有的放矢，做出特色，做出示范；尽力而为，落地生根，求真求实。

当然，我们必须清楚地认识到，绿色低碳发展现在仅仅是开端，是启蒙，是试验、示范，是万里长征的第一步。在这个过程中，我们需要克服旧的发展理念的缰绊，需要挣脱旧发展模式的惯性和惰性的阻力，需要在弃旧换新或转旧为新、新旧替代过程中付出一定的成本和代价，需要对不同部门、地区、人群和利益集团进行相关的利益调整和再分配。这就要求要有新的发展理论与创新科学技术做引导和支撑，需要有新的产业结构、生产方式与之对接，需要有新的生活方式、行为方式、消费方式与之配套，需要有新的社会管理模式作保障，需要有新的绿色市场、金融等帮助推动，需要有新的政策和法规保驾护航。对此，我们要有充分的思想准备，要有长期的战略安排，要有近中期的实施规划和具体措施。总之，视野要宽，谋划要长远，又要着眼实践，脚踏实地，一步一个脚印，逐步推进。

万事开头难，四川省环境政策研究与规划院编辑出版的这本书，就是一次新的尝试、探索和开拓，是绿色低碳发展的一声出征号角，一次新行动。目前，在全国对绿色低碳发展的理论研究、科技创新、生产实践、生活响应、文化宣传、社会行动等还较分散、薄弱的情况下，《四川省绿色低碳发展形势与展望》以回顾“十三五”、展望“十四五”为时间主轴，从四川全域全局上分析了绿色低碳发展的态势、战略方向；突出对当前热点问题、关键问题的关注和思考；紧紧结合四川产业实际，按行业进行较深入的剖析，探索未来产业绿色化、低碳化的实现路径；又以区域空间为依托，按不同区域的特点和发展基础进行分区论述，其中，对有全国示范意义的成渝地区双城经济圈、成德眉资同城化、川西北生态示范区、广元国家低碳城市、成都公园城市建设等做了较全面系统的介绍。最后，本书从学科交叉、自然科学与社会科学融合聚焦上，对绿色低碳发展进行理论与方法论的探讨。总体上，本书体现了理论与实践的有机结合，部门与区域的合力，普遍规律与特色的融合，继承与创新的对接，展现了四川省绿色低碳发展的风貌。本书的出版是有意义、有价值、很及时的。

本书的内容可以说是对四川省多年来绿色发展成果的回顾、总结、展示和展望、坚持，也可以说是对未来绿色低碳发展的一次理论拓展、实践推荐、学术交流与文化呼吁。本书是集体劳动的结晶，是众多作者共同的成果，作者群包括各专业和行业的专家、学者、科研人员、技术人员、企业家、行政管理人员、新闻文化人士等，体现出与绿色低碳发展相适应、相配套的人才结构。本书初步展现了四川省绿色低碳发展的行动与决心，更体现出与全国共同努力、相互切磋、相互交流、相互学习、一起推进的意愿和期盼。因此，尽管本研究可能是不完善的、有缺点的，但我认为这是一个良好的开端，是一次新努力和新行动的开始，值得鼓励，值得庆贺。为此，为之作序，以示支持！

陈国阶

2020 年 7 月 10 日

前　言

“窗含西岭千秋雪，门泊东吴万里船。”婀娜多姿、人杰地灵的四川，既是长江、黄河上游重要的生态屏障和水源涵养地，也是中国西部地区的主要的人口聚集区、“天府之国”，孕育了悠久、独特的地域文化。近几十年来，随着城市化、工业化进程加快推进和国土空间开发力度加大，人地关系趋于紧张和多样化，生态退化、环境污染、垃圾围城、资源瓶颈、自然灾害等生态环境资源问题加剧。近年来，四川将生态文明建设和绿色低碳发展摆在更加突出的位置，实施主体功能区战略，推进供给侧结构性改革，发展循环经济、绿色经济，培育低碳产业和数字业态，加快开发利用可再生能源，强化生态环境保护修复，缓解了一些领域人地关系，新能源、新能源汽车、新经济、新基建成为新的经济增长点。

2020 年，新的十年在新冠肺炎病毒肆虐全球中开局。启示我们，人类需要一场自我革命，加快形成绿色发展方式和生活方式，建设生态文明和美丽地球。人类不能再忽视大自然一次又一次的警告，沿着只讲索取不讲投入、只讲发展不讲保护、只讲利用不讲修复的老路走下去。要坚定不移贯彻创新、协调、绿色、开放、共享的新发展理念，抓住新一轮科技革命和产业变革的历史性机遇，推动世界经济“绿色复苏”，汇聚起可持续发展的强大合力。

为突出绿色低碳引领作用，充分抓住成渝地区双城经济圈建设、市场经济体制改革等战略机遇，加快形成与四川新时期高质量发展和高品质生活相适应的绿色低碳的空间格局、产业结构、生产方式和生活方式，推动建设更加绿色低碳、更可持续、更具韧性的四川，特编写本书。本书以绿色复苏和低碳转型为主线，通过看近望远、观外思内、深研导势，以期为政府、企业、社会组织等推动绿色低碳发展基础研究和实践创新提供有益参考。全书内容共分五篇。第一篇为总报告，呈现了新的二氧化碳排放达峰目标和碳中和愿景下，四川省“十四五”乃至更长时期积极应对气候变化的路径；第二篇为热点篇，分析了环境资源权益交易、碳普惠机制创新等绿色低碳研究和实践热点；第三篇为行业篇，分析了绿色交通、清洁能源、投融资等发展趋势；第四篇为区域篇，以川西高原等地区为例开展了绿色低碳发展剖析；第五篇为创新篇，回顾和展望了碳标签、区块链等发展应用形势。最后的附录，呈现了四川省应对气候变化的绿色低碳发展数据图及大事记。

由于时间仓促和水平有限，书中难免有不足之处，敬请读者批评指正！

编委会

2020 年 11 月

目 录 CONTENT

第一篇 总 报 告

第二篇 热 点 篇

第三篇 行 业 篇

第四篇 区 域 篇

第五篇　创 新 篇

第一篇 总报告

碳达峰时代：创新推动绿色低碳转型

罗彬　向柳　陈明扬　杨耀　文新茹[①]

【摘　要】《巴黎协定》凝聚了全球气候治理共识，为人类可持续发展指明了路径和方向。在疫后复苏的关键节点，“绿色”成为越来越多国家实现复苏、提升产业竞争力的重要路径选择。中国着眼高质量发展和构建人类命运共同体，提出“二氧化碳排放力争于2030年前达到峰值，努力争取2060年前实现碳中和”的战略目标，将其视为“一场硬仗”和“一场大考”。本报告立足国际国内“绿色复苏”的新形势新要求，回顾了四川绿色低碳发展成效，剖析了深化绿色低碳行动的环境，提出了碳达峰、碳中和目标愿景引领下四川绿色转型的布局和创新方向的思虑，以期为四川推动绿色复苏、加快低碳转型提供参考。

【关键词】《巴黎协定》；碳中和、碳达峰；绿色复苏

一、全球经济绿色转型趋势

气候变化是当今时代的最大挑战之一。2016年启动的《变革我们的世界：2030年可持续发展议程》指出，气候变化产生的不利影响削弱了各国实现可持续发展的能力；我们决心果断应对气候变化和环境退化带来的威胁；将“采取紧急行动应对气候变化及其影响”作为17个可持续发展目标之一。《巴黎协定》代表了全球绿色低碳转型的大方向，是保护地球家园需要采取的最低限度行动。

（一）《巴黎协定》成共识

自20世纪90年代以来，气候变化议题是国际博弈的谈判的重点领域之一。2015年，巴黎气候变化大会上通过了《巴黎协定》，《巴黎协定》成为继1992年《联合国气候变化框架公约》、1997年《京都议定书》后第三个里程碑式的应对气候变化国际法律文本。《巴黎协定》为2020年后全球气候治理提供了“自下而上”的综合解决方案，明确了全球温度控制具体目标：把全球平均气温升幅控制在工业化前水平以上低于2 °C之内，并努力将气温升幅限制在工业化前水平以上1.5 °C之内。主流科学界认为，将气温升高控制在1.5 °C以内，可以规避或减轻诸如海平面上升、冰川融化、极端气候等带来的生态灾害和经济损失，大幅减少受气候变化不利影响的人群。而要实现1.5 °C的温度控制目标，意味着全球必须停止毁林并大规模造林，大幅减少化石燃料使用，2050年前停止使用燃煤，发展太阳能、风能、氢能等可再生能源，扩大气候友好的可持续农业投资，采用碳捕捉和存储技术，尽快实现温室气体排放

① 罗彬，四川省环境政策研究与规划院院长；陈明扬，四川省环境政策研究与规划院能源与气候变化研究中心主任、高级工程师；向柳，四川省环境政策研究与规划院工程师；杨耀，四川省环境政策研究与规划院工程师；文新茹，四川省环境政策研究与规划院助理工程师。

达峰，21 世纪下半叶实现温室气体净零排放，否则将可能错失窗口期。

根据世界气象组织披露的信息，2010—2019 年已经成为全球有记录以来最热的十年，2019 年全球平均气温比工业化前水平高出 1.1 °C。按照现有变化趋势，如要达到 1.5 °C 温度控制目标，21 世纪剩余时间内人类活动所致温度升高幅度不能超过 0.5 °C。联合国环境规划署 2019 年 11 月发布的《排放差距报告》指出，即使当前《巴黎协定》下所有无条件承诺都得以兑现，全球气温仍有可能上升 3.2 °C；如果要实现 1.5 °C 温度控制目标，需要减少温室气体排放 320 亿吨二氧化碳当量，在 2020—2030 年平均每年减排 7.6%。因此，实现《巴黎协定》的目标，国际社会特别是发达国家和新兴经济体必须实施更有力度的气候行动。在联合国的积极推动下，目前，全球已有 120 多个国家提出了 2050 年实现碳中和的目标和愿景，其中既包括英国、日本、新西兰等发达国家，也包括智利、埃塞俄比亚等发展中国家。

（二）“欧洲绿色协议”实施

长期以来，欧盟是全球气候治理的积极推动者和引领者，已建成全球最大碳排放权交易体系。2019 年，欧盟机构已将气候变化和数字化作为优先议程之一，欧洲议会通过决议，宣布欧盟进入气候紧急状态；欧盟委员会发布“欧洲绿色协议”，提出 2030 年减排目标从原来的 1990 年水平减排 40%提升至 50%～55%，明确 2050 年将欧洲建成世界首个实现气候中立的大陆。此外，涉及清洁能源、循环经济、数字科技等方面，政策措施覆盖工业、农业、交通、能源等几乎所有经济领域，以加快欧盟经济从传统模式向可持续发展模式转型，重塑经济新动能和产业竞争力。2020 年 1 月，欧盟委员会提出《欧洲可持续投资计划》，计划未来十年内为应对气候变化吸引 1 万亿欧元公私投资；同年 3 月，又公布《欧洲气候法》草案，强化气候行动目标的约束力。

（三）美国提出气候新议程

美国是全球累积温室气体排放最多的国家，1751—2010 年能源和工业部门排放占全球的 27.9%。美国在应对气候变化问题的态度上存在反复，是全球气候治理的重要不确定因素。2001 年 3 月，小布什政府以减少碳排放影响经济发展、发展中国家应承担减排义务为由，宣布单方面退出《京都议定书》。特朗普政府多次称全球变暖是骗局，并取消了奥巴马政府的清洁能源计划，持续放松化石能源行业发展相关环境约束，2017 年停止实施“国家自主贡献”，并于 2020 年 11 月 4 日正式退出《巴黎协定》，成为唯一退约的缔约方。虽然特朗普领导的联邦政府消极对待气候变化，但包括加利福尼亚州、纽约州在内的多个州、城市和企业推进与《巴黎协定》目标一致的气候行动。2020 年新当选美国总统拜登关于“清洁能源革命和环境计划”的竞选政策中提出，将重返《巴黎协定》，推动 2050 年前实现全美净零排放，对清洁能源和创新进行历史性投资，确保农业部门在世界上第一个实现净零排放。随着联邦政府的换届，对清洁能源和创新的投资加大，将为全球气候治理带来积极影响。

（四）中国明确碳中和愿景

中国将应对全球气候变化作为构建人类命运共同体的重要内容，提出实施积极应对气候变化国家战略。2007 年，国务院率先在发展中国家中发布《中国应对气候变化国家方案》，并成立国家应对气候变化领导小组。“十二五”时期，中国首次把单位地区生产总值二氧化碳排放降低作为“十二五”规划纲要的约束性指标。此后，相继实施《“十二五”控制温室气体排放工作方案》《国家应对气候变化规划（2014—2020 年）》《强化应对气候变化行动——中国国家自主贡献》《“十三五”控制温室气体排放工作方案》《“十三五”应对气候变化科技创新专项规划》等政策行动。通过采取调整产业结构、优化能源结构、节能提高能效、推进碳市场建设、增加森林碳汇等措施，扭转了二氧化碳排放较快增长的态势，碳排放强度持续降低。2019 年，碳排放强度较 2005 年降低 48.1%，非化石能源占能源消费比重达到 15.3%。

中国是《巴黎协定》的倡导者、维护者和坚定实施者，中国在《巴黎协定》的达成、签署、批准、生效、实施过程中，做出了关键贡献。2020 年 9 月 22 日，中国提出“将提高国家自主贡献力度，采取更加有力的政策和措施，二氧化碳排放力争于 2030 年前达到峰值，努力争取 2060 年前实现碳中和”，表明了强化气候行动、推动绿色转型的决心。《中共中央关于制定国民经济和社会发展第十四个五年规划和二〇三五年远景目标的建议》进一步提出，“十四五”期间继续降低碳排放强度，支持有条件的地方率先达到碳排放峰值，制定 2030 年前碳排放达峰行动方案；到 2035 年，广泛形成绿色生产生活方式，碳排放达峰后稳中有降。

总体而言，欧、美发达国家从碳达峰到碳中和，拥有 50 ~ 70 年过渡期，而中国仅有 30 年。中国 2060 年前实现碳中和，需付出比发达国家 2050 年前实现碳中和更多的努力。《中国长期低碳发展战略与转型路径研究》发布，要实现 2060 年前碳中和，需到 2050 年二氧化碳净零排放、全部温室气体减排 90%，2050 年后进一步加大减排力度，能源系统二氧化碳实现零排放，加大非二氧化碳温室气体减排力度，加强碳汇吸收和碳移除技术。在人口体量大、实体经济发展快、煤炭消费占高的条件下实现碳达峰和碳中和，实现深度脱碳，需要长期而有力度的行动。

二、四川绿色低碳政策行动

2007 年特别是“十三五”以来，四川按照高质量、可持续发展要求，全面落实积极应对气候变化国家战略，统筹推进减缓和适应气候变化，积极探索符合四川战略定位、发展阶段、产业结构、资源禀赋的低碳转型和碳达峰路径，先后实施节能减排低碳发展行动、控制温室气体排放行动、发展绿色低碳循环经济“五大行动”，温室气体排放趋于稳定，单位地区生产总值二氧化碳排放（碳排放强度）持续下降。

（一）加快构建气候治理大格局

推动公众绿色低碳意识提升。加强气候变化科学普及，连续七年编制《四川省气候变化监测公报》，编制《第二次西南区域气候变化评估报告》，涌现“四川气候秀”“碳惠天府”等气候变化科普平台。通过全国节能宣传周、全国低碳日和世界地球日、世界环境日等活动，广泛开展节能低碳宣传活动，举办省直机关生态文明建设形势报告会，编印全省应对气候变化工作手册，摄制应对气候变化宣传片，通过传统媒体和新媒体平台广泛宣传气候变化风险及其应对成效，讲好低碳中国“天府故事”。探索建立公众参与机制，“蓉 e 行”低碳出行平台累计引导 16.8 万人次自愿停驶私家车 38.2 万天，年减排二氧化碳约 3 万吨。推广实施大型活动碳中和，建成龙泉山城市森林公园碳中和林，在线完成第三届国际城市可持续发展高层论坛等 20 多场会议和青城山、都江堰 2 个景区碳中和，注销四川农村沼气类（CCER）超过 1 700 多吨。

完善应对气候变化体制机制。推进应对气候变化职责平稳有序划转，设置生态环境厅应对气候变化与对外合作处，探索推动应对气候变化与生态环境保护统筹融合、协同增效。强化专业技术支撑，机构改革后设立省环境政策研究与规划院能源与气候变化研究中心，培育应对气候变化研究机构和专家队伍。调整优化全省和市州节能减排及应对气候变化工作领导小组，细化应对气候变化职责分工，常态化召开全省应对气候变化工作推进会，实现跨部门应对气候变化会商调度。突出低碳引领，构建起以《四川省控制温室气体排放工作方案》《四川省应对气候变化规划（2014—2020 年）》为核心的规划政策体系，推动将应对气候变化融入成渝地区双城经济圈、成德眉资同城化等相关规划政策文件。注重目标导向，将碳排放强度控制目标纳入省级生态环境保护党政同责、省政府目标绩效管理、生态文明建设、绿色发展等评价考核指标体系，分解下达到重点行业和各地区，探索将应对气候变化纳入省级生态环境保护督察。印发《四川省“十三五”控制温室气体排放目标责任评价办法（修订）》，制定工业、交通运输领域碳排放强度表征指标及核算方法，按年度开展控制温室气体排放目标责任评价。常态化开展省级温室气体清单编制，全面启动市州温室气体清单编制。

（二）大力推广绿色低碳发展方式

开展国家清洁能源示范省创建。立足资源禀赋优势，推进金沙江、雅砻江、大渡河“三江”水电基地建设，建设凉山州风电基地，实施光伏扶贫工程，建成全国最大清洁能源基地。可再生能源电力装机占全省总电力装机的比重和可再生能源占总发电量的比重均在 80%以上。稳定向中东部地区输出低碳能源，自 1998 年以来累计外送电量超过 1 万亿千瓦时，相当于 10 个三峡水电站的年发电量，可减少电煤消耗约 4 亿吨，减排二氧化碳约 10 亿吨。实施清洁替代、电力替代工程，执行丰水期居民电价优惠，建设水电消纳产业示范区，非化石能源消费占比超过 36%，清洁能源消费占比超过一半，形成以清洁能源为主的能源消费结构。实施全民节能行动，推进重点用能单位“百千万”行动和工业企业节能低碳行动，启动区域用能权交易试点，开展工业节能诊断和监察执法，以年均 3.2%的能源消费增速支撑经济中高速增长。

壮大绿色低碳经济和产业。发展生态循环农业，化肥使用量连续五年减少，畜禽粪污综合利用率达 93%，秸秆综合利用率达 89%。增强自然空间碳汇，以川滇、秦巴、大小凉山等重点生态功能区为重点，实施大规模绿化全川行动，年均营林造林 1 000 万亩以上，森林覆盖率约 40%，森林蓄积约 19 亿立方米，草原综合植被盖度约 86%，林草资源质量和功能效益稳步提升。加快构建“5＋1”现代工业体系，培育壮大节能环保、清洁能源、轨道交通、新能源与智能汽车等绿色产业，2019 年五大支柱产业营业收入增长 9.6%，电子信息产业营业收入突破 1 万亿元。构建绿色制造体系，累计创建国家级和省级绿色工厂 137 家、绿色园区 17 家、绿色设计产品 18 种、绿色供应链管理企业 4 家。实施服务业“三百工程”，发展商业贸易、现代物流、金融服务、文体旅游四大支柱型服务业，实施“绿色四川”旅游行动计划，第三产业对经济增长的贡献率达 53%，增加值占比由 2015 年的 40%提升至 2019 年的 52%。

加强农村沼气、城市废弃物沼气、煤矿瓦斯回收利用，加强天然气（页岩气）开采过程甲烷管控，控制氢氟碳化物排放，促进电网行业六氟化硫回收利用。

（三）构建绿色低碳城市生活圈

推动建筑绿色高质量发展。实施绿色建筑行动，累计建成绿色建筑面积 1.4 亿万平方米，绿色建筑在城镇新建建筑中占比达 40%，率先在成都、绵阳、德阳等 9 个城市执行居住建筑节能 65%的标准，推动 50 栋试点建筑接入国家机关办公建筑和大型公共建筑能耗监测平台，实施既有建筑节能改造，加快太阳能光热、浅层地能等可再生能源建筑应用。开展节约型公共机构示范单位创建，公共机构人均综合能耗、单位建筑面积能耗持续下降。

构建绿色低碳交通运输体系。实施公交优先战略，连续七年新增公交车 1 000 辆以上，在营公交车达 3.4 万辆。成都市城市轨道交通加速成网，连续四年每年至少新开 2 条线，在营里程突破 300 千米，年客运量居全国第五；规范发展共享单车，日均骑行次数超 200 万人次，日均骑行里程超 360 万千米，年减排二氧化碳约 2 万吨。持续优化区域交通运输结构，推进成都平原经济区铁路公交化改造和运营，建设长江上游（四川）航运中心，引导中长距离货物运输向公铁、公水等联运方式转变。加快高污染、高耗能营运车船淘汰，推广应用清洁能源和新能源汽车推广应用，城市公交新增和更新车辆中新能源车辆占比超过 50%。泸州港、宜宾港、南充港 15 个泊位建成岸电设施 15 套，长江干线五大类港口岸电配备率达 100%。

创新建设绿色低碳城市。成都市深化国家低碳试点城市建设，实施低碳城市建设“636”工程，积极构建绿色低碳产业、能源、城市、碳汇、消费、制度能力六大体系，启动“碳惠天府”机制建设。广元市推动低碳发展与生态康养旅游名市建设深度融合，实施“低碳 +”战略。遂宁市建设锂电新材料产业园。雅安市培育水电消纳产业示范区。乐山市打造“中国绿色硅谷”。

（四）有序适应气候变化影响风险

推进高原地区以冰冻圈和高原生态系统为特色的国家气候监测网布局建设，开展多领域气候变化影响和风险分析评估研究。启动川西气候变化影响与适应调查，开展全省应对气候变化适应对策研究。加强洪涝、干旱、草原森林火灾和生物病虫害等自然灾害风险管理，针对居民集中区和水库、公路、铁路等重大基础设施周边地质灾害隐患点进行拉网式排查。深化广元国家气候适应型城市建设，加快推进海绵城市建设，改造排水防涝管网，排查消除城市易涝点。采取削减水电外送、工业负荷错避峰等措施应对夏季最大用电负荷，缓解高峰供电压力。推广使用优质、高产、抗逆农作物品种，实施林业适应气候变化行动。加强非常规水资源开发利用，加快解决农村饮用水安全问题。做好老人、儿童季节性流感防范和露天工作人员避暑。

（五）强化绿色低碳发展体系支撑

建设西部环境资源交易中心。加强碳排放权、用能权等环境资源权益交易基础设施和制度建设，制定《四川省落实〈全国碳排放权交易市场建设方案（发电行业）〉工作方案》《四川省农村能源碳交易项目开发管理办法》。广泛开展碳市场能力建设，全国碳市场能力建设（成都）

中心累计培训超过 1 万人次。推动 250 余家重点企业编制碳排放监测计划，有序开展 2010—2019 年度碳排放报告与核查，70 多家企业披露温室气体 1.5 亿吨二氧化碳当量。温室气体自愿减排交易市场开市以来，累计成交国家核证自愿减排量（CCER）突破 1 400 万吨，按可比口径居全国第三。推进林草碳汇高质量发展，加快开发 21 个林业碳汇项目。推进低碳产品和碳足迹认证，创新开展出口产品低碳认证，全省低碳认证证书累计突破 50 张，成都认证成效居全国前列。探索创新气候投融资模式，开展省级绿色金融创新试点，建设绿色企业和绿色项目库，上线绿色金融超市“绿蓉融”，设立大熊猫碳汇基金，2017 年发行首支 40 亿元绿色金融债券，2018 年成都轨道交通集团成功注册 70 亿元绿色中期票据，首单绿色债券融资工具落地。

突出科技支撑作用。加强协同创新平台建设，支持建设“能源储备与碳捕获、利用与封存国际科技合作基地”和“沼气技术国际科技合作基地”，创建川锅锅炉国家企业技术中心等创新平台。二氧化碳捕集和资源化利用技术取得突破，实施低浓度尾气二氧化碳等直接矿化磷石膏联产硫酸铵关键技术研究与工程示范，开展森林碳汇产业扶贫技术集成与示范研究，推进基于相变聚能的高效换热器研发等科技创新示范。出台《四川省构建市场导向的绿色技术创新体系实施方案》《四川省节能环保产业技术攻关路线图（2019—2022）》，开展节能领跑绿色产品全川行活动，举办中国国际节能环保技术装备展示交易会暨中国（成都）国际绿色产业博览会、中国（四川）国际循环经济博览会，高效燃煤锅炉、工业余热回收锅炉等优势特色产品国内市场占有率超过 30%。

广泛开展对外交流合作。中美“2 + 2”清洁能源论坛、第三届低碳 · 智慧城市发展国际论坛、低碳发展与生态康养旅游名市建设（中国 · 广元）国际论坛、中国城市碳排放达峰和低碳发展研讨会、四川省林业碳汇国际研讨会在川顺利举办，参加第七届清洁能源部长级论坛、地方及区域领导人气候峰会、2018 年全球气候行动峰会、第二届城市低碳发展国际论坛。实施全球环境基金项目，推进“中国—瑞士低碳城市”成都项目，基本完成诺华川西南林业碳汇、社区和生物多样性项目建设任务。深化校省合作，成立清华四川能源互联网研究院。

三、四川绿色低碳发展环境

当前，四川正抓住“一带一路”建设、长江经济带发展、新一轮西部大开发、成渝地区双城经济圈建设等机遇，实施“一干多支、五区协同”“四向拓展、全域开放”战略，积极构建“5 + 1”现代工业体系、“10 + 3”现代农业体系、“4 + 6”现代服务业体系，打造高质量、可持续发展新高地。

（一）全球气候变化敏感脆弱区

作为长江和黄河上游重要生态屏障和水源涵养区，四川自然环境复杂多样。气候地带性和垂直变化明显，包括四川盆地中亚热带湿润、川西南山地亚热带半湿润、川西北高山高原高寒三大气候区。东西地貌差异大，位于中国大陆地势三大阶梯中的第一级和第二级，即处于第一级青藏高原和第二级长江中下游平原的过渡带，高低悬殊、西高东低的特色明显。动植物资源种类繁多，高等植物占全国总数的 1/3，仅次于云南；国家重点保护野生动物占全国的 39.6%，居全国第一位；野生大熊猫占全国野生大熊猫总数的 74.4%，种群数量居全国第一位。河川径流和冰川众多，有大小河流近 1 400 条，号称“千河之省”，且拥有湖泊 1 000 余个、冰川 200 余条，川西北和川西南分布有沼泽。水能、煤炭和天然气等资源丰富齐全。此外，自然灾害分布广、种类多、频次高，是全国自然灾害最重的省份之一。116 个县（市、区）被国家列为森林火灾高危区、高风险区，占全国的 7.39%，其中森林火灾高危区县（市、区）占全国的 23.18%。

独特的自然环境，加上不断增强的开发活动，使得四川对全球气候变化较为敏感脆弱。《四川省气候变化监测公报》显示，近 60 年来全省平均气温以每 10 年 0.17 °C 的速度增长，近 20 年是有气象监测以来最热的时期。中国科学院的观测表明，1966—2009 年“蜀山之王”贡嘎山冰川面积减少 11.3%，其东坡的海螺沟冰川退缩 1.15 千米，平均每年退缩 25 ~ 30 米，且 1989—2008 年冰川消融区冰舌端冰川厚度平均减薄约 33.9 米。此外，高温事件增多，山火风险加剧。即使人类立刻停止温室气体排放，全球增温效应仍将持续几十年甚至上百年，未来气候变暖将给人类活动和自然系统带来更大的胁迫和风险。

（二）发展不充分不平衡问题突出

“人口多、底子薄、不平衡、欠发达”仍是四川省的基本省情。近年来，随着经济社会快速发展，四川呈现出了一些新特征和新情况，但发展不充分不平衡问题仍较为突出。横向看，2019 年四川全省地区生产总值（GDP）达 4.7 万亿元，总量居全国第六、西部第一、长江经济带第三，但不到广东省和江苏省的一半。人均 GDP 达到人民币 5.58 万元（约 8 000 美元），低于全国平均水平，仅为广东省的 3/5、江苏省的 1/2，不到上海市的 2/5，与重庆也存在较大差距，仅为重庆市的 3/4。从内部看，成都市以全省 3%的面积集中了 20%的常住人口和 37%的 GDP。2019 年，成都市 GDP 高达 1.7 万亿元，但其他 20 个市州 GDP 均未超过 3 000 亿元；全省仅成都市、攀枝花市人均 GDP 突破 7 万元（约 1 万美元），而全省平均水平不到 6 万元，仅为成都市的 54%。户籍人口为成都市 1/3 的凉山州，人均 GDP 不到成都市的 1/3。

总体上，四川仍处于工业化、城镇化加速期。近年来，经济结构持续优化，2018 年第三产业增加值占 GDP 比重首次突破 50%；2019 年，第三产业占比为 52.4%，低于全国平均水平。“十三五”前四年，全省人口总量趋于稳定，常住人口城镇化率年均提高近 1.5 个百分点，2019 年常住人口、户籍人口城镇化率分别为 53.8%、36.78%。分区域看，全省仅成都、甘孜、阿坝、巴中、资阳、雅安、广安 7 个市州第三产业占比超过 50%，德阳、宜宾、攀枝花 3 个市占比不到 40%；成都市常住人口城镇化率达 74.4%，攀枝花市达 66.8%，超过 50%的城市还包括绵阳、自贡、德阳、乐山、泸州、遂宁、宜宾、内江，川西高原高山区城镇化率水平最低。

预计“十四五”期间，全省人口数量将总体稳定，深度老龄化、严重少子化持续，人口自然增长带来的土地、水资源、能源需求扩张态势趋缓，但随着产业梯度转移和人口不均衡聚集，成都都市圈、区域中心城市和山区城市资源环境问题呈加剧趋势。未来五年，预计全省经济仍将保持 7%左右的速度增长，第三产业占比达到约 55%，常住人口城镇化率进一步提升到 60%左右。

（三）“高碳锁定”积重难返

新中国成立以来，特别是经过“三线”建设，四川省依托资源禀赋优势，形成了以机械工业、食品制造工业、纺织皮革工业、化学工业和冶金工业为主导的工业体系。随着西部大开发的推进，四川重化工占比高的特征日益突出，钢铁、火电、建材、化工等传统产业“高碳锁定”突出，并形成路径依赖，部分地区过度依赖能源资源等传统要素投入。2019 年，全省六大高耗能行业能耗占规上工业能耗比重超过 76%，攀枝花、凉山、内江、宜宾、广安、达州、乐山、泸州等地区经济“高碳锁定”明显。其中，内江市规上六大高耗能行业能耗占规上工业能耗比重高达 92.3%，比全省水平高 15.6 个百分点，占比在全省地级及以上城市中最高，且呈扩大态势。从能源结构看，虽然全省已建成全国最大清洁能源基地，形成以水电和天然气等清洁能源为主的消费结构，但化石能源消费占比仍高达 64.1%、煤炭消费占比达 28.3%。

“十四五”时期，综合考虑传统产业“高碳锁定”、中国“气大庆”建设、煤炭压减难度加大、水电开发和就地消纳限制因素增多、成都天府国际机场投运、燃油机动车保有量增长、东部地区产业转移承接、数字经济扩张、服务业加快发展、多个省级新区建设，能源消费总体将呈增长态势，二氧化碳排放总量控制压力较大。预计“十四五”期间，能源消费总量特别是电力、天然气消费将刚性增长，能耗强度、碳排放强度年均分别下降 2.5%、3%左右。

四、达峰引领绿色转型布局

四川省提出 2030 年前实现碳排放达峰，也具备早于全国达峰的能源资源禀赋。要充分抓住新一轮技术革命、能源革命和产业变革带来的历史机遇，按照高质量发展、构建“双循环”新发展格局的要求，持续优化空间结构、人口结构、产业结构和能源结构，加快形成更加绿色低碳、更可持续的现代化格局。

（一）提高经济转型升级的质效

将调整经济和产业结构、发展绿色低碳经济、培育循环经济作为控制温室气体排放需求、治理生态环境问题的重要路径。加快建设现代农业体系，继续推进农业供给侧结构性改革，加快现代农业园区建设，大力培育区域品牌和特色产品。构建现代工业体系建设，实施《“中国制造 2025”四川行动计划》，加快推动钢铁、建材、化工等传统产业转型升级，培育壮大饮料食品等特色优势产业。推进数字经济发展，提高新基建能效水平，实现数字赋能绿色低碳。构建现代服务业体系，大力发展生态文化旅游、会展金融、商贸物流等服务业。

强化绿色低碳转型产业支撑。做大做强节能环保、清洁能源、新能源汽车、林草碳汇等低碳产业，培育一批具有国际和全国影响力的低碳产业集群（带）、产业生态圈，培育新经济、氢经济、气候投融资、碳排放监测、低碳会计、碳资产管理、合同甲烷管理、碳中和服务等业态场景。

（二）深化能源生产和消费革命

实施风光水火储一体化发展，有序推进金沙江、雅砻江、大渡河“三江”水电基地建设，持续推进实施一批重大水电项目建设。推进凉山州风电基地建设，实施光伏发电推广工程。探索利用川西地区风光水资源分布集中优势，推进风光水互补开发、打捆外送，建设全国重要可再生能源开发基地。发展农村可再生能源，推进有条件的民族地区、革命老区发展分散式风能、分布式太阳能、生物质能等，大力推广农村应用太阳能热水器、小风电等小型能源设施，实现农村能源供应方式多元化。推进川西地区地热发电示范，探索供热开发利用。在有条件的地区布局氢能等新能源产业，打造氢走廊和网络，构建氢产业生态圈和应用体系。

全面实施绿色电能替代。加强电力系统智能化建设，建设“源—网—荷—储”协调发展、集成互补的能源互联网，提升更加灵活、适应高比例可再生能源的柔性电网。建立健全可再生能源电力消纳保障机制，按照优先自用、合理外送原则，加快能源外送通道建设，实施清洁能源优先调度，切实减少弃水弃风弃光。拓展水电消纳产业示范区试点，发展绿色载能产业，促进绿色能源就近消纳。实施新一轮电气化，以电能替代为抓手、扩展燃煤自备替代范围，积极引导工业生产、交通运输、农业生产、商业消费、餐饮消费、家庭等领域实施“以电代煤”“以电代油”，形成清洁、安全、高效的新型能源消费体系。

控制化石能源消费总量。实施煤炭消费总量控制，推动煤炭清洁高效利用，实施电力绿色调度，实施燃煤自备电厂清洁替代，合理控制冶金、建材等行业用煤。严控新上耗煤项目审批、核准和备案，禁止新增燃煤机组，降低煤炭消费比重。推进冬季城乡清洁取暖，减少农村散煤使用。坚持常规与非常规并举，有序推进天然气（页岩气）勘探开发，推进天然气管网和储气设施建设，加快成都东部新区、攀西地区等区域天然气管道建设。控制燃料油消费，推广可持续航空生物燃油。实施更为严格的能效政策，持续推进工业、交通、建筑、农业农村等重点领域节能降耗，持续提高能源利用效率和效益。

（三）建设碳排放达峰先锋城市

2005—2019 年，虽然四川化石能源消费总量增长 59%，由 0.8 亿吨标准煤增加到 1.3 亿吨标准煤，其中“十三五”期间年均增长 0.7%。但化石能源消费结构保持优化态势，煤炭消费占比由 2005 年的 74%降低到 2019 年的 45%，且化石能源消费产生的二氧化碳排放仅增长 40%，煤炭消费产生二氧化碳排放占比从 2005 年的 82%下降到 2019 年的 56%，其中“十三五”前四年期间化石能源消费产生的二氧化碳排放年均减少 0.3%。分区域看，“十三五”期间，攀枝花市、眉山市等地区化石能源消费产生的二氧化碳排放连续四年减少。实现 2030 年全省达峰的既定目标，要以“结构优化、技术改造、管理创新”为路径，以“减煤炭、控油气、增绿能”为抓手，探索碳排放强度和总量管控制度，有序推进差异化减排和达峰，支持成都、攀枝花、眉山等具备条件的城市和行业先行达峰。

成都市作为全国重要经济中心、四川省“主干”，可利用四川资源禀赋匹配、发挥技术产业优势，统筹近期控排与远期达峰，积极融入“双循环”、唱好“双城记”，推动碳排放率先达峰，建设国家达峰先行区。以能源结构调整为抓手、以产业结构优化为重点，在高能效水准下适当放开和扩大电力消费，争取更多优质水电留送成都，同时挖掘本地可再生能源开发潜力，建设抽水蓄能等电力调峰和储能工程，合理控制油气消费增速。扩大禁煤区范围，立足长远提出“去煤”路线图。建立投资低碳准入制度，禁止新上煤电、水泥、平板玻璃、石化等产能，推动化石能源密集型产业向都市圈其他城市和环成都经济圈有序转移。坚持公交优先、新能源优先，推动货输“公转铁”、城际和市域铁路公交化，推广新能源汽车和船舶。研究提出燃油汽车禁售时间表，降低小汽车通行总量。

此外，要突出试点示范的带动和引领作用。加快构建低碳试点示范引导激励体系和协同支撑体系，打造一批各具特色的绿色低碳城市（州域、县域）、产业功能区、生活休闲区、企业实体和发展示范区，探索布局一批碳捕集项目、近零碳排放区示范工程及基于自然的解决方案。

（四）加强非二氧化碳温室气体管控

非二氧化碳温室气体全球变暖潜势值是二氧化碳的几十倍甚至上万倍，其中甲烷对全球变暖的贡献率约占 1/4。非二氧化碳温室气体占全球温室气体排放总量的 1/4，虽然比重较小，但对全球气候变化的影响却不能忽视。2014 年，四川非氧化碳温室气体达 9 800 万吨二氧化碳当量，占温室气体排放（含土地利用变化和林业）的 23.4%，其中甲烷排放最多，占温室气体排放总量的 12.1%，氧化亚氮占 7.8%，含氟气体占 3.5%。随着工业化、城镇化加速推进，先进制造业培育壮大，种植业结构调整优化，千亿级天然气生产基地加快建设，污水垃圾处理持续深化，四川省非二氧化碳温室气体减排压力较大。

全面推动温室气体低排放发展，需要将非二氧化碳温室气体管控作为应对气候变化规划和控制温室气体排放政策的重要组成部分，加强与产业政策的协调。首先要摸清排放家底，有序推动具备条件的温室气体开展设施层面监测、报告和核查，常态化编制省、市州两级编制温室气体清单，有序推动关键排放因子本地化，建立长时间序列、横向可比温室气体排放数据库。实施差异化管控，以甲烷、氢氟碳化物、六氟化硫为重点，统筹氧化亚氮、全氟碳化物、三氟化氮，推动前端减量替代、过程精细管控、末端回收利用，推动结构减排、工程减排、技术减排和管理减排。协同温室气体和污染物治理，统筹推进消耗臭氧物质与氢氟碳化物，加强氢氟碳化物自动监控、资源化利用和无害化处置。

从技术可行性、经济效益和环境效益上看，甲烷特别是能源活动领域甲烷最具规模化、商业化减排潜力。可以将甲烷控排作为四川的特色工作，以油气开采、煤矿瓦斯、生物沼气为重点，实施控制甲烷行动。在油气甲烷泄露方面，构建甲烷排放数字化监控体系，推动分步实施、分类管控，鼓励甲烷资源回收综合利用。在油气勘探开发环节，以大型油气企业为重点，实施控制甲烷行动。在油气输售环节，推广输气管道甲烷泄漏光纤预警和次声监测，减少施工过程中天然气放散量。在煤矿瓦斯利用方面，优化煤炭产业结构，提高煤矿瓦斯回收利用水平，推广煤矿瓦斯发电模式，实施低浓度瓦斯示范工程，切实减少煤矿瓦斯自然排放。在沼气开发利用方面，以沼气工程为纽带，发展现代种养循环农业，推动大型食品饮料企业实施污水处理厂沼气发电。

（五）实施积极有为的适应策略

全球气候变化的区域影响和风险将长期伴随人类。要针对四川自然环境、资源禀赋、气候变率及敏感性、经济基础、文化背景、科技实力等条件，提升适应气候变化战略政策定位，完善应对气候变化工作机制，加快构建适应气候变化支撑保障体系，逐步补齐科学认知、试点示范、资金投入、科技支撑、评价考核等短板，逐步提高重要领域、脆弱地区和敏感人群适应气候变化能力。

减轻气候变化对自然生态系统和社会经济系统的不利影响，必须实施更加积极、主动、有为的适应气候变化政策，实施分区分类适应气候变化行动。川西北高原高山区要加强国土空间管控，严格控制旅游、畜牧、采矿等开发活动；构建大熊猫国家公园为核心的自然保护地体系；开展草原湿地保护修复，提高泥炭地保育水平；提高冰川冻土观测能力，开展水资源风险评估和管控；科学布局城乡居民点和高速公路、铁路、电网等线性穿越工程，提高滑坡、山洪、泥石流、冰雪等自然灾害防御能力。川西南高山峡谷区要有序发展优势特色农业，加强安宁河谷和山区农业灌溉基础设施建设，发展高效节水型农业；加强森林防火基础设施和能力建设，提高立体观测、预警、管控和灭火能力。环四川盆地山区要加强国土空间管控，开展生态保护补偿；实施退耕还林工程，提高秦巴山区、乌蒙山区、龙泉山、华蓥山等森林质量；优化农业和农村经济结构，发展特色优势种植业、畜牧业、林下经济。成都平原浅丘区要优化国土空间布局，科学划定城市边界；加强自然水体和河岸保护，建设海绵城市和海绵流域，缓解城市“热岛效应”和“雨岛效应”，提高沿江沿河城镇防洪抗涝水平；建设跨流域跨区域水资源调度工程；建设智能柔性电网，提高电网迎峰御荷能力。盆地丘陵山区要适度发展规模化农业和立体农业，推广抗逆农业品种，推动种养结合；提高长江干流、岷江、沱江、嘉陵江等大江大河沿岸城市防洪抗涝能力；提高城市绿化质量，缓解夏季高温热浪和臭氧污染。

探索实施适应气候变化试点示范。进一步深化和扩展气候适应型城市、海绵城市建设试点，因地制宜探索城市低影响开发模式。支持攀西地区等森林火灾高危区、高风险区打造“天空一体化”防火监测预警系统，开展高山峡谷、干热河谷地区特殊地形地貌、物候气候条件下防灭火技术攻关、基础设施建设和能力建设提升。支持开展山地气候变化灾害综合治理试点，规划建设面向西南地区的山地灾害链模拟平台。支持成都、遂宁、宜宾、乐山、金堂等沿长江、嘉陵江、岷江城市开展气候适应型城市建设试点。支持川西北生态经济区开展高寒地区气候适应型畜牧业基地建设试点，建设一批牲畜现代化暖棚（贮草棚）和多功能巷道圈。支持茶业、中药材、蚕桑等特色优势农业领域开展适应气候变化园区（基地）建设试点，探索气候智慧农业新模式。

（六）推动环境与气候治理协同

“打通一氧化碳和二氧化碳”是应对气候变化职责调整到生态环境部门的重要动因。要实现应对气候变化与生态环境保护统筹融合、协同增效，必须准确把握二者的特性。空气污染物、温室气体人为来源结构存在一定差异，二氧化硫等传统大气污染物与二氧化碳排放结构相似度较高。此外，温室气体排放量级远高于大气污染物，2014 年全国二氧化硫、氮氧化物排放总量分别为 1 974 万吨、2 078 万吨，而同期全国温室气体排放总量（不包括 LULUCF①）达 123 亿吨二氧化碳当量，其中二氧化碳超过 100 亿吨，且全国二氧化硫等传统大气污染排放已现峰值。温室气体与大气污染物影响机理亦不同，二氧化碳是长寿命温室气体，可在大气中滞留数百年，在海洋中滞留的时间甚至更长，影响和减排效果的呈现具有明显的代际性。温室气体还具有全球输送特点，全球温室气体浓度是相对均衡的，因此通过全球共同减排才能有效控制温室气体浓度。而常规大气污染物一般局地聚集，具有短期性、波动性，受气象条件影响较大。

① 土地利用，土地利用变化及森林，Land use, land use change and forestry。

总体而言，推动环境与气候协同治理是未来的方向。国内主流观点认为，协同范围上，应从以往大气污染物与温室气体的协同控制，扩展到能源、气候、环境的大协同，污染物与温室气体二者既高度关联又有所不同，关联的核心领域是能源。协同路径实施层面，提升能效、发展非化石能源、优化产业结构是实现温室气体和污染物协同控制的根本。地方层面，推进协同控制意义重大，推进过程中要考虑东中西部差异化政策，统筹考虑绿色低碳无废等目标要求。总之，在“大协同”方面，要做好产业、能源、交通等结构优化，提高经济社会活动的绿色低碳化水平；在“小协同”方面，加强生态环境监测统计、信息平台、监察执法、评价考核、宣传科普等工作体系融合，同时推进技术、工程等层面的协同。

五、四川绿色创新的新方向

随着绿色低碳转型成为高质量发展的基本特性，绿色低碳新经济新业态新场景不断涌现。四川应坚持创新驱动发展，积极发挥自然禀赋、产业基础、市场经济、科技研发、内陆门户等优势，凝聚更多共识形成绿色复苏、低碳转型、韧性发展的良好发展环境。

（一）突出低碳引领，培育转型达峰文化

加快补齐认知短板。提高社会公众气候变化认知，将应对气候变化内容和课程纳入国民教育体系，提高青少年气候变化和绿色低碳意识。加大气候变化科普产品供给，鼓励具备条件的城市建设气候和自然变化博物馆、展览区，支持海螺沟冰川、九寨沟、若尔盖湿地等自然保护地依托生态环境观测站点和旅游场所建设科普基地。研发公众参与度高、互动性强或易借助新媒体传播的科普产品，创作气候变化科普文艺作品。

提升理念引领能力。把落实《巴黎协定》和国家自主贡献目标任务作为“十四五”时期绿色低碳转型的主旋律。突出人类命运共同体理念、风险意识、达峰导向，增强社会低碳活跃度和参与度，以低碳助力高质量发展，以低碳引领生活新风尚，以低碳思考人类前途命运。加强绿色低碳发展汇聚、整合、统筹和一体化谋划，避免发展与减排的冲突以及政策间相互“打架”。加快构建并有效发挥应对气候变化议事协调机构统一领导、应对气候变化主管部门归口管理、各部门相互配合、各地方全面参与、企业积极行动的工作机制。提高管理信息化水平，健全低碳发展地方标准体系，探索开展应对气候变化和低碳发展地方立法，构建温室气体排放数据管理和披露机制，建立县级能源平衡表和化石能源碳排放核算体系。

（二）实施市场驱动，建立区域激励机制

主动适应国内外碳排放交易。研究制定碳排放交易配套政策制度，加强重点排放单位温室气体排放监测核算、数据报送、核查审核、配额分配和履约监管。强化碳市场能力建设，实施企业碳资产能力提升行动，提高企业碳排放管理水平。推动基于项目的温室气体自愿减排交易活动，实施碳排放权交易抵销机制。积极参与全球碳定价机制，推动本土民用航空公司参与国际航空全球碳抵消和减排机制，促进国际碳信用指标和项目开发。

统筹绿色金融和投融资发展。按照绿色金融和气候投融资协同发展的要求，搭建全省气

候投融资框架，重点支持可再生能源开发、超低能耗建筑建设、慢性交通和公共交通发展、智慧城市建设、绿色电能替代、节能低碳改造、甲烷减排示范、氢经济发展、电力绿色调峰、城乡绿化和生态保护修复、再生水利用、高效节能灌溉、防灾减灾等领域。建立跨部门气候投融资工作机制，完善区域气候投融资支持政策。建立成都气候投融资产业促进中心，培育气候投融资研究机构，形成绿色金融研究和推广网络及体系。制定气候投融资项目标准和气候绩效评价体系，创新气候投融资项目分类分级和认定机制，定期发布动态绿色气候项目名录。建立气候投融资统计指标及统计体系，建立气候投融资统计监测平台。建设气候投融资项目库和运营机构，实现与绿色项目标准有机融合。设立规模合理的应对气候变化和低碳发展专项资金，引导和整合市场力量设立碳基金。鼓励银行业金融机构和保险公司设立“绿色气候支行”，打造四川绿色银行名片。深化绿色金融创新试点，开展区域气候投融资试点。

构建区域低碳激励机制。探索创新良性循环的碳普惠机制，围绕公众行为减排、林草碳汇提升、城乡环境整治等研发一批碳普惠方法学，强化碳普惠支撑体系建设，加快构建人人参与、全民共享的低碳生活圈。鼓励依托公众绿色居家、绿色出行、绿色办公、绿色消费、再生资源回收等推广碳积分和碳账户，并实现与省级碳普惠机制对接。将碳中和作为传播绿色低碳理念、强化碳排放管理、扩大气候投融资、培育低碳新业态、提升绿色影响力的重要途径。以大型会议、展览、赛事为重点，实施大型活动碳中和。完善碳足迹、碳中和技术规范，拓展碳中和场景，建立长效推广机制，丰富公众低碳生活渠道。研究制订大型活动碳中和推广方案，开发公众低碳生活一体化服务平台碳中和功能，构建碳中和标准规范体系，实施大型活动碳中和示范项目。

（三）强化科技支撑，形成核心竞争力

创新是应对气候变化的不竭源泉，技术是减碳的关键性力量。要着力推动技术、体制、机制创新，加强碳捕集利用与封存、光伏、氢能、储能和抗逆技术等优势领域、紧迫领域减缓和适应气候变化技术研发示范。

加强气候变化基础研究。加强气候变化和温室气体本底观测，建立气候长序列、高精度历史数据库，推进气候变化事实、驱动机制、关键反馈过程及其不确定性等研究，提高对气候变化敏感性、脆弱性和预报性的研究水平。加快多尺度极端气候事件预测预警技术和人工影响天气技术的应用研究。重点开展若尔盖草原湿地、川滇、秦巴、大小凉山、川藏铁路沿线地区气候变化与生态演替、灾害风险监测评估，开展川西高原森林火险气象等级监测预测系统研发、川西高原湿地退化和修复监测与评价体系研究、山地森林应对气候变化经营技术研究与示范、气候变化对川西大熊猫栖息地影响研究。加强生物多样性立体监测研究能力，动态评估气候变化对大熊猫等旗舰物种的影响。开展气候变化与人体健康监测，研究老龄化进程中气候变化带来的人体健康风险和公共卫生问题。

加强前沿关键绿色低碳技术研究布局，设立碳中和相关研发专项，推动建设国家碳中和技术创新中心。推进先进太阳能发电、氢能等技术研发，研发二氧化碳捕集利用和封存、中低温地热发电、浅层地温能高效利用等技术。推进高能耗行业重大节能技术与装备研发，开展能源梯级综合利用技术研发。推进集中供热、管网热量输送、绿色建筑、阻燃和不燃型节

能建材、高效节能门窗、清洁炉灶、绿色照明、高效节能空调以及污水、污泥、生活垃圾和建筑垃圾无害化处置与资源化利用等技术研发。推进农业生产过程减排、高产抗逆作物育种和栽培、森林经营、湿地保护与恢复、荒漠化治理等技术研发。发展生态功能恢复关键技术与珍稀濒危物种保护技术。

（四）促进内外联动，扩大对外交流合作

拓展开放合作水平。加强与友好省州的地方交流对话，深化成渝地区、泛珠三角、校省等框架下合作，打造绿色低碳发展交流平台，讲好应对气候变化“天府故事”。积极参与并争取举办国际性、全国性气候变化会议和展览，提升绿色美誉度和国际影响力。加强国际国内的智库引入、人才引入、技术引入和资金引入。

积极参与绿色“一带一路”建设。鼓励川资企业对外投资中落实绿色低碳发展理念，助力当地可持续发展。扩大绿色低碳产品和服务输出，提升光伏发电、高效发电、新能源汽车等技术装备的国际竞争力。积极应对绿色低碳贸易壁垒，支持中国（四川）自由贸易试验区按国际标准开展出口产品低碳认证，提高企业应对新型贸易壁垒能力。建立低碳产品认证统计机制和信息平台，探索构建国家化的低碳产品标准规范、推广体系、服务体系。

第二篇　热 点 篇

建设西部环境资源要素市场，助力绿色低碳发展

万亚军[①]

【摘　要】推进生态文明体制改革，践行“绿水青山就是金山银山”的关键之举，核心是建立健全环境资源价值评估与交易体系。四川是长江上游生态屏障、西部经济强省和环境资源大省，建设西部环境资源要素市场有助于加速西部金融中心和美丽西部建设。本文从资源环境与经济增长的关系出发，借助产权理论探讨资源环境的价值实现对绿色低碳发展和区域经济增长的推动作用，并结合新时代西部大开发背景提出建设西部环境资源要素市场的重要意义和基本路径。

【关键词】环境交易；自然资源；要素市场；产权界定；绿色低碳

党的十八大以来，树立和践行“绿水青山就是金山银山”的发展理念，已成为新时代推进生态文明建设、统筹环境保护与经济发展关系的战略思维。“绿水青山”是自然资源和生态环境的综合体，“金山银山”则是人类物质财富的集合体。树立和践行“绿水青山就是金山银山”的发展理念，不仅需要从认识上深刻理解资源环境是有价值的、保护生态就是增值生态价值和生态资本的过程，还需要在实践中解决绿水青山的价值如何实现的问题。西部地区自然资源丰富、生态环境脆弱和经济发展滞后现象并存，资源导向性发展道路依然是西部地区经济发展的必然选择，应该在新的历史机遇中充分利用自然资源比较优势、发现和实现环境资源价值化，推动西部地区走上可持续发展的道路。

一、资源环境与经济增长的关系

（一）自然资源与环境

自然资源是指人类可以直接从自然界获得并用于生产和生活的物质。1972 年，联合国环境规划署将自然资源定义为：“在一定时间条件下，能够产生经济价值，提高人类当前和未来福利的自然环境因素的总称。”自然资源主要包括土地资源、水资源、气候资源、生物资源、矿产资源和能源等。自然资源可分为可再生资源与非再生资源。如果对可再生资源利用适度、管理得当，就能够实现资源的可持续利用。

环境分为自然环境和社会环境。自然环境按环境要素又可分为大气环境、水环境、土壤环境、地质环境和生物环境等，主要指地球的五大圈——大气圈、水圈、土圈、岩石圈和生物圈。《中华人民共和国环保法》中所称的环境，是指影响人类生存和发展的各种天然的、经

① 万亚军，四川联合环境交易所环境交易部总经理，主要从事产权要素市场与环境权交易研究。

过人工改造的自然因素的总和，包括大气、水、海洋、土地、矿产、森林、草原、野生生物、自然遗迹、人文遗迹、自然保护区、风景名胜区、城市和乡村等。

因此，资源和环境在某种意义上是相互包容、协调统一的概念，两者密不可分。本文认为，资源环境应作为整体概念存在，它既包括具有直接经济价值的自然资源，也包括附着其上的具有间接经济价值的环境生态和因开发利用自然资源而产生的各种环境许可与生态价值。

（二）资源环境与区域经济增长

资源环境和经济增长之间存在相互依赖、相互制约的关系。自然资源为经济增长提供物质基础，开发和利用自然资源的过程不断改变自然环境，而被破坏的环境又反过来影响和限制经济发展。早期的经济增长理论对资源环境的研究存在缺陷，严重忽略资源和环境的作用，没有赋予环境价值的概念，人们在使用自然资源的过程中也从未考虑过成本，而仅仅强调技术进步、劳动力和制度创新等对经济增长的影响，从而忽视了环境问题给经济发展带来的限制作用。20 世纪 60 年代以来，资源与环境问题日趋严重，引起了人们的广泛关注，随后出现了诸如资源稀缺论、增长的极限、可持续发展等众多以环境资源经济为内容的经济理论和探讨，这些为 21 世纪绿色低碳发展道路提供了理论支撑。

中国的经济增长始终存在着区域差距。江苏、浙江、广东等东部省份自然资源相对贫瘠，但经济增长却长期处在全国前列；西部地区虽然自然资源丰裕，但经济增长却长期相对缓慢。事实上，西部地区丰富的自然资源、脆弱的生态环境和经济发展滞后现象是并存的，资源优势不仅没有转化成为经济优势和发展优势，甚至成了经济落后的代名词，出现“富饶的贫困”。我们既要避免“资源诅咒”和因资源不合理开发利用导致的生态环境恶化，又要认识到资源导向性发展道路依然是西部地区经济发展的必然选择，因此研究资源环境价值实现因素对经济增长和西部大开发有重要意义。

二、资源环境的价值实现是绿色低碳发展的内生动力

对环境价值的研究是资源环境核算的迫切需要，也是实施国家可持续发展战略、生态文明建设的需要。影响资源环境价值实现的主要因素是资源的稀缺性和环境的外部性。关于外部性，我们往往只关注外部不经济，事实上外部性有经济（正外部性）与不经济（负外部性）之分，比如排污权交易就是基于污染物负的外部性特征，而基于生态环境价值转换的环境价值当量往往是指正的外部性。例如，森林资源资产除具有森林产品等经济价值以外，还具有涵养水源、固土、防沙、固定二氧化碳、释放氧气、固定能源、维护生物多样性等多种生态功能，这些都是正的外部性。因此，我们说资源环境具有经济产出价值、社会承载价值和生态服务价值等。环境资源总价值的计算公式：

环境资源总价值（TEV）= 使用价值（UV）+ 非使用价值（NUV）
= 直接使用价值（DUV）+ 间接使用价值（IUV）+
潜在使用价值（PUV）+ 遗产价值（BV）+ 存在价值（EV）

根据西方经济学的一般理论，资源的价值要在交易中得以实现，交易的前提是产权的界定，合理定价是实现环境资源有效配置的关键，最后通过交易市场实现价值转移。由于外部性的存在，资源环境的产权界定较普通产权界定更为复杂，一般以外部性内部化为目标，即通过环境政策（碳配额交易、核证减排量交易、排污权交易、生态价值当量交易、生态修复费用、环境税等）将环境外部性内部化至行为主体或资源客体，从而使所有的资源开发和利用都兼顾环境保护的使命。

（一）产权界定是资源环境价值实现的前提

市场是一双看不见的手，引导人们在谋取自身利益的同时促进社会福利，但市场的力量是有一定的前提条件的，就是产权必须明确。环境问题产生的根源就在于环境资源没有被作为生产要素并界定其产权，致使环境资源的价格没有正确反映环境资源的稀缺程度，导致市场对环境资源的配置失灵。当环境资源已经日益稀缺时，依然实行零价格使用制度，其市场价格与其相对价格严重偏离，导致消费者的竞争性消费，使需求扩张，致使供求之间的矛盾激化，进而导致资源短缺、环境污染、生态破坏等一系列环境资源危机日益严重。因此，解决环境问题的最有效办法就是要明确界定环境资源的产权，通过对环境资源的合理定价和有偿使用，使市场价格能有效地反映资源的稀缺程度，实现环境资源的有效配置。

2019 年 4 月 14 日，中共中央办公厅、国务院办公厅印发了《关于统筹推进自然资源资产产权制度改革的指导意见》(简称《意见》)，这对加快健全自然资源资产产权制度，统筹推进自然资源资产确权登记、自然生态空间用途管制改革，构建归属清晰、权责明确、监管有效的自然资源资产产权制度，具有重大推动作用。为解决自然资源所有者不到位、使用权边界模糊等问题，《意见》提出多方面主要任务，首当其冲就是健全自然资源资产产权体系，推动自然资源资产所有权与使用权分离，加快构建分类科学的自然资源资产产权体系，处理好所有权和使用权的关系，创新自然资源资产全民所有权和集体所有权的实现形式。资源环境的产权问题是个系统性的复杂工程，《意见》的出台对于资源环境初始产权的界定有重要推动作用。

（二）资源环境要素交易市场是实现资源有效配置的重要路径

界定产权最主要的目的是开展交易。资源优化配置的过程就是资源在价格机制的调节下在各经济主体间不断流动的过程，只有通过交易，才能实现资源的有效流动，并在不断交易中反复优化产权结构。明晰的产权是市场交易的结果，资源的合理价格也是市场交易的结果。因此，产权界定是在交易中不断演进的，市场的不确定性通过反复交易来克服，并使资源的市场价格与相对价格更为接近，更为合理。因此，为实现资源环境的有效配置，需要引导设立资源环境要素交易市场并促使其流动。

2019 年 11 月 26 日，中央全面深化改革委员会第十一次会议审议通过了《关于构建更加完善的要素市场化配置体制机制的意见》，明确了生产要素市场有土地要素市场、劳动力要素市场、资本要素市场、技术要素市场、数据要素市场。土地只是自然资源的一个分支,《意见》没有将自然资源和环境作为整体纳入生产要素，本文认为资源环境应作为重要的生产要素存在，既要建立自然资源环境要素产权制度，又要通过公共政策和市场机制对自然资源开发利用过程中的负外部性进行追责、对生态环境改善的正外部性进行价值补偿，充分发现资源环境价值，优化资源环境配置。

（三）资源环境要素市场建立的制度考虑

在资源环境产权界定的前提下，资源环境交易市场的建立还需要考虑三个重要因素：

一是基于外部性特征的公共政策制度的安排和引导是要素市场建立的前提。这里有一个环境权（也可以说是发展权）赋权的过程，以碳市场、排污权市场为例，企业是没有自觉动力减少排放的，必须通过政府强制手段，对企业进行排污处罚或者要求企业参与基于总量分配的环境指标交易强制履约。另外一种情形是，对湿地公园、森林绿地等具有正的外部性特征的资源环境开展减排量指标开发或生态价值当量认定，也需要由政府来制定相应标准并引导公众参与。这些制度或政策就是将外部生态价值内部化。因此，资源环境市场应该是政府引导下的市场。

二是资源环境要素市场的金融化趋势愈发明显。一方面，资源环境交易市场是专业市场，特别是减排量、环境当量、节能量等环境权的专业指标不同于传统的商品市场或企业产权交易市场，它们的金融属性很高，以国际碳市场为例，2005 年启动的欧盟排放交易体系（EU ETS）同时推出了碳现货交易与期货、期权等碳金融衍生品交易，后者的交易规模增长很快，并迅速发展成为碳市场的主导力量，期货交易量超现货交易量的 30 倍。另一方面，作为基础资产的自然资源交易更多地采取抵质押贷款、股权债权和金融衍生品等金融市场手段实现，2016 年国务院印发的《关于全民所有自然资源资产有偿使用制度改革的指导意见》要求，“适度扩大使用权的出让、转让、出租、担保、入股等权能，夯实全民所有自然资源资产有偿使用的权利基础”，对承包土地经营权、采矿权、海域使用权等权能进行了明确，涉及转让、抵押、出租、入股等。总体来看，自然资源使用权和环境权转移大多与金融相关。因此，资源环境要素市场的建立过程中要充分考虑专业市场与金融市场的结合。

三是自然资源国家所有的产权属性和交易标的的专业性天然要求两级市场并存。按目前公共资源交易中心和专业环境交易机构在地方环境权交易领域的业务层级（专业环境交易机构负责组织交易，公共资源交易中心统筹记录和登记交易数据）、所有权与使用权及共有权与私有权的关系划分原则，自然资源的初始分配（即一级产权出让）应该由按行政区域设立的地方公共资源交易中心按照属地原则负责处理，而自然资源使用权的二次转让（包括跨区域交易）及其环境附着物包括环境权在内的交易活动，应该由专业的市场化运作的区域性环境资源交易机构组织实施。公共资源交易中心和环境资源交易机构之间应实现互联互通、信息资源共享，坚持推进平台整合与跨区域交易，能不新设就不新设的原则。

三、建设西部资源环境交易要素市场，助力西部大开发

四川是西部资源大省、经济强省，是西部绿色发展的核心区。随着 2020 年中共中央、国务院《关于新时代推进西部大开发形成新格局的指导意见》的出台，充分发挥和利用四川在西部的资源、经济及区位优势，结合政策要求，积极建设统一的西部资源环境交易要素市场，有助于运用市场化手段促进资源节约利用和环境保护与优化，形成生态文明建设的良性运行机制，推动西部地区绿色低碳持续发展，助力美丽西部建设。

（一）四川资源环境市场潜力巨大

四川是清洁能源大省，是全国三大林区和五大牧区之一，水能、太阳能、风能、生物质能等清洁能源开发潜力巨大，在联合国注册的清洁发展机制（CDM）项目数量及减排量位居全国第一。四川是西部经济强省，也是能源消费大省，是西部绿色发展的核心区，发挥市场调节功能的领域十分广阔。四川人口多，分布不均衡，大部分人口和城镇集中在盆地及其周边地区，对区域环境承载能力提出了较大挑战，生态文明建设和绿色发展是四川发展的内在要求。进入新时代以来，四川坚持生态优先，加快绿色发展，建设美丽四川，推进生态文明建设，深入实施重点生态工程，生态环境得到不断改善，森林蓄积量提升至全国第二位，森林覆盖率提高到 36.02%，生物多样性得到有效保护，生态安全战略格局初步形成。不仅如此，四川绿色发展还关系到国家的整体利益和长远利益。虽然长江上游涉及西部多个省市，但其核心区域主要在长江支流金沙江、岷江、沱江、嘉陵江流域的四川省境内。随着长江经济带国家战略的加快实施，长江上游地区的生态环境建设显得越发重要，这不仅关系到本区域经济社会的可持续发展，还关系到长江中下游地区乃至全国经济社会的可持续发展。四川是全国最大的绿色能源基地，绿色能源具有得天独厚的优势。目前，四川在满足东部地区清洁能源需求的基础上仍有余力，还将为更多区域提供清洁能源，成为西部最重要的促进绿色发展的能源基地。

（二）建立环境资源交易要素市场符合政策要求

目前，开展资源环境产权界定与搭建统一资源环境交易平台的政策要素已经齐备。环境资源权益交易制度建设和市场推动，是生态文明建设的重要内容，党的十八大报告提出“积极开展节能量、碳排放权、排污权、水权交易试点”，党的十八届三中全会明确要求“推行节能量、碳排放权、排污权、水权交易制度”，党的十九大报告提出“引导应对气候变化国际合作，成为全球生态文明建设的重要参与者、贡献者、引领者”。绿色低碳发展的地位在“十三五”期间被提升到前所未有的高度。环保部（现为生态环境部）和财政部于 2007 年 8 月启动排污权有偿使用和交易试点；国家发改委于 2011 年 11 月启动碳排放权交易试点；水利部于 2014 年 7 月正式启动了水权交易试点。2018—2019 年，福建、浙江、四川、河南试点地区相继启动用能权交易试点。

2016年8月，中国人民银行等七部委联合印发的《关于构建绿色金融体系的指导意见》指出，“完善环境权益交易市场、丰富融资工具”。2016年12月29日，国务院印发的《关于全民所有自然资源资产有偿使用制度改革的指导意见》指出，支持探索多样化有偿使用方式，推动将全民所有自然资源资产有偿使用逐步纳入统一的公共资源交易平台。2019年4月14日，中共中央办公厅、国务院办公厅印发的《关于统筹推进自然资源资产产权制度改革的指导意见》指出，统筹推进自然资源资产交易平台和服务体系建设，健全市场监测监管和调控机制，建立自然资源资产市场信用体系，促进自然资源资产流转顺畅、交易安全、利用高效。2020年5月18日，中共中央、国务院印发的《关于新时代推进西部大开发形成新格局的指导意见》指出，建立健全市场化、多元化生态保护补偿机制，进一步完善生态保护补偿市场体系，构建统一的自然资源资产交易平台，健全自然资源资产收益分配制度。

（三）四川在环境要素市场建设方面的探索

为把生态资源环境优势转化为低碳发展优势，四川省将应对气候变化作为推进绿色发展、建设美丽四川的重要内容，融入治蜀兴川的各方面、全过程，协同推进应对气候变化、产业转型升级、循环经济发展、能源生产和消费革命、生态环境保护，并提出碳排放在2030年前达到峰值的目标。为加快资源环境市场建设，2011年9月，四川省人民政府批准设立四川联合环境交易所，现已成为全国唯一一家集碳排放权、用能权、排污权、水权交易为核心主业的环境资源交易平台，在国内交易机构中率先加入联合国负责任投资原则（PRI），在实际经营活动中践行和倡导以绿色发展为核心的责任投资原则。2016年4月，四川联合环境交易所通过国家温室气体自愿减排机构备案，同年6月，获批全国碳市场能力建设（成都）中心，四川碳市场于2016年12月开市，截至2019年底，CCER累计成交量超1 400万吨，居全国第五。2016年7月，四川省成为全国用能权有偿使用和交易试点之一，四川用能权交易市场于2019年9月正式启动。按照四川省委省政府“加快建设西部碳排放权交易中心”“加快建设西部环境资源交易中心”“把四川联合环境交易所打造成为全国重要的环境资源权益交易市场”的重要决策部署，四川联合环境交易所在成立之初就开始了对自然资源及其环境要素开展交易的探索，除了环境四权作为核心主业外，已在绿色技术交易和自然资源交易取得一定进展。四川联合环境交易所应该继续加强与公共资源交易中心的分工合作、互联互通和信息共享，共建西部环境资源要素市场，充分发挥市场配置环境资源的决定性作用，促进环境资源要素化并推动要素流动，为四川和西部地区的节能减排降碳提供投融资及其他增值服务，促进西部地区绿色发展、高质量发展。

绿色低碳发展理念已深入人心，但环境要素本身的复杂性决定了资源环境要素市场的建立还有很长的路要走。单靠市场或者单靠政府都不足以形成有效长久的要素制度，必须通过政府、企业和平台共同努力，由政府制定规则，并通过法律确保产权清晰，交易机构确保信息公开并努力减少交易成本，交易市场利用价格机制确保资源环境的价格发现和充分流通，最终实现资源的有效配置。

参考文献

[1] 张景华. 经济增长中的自然资源效应研究[M]. 北京：中国社会科学出版社，2014.

[2] 梅林海. 资源与环境经济学的理论与实践[M]. 广州：暨南大学出版社，2016.

[3] 李云燕. 基于稀缺性和外部性的环境资源产权分析[J]. 现代经济探讨，2008（6）.

[4] 孙志. 生态价值的实现路径与机制构建[J]. 中国科学院院刊，2017，32（1）：78-84.

[5] 段娟. 中国绿色低碳发展道路的实践探索及其启示[J]. 宁夏社会科学，2019（6）：27-34.

国内碳普惠制实践进展与创新方向

卓岳　闫婧宜　唐人虎[①]

【摘　要】碳普惠制是近年来国内低碳发展领域提出的一项重要工作创新，旨在构建引领和激励公众践行绿色低碳行为的正向引导机制。碳普惠制的实施有助于控制不断增长的居民消费领域碳排放，顺应了当前全民共建绿色低碳社会、共享美好生态环境的时代需求。国内目前已有多个省市因地制宜组织开展了相关试点示范。本文梳理了国内碳普惠制实践进展情况，分析了碳普惠制度的基本框架，并结合碳普惠制在实践中的可持续性问题，探讨了其进一步创新的方向和思路。

【关键词】碳普惠；绿色低碳；碳积分；应对气候变化

一、碳普惠制产生的背景

（一）碳普惠制有助于居民消费领域碳排放控制

党的十八大将生态文明建设纳入“五位一体”总体布局中，明确将“绿色发展、循环发展、低碳发展”作为生态文明建设的基本途径。2015 年，我国正式向国际社会宣布了“到 2030 年左右碳排放达到峰值，并争取尽早达到峰值”的应对气候变化目标。但随着近年来我国城镇化率的持续快速提高，以及城乡居民生活水平的大幅改善，人均碳排放水平逐步增加，尤其是城市居民和小微企业在生产生活和消费领域的能源消耗和碳排放呈现显著快速增长态势，愈加成为影响我国控制温室气体排放，尽早实现碳排放达峰目标的重要因素。2016 年，国务院印发的《“十三五”控制温室气体排放工作方案》（国发〔2016〕61 号），将倡导社会大众践行低碳生活方式作为推动城镇化低碳发展的主要任务之一。但在实践中，居民消费侧的碳排放具有“小、散、杂、多”的特点，难以监测、量化、考核，无法采用与企业相同的减排管理方法，因此如何有效引导公众在日常生产生活中践行低碳行为，减缓消费侧碳排放增速成为各界关注的热点。在此背景下，广东省借鉴日、韩等国家环保积分制度、“绿色信用卡”的成功经验，于 2015 年在国内率先创新开展碳普惠制试点，为有引导公众践行绿色低碳生活，有效管控公众生活碳排放提供了新路径。

（二）碳普惠制符合新时代绿色发展的客观需要

碳普惠制基于“谁减排、谁受益”的基本理念，利用移动互联网和大数据技术，从衣、

① 卓岳，北京中创碳投科技有限公司四川分公司经理，主要从事环境权益市场、区域低碳发展等研究；闫婧宜，北京中创碳投科技有限公司政策分析师，主要从事碳普惠制研究、低碳政策形势分析；唐人虎，北京中创碳投科技有限公司总经理、高级工程师，博士，主要从事应对气候变化、生态价值转化领域政策研究和顶层机制设计。

食、住、行、游等诸多密切关联公众生产生活的行为场景着手，量化个人低碳行为产生的低碳效益，并根据低碳效益向公众发放有价值、可消费的“碳积分”，使主动践行低碳行为、对生态环境保护做出贡献的公众获得相应的环境权益，以此调动公众对参与绿色低碳生活的积极性，促进全社会形成绿色低碳的生产生活方式。碳普惠制的提出，顺应了全民共建绿色低碳社会、共享美好生态环境的时代需求，引导广大民众成为绿色生活的践行者和推动者，有利于形成“政府引导、市场主导、全社会共同参与”的低碳社会建设新模式。该理念得到了国家层面的认可和支持，在 2016 年 3 月由国家发改委、中宣部、环境保护部（现为生态环境部）等十部门联合印发的《关于促进绿色消费的指导意见》中，就明确提出要研究建立绿色消费积分制。与此同时，国家应对气候变化主管部门在制定《“十三五”省级人民政府控制温室气体排放目标责任考核指标及评分细则》中，也将“组织开展碳普惠、碳积分机制创新”作为考核评价内容，鼓励各地方开展相关试点示范，自此碳普惠机制创新由地方性的探索实践升级为国家层面推动的低碳制度创新，有力地促进了碳普惠制度在各地方的推广实施。

二、国内碳普惠制实践进展

（一）碳普惠制框架

碳普惠制作为环境权益惠及公众的具体表现，主要以公众个人为制度设计对象。具体而言，碳普惠制是通过量化公众低碳行为产生的碳减排效益，给予其相应的碳积分，并允许公众用碳积分在碳普惠平台上换取普惠产品、商业优惠、公共服务等，使碳积分在个人、企业间流通，将低碳行为与生产、消费链接的业态。此外，部分省市在碳普惠制实践中还探索了基于项目的碳普惠模式，如广东、北京将公众分散、微量的碳减排量，以碳普惠减排项目形式进行整合打包后，将整个项目的碳减排量用于大型活动碳中和或碳交易市场履约，不仅拓展了碳普惠的功能价值，也增加了碳普惠运营资金的来源。

从国内组织开展碳普惠制试点情况看，碳普惠制的核心要素主要包括四个方面：一是选择适于碳普惠机制推广应用的领域；二是设计简便易行的公众低碳行为数据采集方式；三是建立兼顾科学性、操作性的低碳行为减碳量、碳积分核算规则；四是构建与商业机构、公共政策、碳交易机制结合的多维度普惠激励实现方式。为实现核心要素的持续、顺畅运行，还需要有制度规范、资金保障、系统平台、运营团队四大支撑要素，由此构成碳普惠制的体系框架。

（二）碳普惠制试点的实践进展

尽管自 2015 年起，以广东、北京、武汉为代表的部分地区已经启动碳普惠制度试点示范，但从总体上看，目前国内碳普惠制仍处于探索阶段，尚未形成可持续的、成熟的运营模式，国家层面也并未出台有关的规范性文件。多数地方推进碳普惠制的方式，还是项目级别的，区域性、小范围的试点示范。目前，仅有广东、成都等少数地方采用建章立制的方式，系统性、制度化地推进碳普惠制建设。碳普惠机制体系框架如表 1 所示。

表 1 碳普惠机制体系框架

核心要素			
领域选择	数据采集	核算规则	激励实现
识别低碳行为方式，选择可行且能够产生激励效果的领域	通过技术手段将低碳行为转化为可监测、可获得的数据	根据低碳行为数据核算碳减排效益，并以碳积分形式赋值	1. 实物商品 2. 公共服务 3. 公益活动
支撑要素			
制度标准	资金保障	系统平台	运营团队
出台管理办法、实施方案等政策依据，加强制度保障	1. 财政拨款 2. 社会资本 3. 公益捐赠	支撑流程运行 前端对接用户 后端管理数据	硬件+软环境 承担具体工作 进行运营维护

1. 广东省

广东省是我国最早实施碳普惠制试点的省份。自 2015 年起，广东相继制定了《广东省碳普惠制试点工作实施方案》《广东省碳普惠制试点建设指南》《关于碳普惠制核证减排量管理的暂行办法》三项制度文件，建立省市两级碳普惠管理体制，在广州、东莞、中山、惠州、韶关、河源等 6 个地区，针对社区生活、公共交通、旅游景区、节能产品消费等领域设计激励机制，开展碳普惠制，形成了一整套包括鼓励公众低碳行为及企业低碳行为的标准体系。为推广碳普惠机制，广东省专门设立了碳普惠创新发展中心，开发碳普惠网站、App 程序、微信公众号等信息化平台，支撑全省碳普惠制的日常运营。

2. 深圳市

深圳市于 2015 年 9 月推出“绿色出行碳账户”示范，由市民自愿登记，记录并计算市民的低碳行为及相应减排量。“碳账户”启动之初旨在鼓励市民减少使用私家车出行，此后与“智能饮料回收机”、深圳交警的“绿色出行”、深圳的“充电桩”等系统关联，公众参与了上述低碳行为，就能获得相应的碳积分，用于兑换深圳通、记事本等礼品。“碳账户”不拘泥于严格的碳减排量核算，而是提供以日记形式记录的每日碳排放计算工具，通过手动添加居民生活消费来换算成碳排放，并提供排放汇总分析图表功能，将社交工具与公益活动结合起来推广低碳生活消费，以年轻人的社交需求为低碳文化传播的动力，辅助碳积分兑换激励低碳行动。

3. 武汉市

武汉市于 2016 年 5 月以“碳宝包”为品牌，首次开展了以推广公交、地铁、公共单车、步行等低碳出行为目标的碳普惠制示范，向参与低碳出行活动的公众提供碳积分兑换优惠，获得了积极的社会反响。2019 年武汉结合举办世界军人运动会的契机，再次推动碳普惠制创新实践，上线“低碳军运”小程序，将市民的步行、地铁出行、公交出行、骑行、新能源汽车、光盘行动、有机轻食、爱用随行杯、自备购物袋、垃圾分类回收、低碳住店、购买绿色家电等众多低碳行为产生的二氧化碳减排量尽数捐赠给军运会执委会，用于中和办赛过程中的二氧化碳排放。同时，公众也可以获得“碳积分”，并在“低碳军运”小程序商城中兑换相应礼品。

4. 北京市

2017 年 6 月，北京市环交所与兴业银行携手推出国内首张低碳信用卡，启动“我自愿每周再少开一天车”活动，旨在借助碳排放权交易机制，充分调动公众自愿降低机动车使用强度，倡导绿色低碳生活方式。参与活动的车主在每次自愿停驶前后分别拍摄上传行驶里程，停驶 24 h 以上即可出售碳减排量。北京节能低碳工程技术研究院作为“零收整卖”中介商，把从车主手里购得的碳减排量通过北京环境交易所出售给有需要的企业，从而与北京碳市场有机结合。

5. 成都市

成都市 2017 年获批国家低碳城市试点后，即启动了碳普惠机制前期研究和制度建设。2020 年 3 月，成都出台《成都市关于构建“碳惠天府”机制的实施意见》，在国内创新提出面向公众和项目的“双路径”激励机制，组织消费领域的酒店、商超、宾馆、景区以碳中和方式创建具有低碳属性的消费场景，对在低碳场景中消费的公众核发碳积分，以此拓宽碳普惠制覆盖领域，也联通了公众和项目减排交易市场。同时，成都成立专业公司运营“碳惠天府”平台，以加强碳普惠制推广，提升可持续性。目前，成都碳普惠运营实体已经上线运行了“碳惠天府”微信公众号、应用小程序，并正在加快推进低碳出行、环保随手拍、低碳消费等场景建设，丰富公众参与碳普惠的领域和方式。

6. 南京市

2016 年起，南京市在“我的南京”App 中上线运营增设以绿色出行为主体的板块，对乘坐公交、地铁刷卡市民，租借公共自行车或步行的市民，发放绿色积分，积分除可进行在线兑换实物奖励外，也可以免费兑换健康体检、兑换部分体育场馆的使用权等。2018 年，苏宁金融加强与“我的南京”App 在消费积分方面的深度合作，苏宁金融开通了会员积分与“我的南京”碳积分兑换服务，支持碳积分在苏宁支付中覆盖线上线下全场景的积分消费服务，充分发挥苏宁金融线下实体产业在积分联盟、应用场景、配套营销等方面的综合优势，成为建立碳普惠商业模式的有益尝试。

部分省市碳普惠制建设情况汇总如表 2 所示。

表 2　部分省市碳普惠制建设情况汇总

核心要素				
地区	普惠领域选择类型	行为数据采集方式	积分核算发放方式	普惠激励落实方式
广东	出行、社区、消费、景区	资源对接和自主采集	5 项方法学	实物、公共服务、公益
武汉	出行、社区、消费	资源对接	直接发放	实物、公共服务
北京	出行	自主采集	1 项方法学	实物、公益
南京	出行	资源对接	直接发放	实物、公益
成都	出行、消费、景区、社区	资源对接和自主采集	6 项方法学	实物、公益

续表

支撑要素				
地区	制度标准	资金保障	系统平台	运营团队
广东	实施方案＋管理办法＋方法学	主要：财政拨款 补充：社会资本 少数：公益捐赠	web 端＋移动端	单一机构
武汉	未出台		移动端	联合体
北京	未出台		移动端	联合体
南京	未出台		移动端	联合体
成都	指导意见＋管理办法＋技术标准		web 端＋手机端	单一机构

（三）碳普惠制面临的主要问题

1. 缺少可持续的运营模式

碳普惠制密切关联公众衣食住行游等日常生活的方方面面，须因地制宜地结合当地的城市文化、特色资源、基础条件，在模式设计层面进行本地化、特色化的探索创新，才能真正具有可持续的生命力。但从碳普惠实践现状看，缺少可持续的运营模式正是当前存在的主要问题。主要原因在于三个方面：一是设计理念不可持续。多数地方开展碳普惠的主要目标是服务政府宣传推广绿色低碳理念和行动的政策诉求，对公众、商业机构参与碳普惠背后的利益诉求缺乏足够的考虑，导致公众、企业的参与积极性、活跃度较为有限。二是资金保障不可持续。用于满足公众碳积分兑换需求，激励低碳行为的普惠资金过于依赖政府财政资金支持，缺少其他有效渠道以获得持续稳定的普惠资金保障，因此碳普惠制的实施成效实际上取决于地方财政资金的支持力度。在财政资金缩减或停止后，碳普惠示范则难以为继。三是运营方式不可持续。各地方对碳普惠制的探索实践主要是由地方应对气候变化主管部门牵头，以示范项目的形式组织实施。在执行中更多地依靠政府部门行政力量协调调动资源，缺少支撑碳普惠长期运营的专业团队。因此在示范项目验收后，碳普惠制的运营也相应停滞。

2. 低碳行为数据基础薄弱

公众个人等小微排放源具有数量大、单个排放量小的特点，目前除共享单车骑行、乘坐地铁公交等少数低碳行为外，多数低碳行为的数据监测硬件基础尚属空白，且目前国内也鲜有地方专门建立针对公众低碳行为的数据采集平台，将各类低碳行为全部纳入考量之中。因此在碳普惠制落地实施过程中，真正可监测、可获得的低碳行为数据类型十分有限，往往需要投入大量精力和资源用于协调调用不同监管平台间的公众行为数据，这既需要不同政府部门间的沟通协调，也需要数据库间的技术对接，大量政策和技术方面的障碍还需要克服。此外，为完善低碳数据基础，还需要进行数据监测采集硬件设备建设投入，存在资金需求量大、投资回报率低的现实难题，因此数据基础薄弱也成为实践中影响碳普惠制创新和拓展的瓶颈。

三、碳普惠制的创新方向

（一）培育碳普惠互联网产品，发展绿色低碳经济

碳普惠制长期运行须有持续稳定的普惠资金投入，用以保障向公众、小微企业提供的普惠激励。对于政府财政支持资金退出后，碳普惠制如何实现可持续运营，广东、南京、成都等地已在探索基于“互联网思维”的碳普惠制运营模式。其中，政府的重点是搭建平台、培育市场，即在碳普惠启动初期提供政策和资金支持，搭建起能够汇聚大众流量、服务企业用户的绿色低碳产品“专营”互联网平台。在需求侧，主要通过持续强化普惠激励力度，扩大碳普惠制覆盖范围，培育并精准锁定对绿色低碳理念有高度认同感的社会消费群体；在供给侧，优先将绿色低碳产品作为可用积分兑换的普惠商品，帮助绿色低碳产品生产企业高效精准地实现产品市场推广和投放，以此获得稳定的、庞大的绿色低碳产品的供应商和消费群体。在此基础上，对于碳普惠平台的可持续运营，则主要由专业化运营机构通过广告投放、数据分析、精准营销等不同形式的互联网增值服务挖掘碳普惠制潜在的经济价值，所获得的经营收益则用于充实碳普惠制对普惠激励资金的持续需求。

（二）推进与实体产业融合，强化碳普惠自生长能力

近年来，各地方积极推进“双创”工作，打造不同功能和主题的“双创平台”“众创空间”，推动新旧动能转换和结构转型升级。碳普惠作为具有极强拓展潜力的创新机制，可以基于“双创”工作，创建绿色低碳发展宣传展示空间、绿色低碳科技产品体验空间、绿色低碳企业孵化空间，以此作为碳普惠制与教育产业、创意产业、先进制造业等实体产业进行深度融合的载体。一是重点面向中小学和高校，开展实习培训、互动学习和课外实践等不同形式的公共教育服务，打造绿色低碳教育产业，培育绿色低碳城市文化。二是以体验空间作为文创产品的体验式消费平台，以孵化空间作为文创产品的研发生产驱动载体，培育生态绿色为特质的文创产业链。三是吸引和汇集初创期的先进科创企业入驻孵化空间，为相关企业提供配套产业孵化服务，持续将新技术、新产品在绿色低碳体验展示空间进行推介发布、演示营销，激发科创企业的活力。通过与实体产业的融合，实现更高层次的普惠。

（三）构建多城互联的碳普惠城市圈

公众参与数量是决定碳普惠制实践效果的重要基础，参与碳普惠的人数越多，其对绿色低碳的引领示范作用越大，对商业资源的吸引力也越强，才有条件真正实现可持续的商业化运行。目前，北京、广州、武汉、成都、深圳等大型城市都已经启动了各自的碳普惠制实践，同时更多中等规模城市，如石家庄、承德、青岛、西宁、抚州、普洱等城市也在积极筹划创建本地特色鲜明的碳普惠制示范。总体上看，国内碳普惠制目前的覆盖范围以及普惠总人数初具规模，但由于碳普惠制试点主要是由各地方政府主导推进实施，实际参与碳普惠的公众和商业资源都还分散在各地方独立的碳普惠小平台，尚未实现真正的整合。因此较早启动实施碳普惠制，且有较好软硬件基础和运营能力的区域中心城市，具备成为区域碳普惠制领头羊的条件，可以牵头发起碳普惠城市联盟，充分利用目前逐步成熟的区块链、大数据等技术，

实现“碳积分”的通兑通用，构建碳普惠多城互动格局，将分散的碳普惠参与群体和商业资源汇聚、共享，成倍放大碳普惠的社会影响力和商业价值，使碳普惠制成为驱动流量经济、数据经济等新经济业态，支撑高质量发展的有效举措。

参考文献

[1] 周泽宇，杨秀，李俊峰. 转变发展方式 促进消费领域的绿色低碳转型[J]. 中国经贸导刊（理论版），2018（5）：20-21.

[2] 唐人虎，陈志斌. 通过构建多层次碳市场推动生态文明建设[J]. 环境经济研究，2018，（2）：149-156.

[3] 聂兵，史丽颖，等. 碳普惠制的创新及应用[R]. 清洁能源蓝皮书：温室气体减排与碳市场发展报告，2016：B9.

[4] 刘航. 碳普惠制：理论分析、经验借鉴与框架设计[J]. 中国特色社会主义研究，2018（5）：86-94，112.

[5] 刘海燕，郑爽. 广东省碳普惠机制实施进展研究[J]. 中国经贸导刊（理论版），2018（8）：23-25.

[6] 王秋实. 打造“双创”升级版的三个抓手[N]. 经济日报，2018-11-15.

新时期四川打赢蓝天保卫战的对策思考

王聪　赵域圻　陈优帆①

【摘　要】近年来，四川把成都平原、川南地区大气环境质量改善作为全省环境保护“一号工程”，从顶层设计到推动落实，采取有力措施，环境空气质量明显改善，主要污染物浓度大幅下降，优良天数明显提升，一半以上城市实现空气质量达标。但仍存在空气质量不稳定、臭氧污染抬头、重污染天气未全面消除等问题，面对“十四五”和2035美丽中国建设目标要求，四川省大气污染防治形势严峻，任重道远。本文系统梳理历史经验，查找问题，科学分析，提出未来四川省打赢蓝天保卫战升级版的路径，为持续推进环境空气质量持续改善提供参考。

【关键词】蓝天保卫战；对策

一、治理成效

（一）空气质量总体改善

近年来，全省空气质量有所好转，2019 年细颗粒物（$PM_{2.5}$）、可吸入颗粒物（PM_{10}）、二氧化硫（SO_2）、二氧化氮（NO_2）、臭氧（O_3）和一氧化碳（CO）的年均值为 34.4 μg/m^3、53 μg/m^3、9.4 μg/m^3、27.8 μg/m^3、134.1 μg/m^3 和 1.1 mg/m^3。与 2016 年相比，2019 年全省 $PM_{2.5}$、PM_{10}、SO_2、NO_2、CO 均有所下降，O_3 略有上升。SO_2 下降最多，NO_2 下降最少，$PM_{2.5}$、PM_{10} 和 CO 下降率均在 20%以上[1]。

（二）污染物排放大幅减少

“十三五”期间，全省二氧化硫、氮氧化物排放量总体呈下降趋势，2019 年二氧化硫排放量比 2015 年下降达 20%；氮氧化物排放量比 2015 年下降约 15%。污染物减排比例整体呈收窄趋势，如图 1 所示。

① 王聪，四川省环境政策研究与规划院工程师，主要从事大气污染防治研究；赵域圻，四川省环境政策研究与规划院助理工程师，主要从事大气污染防治研究；陈优帆，四川省环境政策研究与规划院工程师，主要从事大气污染防治研究。

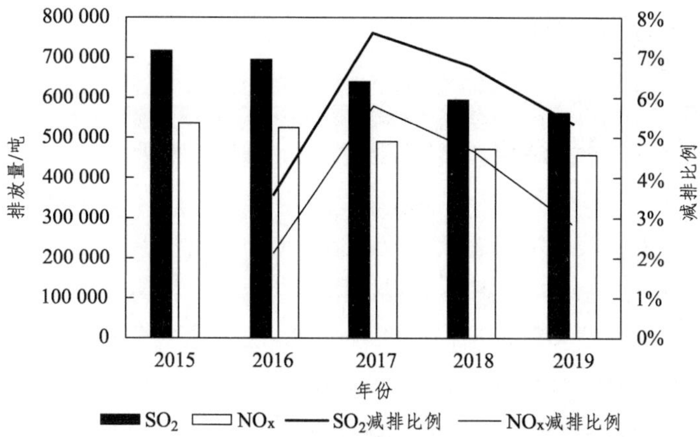

图 1　2015—2019 年四川省主要大气污染物减排情况

二、经验做法

（一）不断完善政策体系

修订《四川省〈中华人民共和国大气污染防治法〉实施办法》《四川省环境空气质量激励约束考核办法》。制定《四川省固定污染源大气挥发性有机物排放标准》《四川省大气污染防治考核暂行办法》。出台《四川省打赢蓝天保卫战实施方案》《四川省打好柴油货车污染治理攻坚战实施方案》《四川省打好“散乱污”企业整治攻坚战实施方案》《四川省挥发性有机物污染防治实施方案（2018—2020 年）》。印发四川省钢铁超低排放改造、工业窑炉治理和挥发性有机物治理项目清单，制订家具、化工、制药、LDAR 等 6 项技术指南。

（二）有效开展区域联动

划定大气污染防治重点区域，执行大气污染物特别排放限值。制定成都平原、川南、川东北地区大气污染防治联防联控机制，定期召开成都平原经济区大气污染防治“一把手”市长联席会议，川南、川东北地区大气污染防治会。建立重点行业协会联系机制，定期召集钢铁、水泥、石化、汽修、家具、包装印刷等重点行业协会座谈，协同推进大气污染治理。签订《深化川渝两地大气污染联合防治的协议》，每年召开川渝地区大气污染防治联防联控会议，开展毗邻地区城市大气污染防治交叉执法检查。

（三）不断夯实基础能力

持续优化全省大气环境监测网络，全省建成大气质量监测国控站、省控站、区域传输通道站、空气质量网格化微站、超级站共计 3 000 余个，雷达走航车 20 余辆。初步建成四川省空气质量调控综合决策支持体系。西南地区空气质量预测预报中心落地建成，全面服务四川空气质量预报，准确率超 90%。联合重庆市推进“成渝地区大气污染联防联控技术与集成示范”重大科技专项，持续增强联防联控效力。

（四）加大治污减排力度

关于大气污染的形成，气象是外因，超环境容量的污染排放是内因，也是根本因素[2]。四川加快实施产业结构、能源结构、交通运输结构、用地结构调整，治污减排力度空前。全省累计淘汰燃煤小锅炉 4 700 余台、水泥产能 4 000 余万吨，化解粗钢产能 400 余万吨、炼钢产能 200 余万吨。完成燃煤机组超低排放改造 600 万千瓦，启动全省钢铁超低排放改造，深入推进水泥企业深度治理。开展挥发性有机物重点治理项目 200 余个，清理整治“散乱污”企业 3 万余家，完成加油站和储油库油气回收治理 4 200 余家。积极发挥水电优势，削减煤炭消费总量，全省煤炭消费总量得到控制，煤炭消费占一次能源消费比重持续下降，清洁能源消费占比超过 50%。出台《四川省推进运输结构调整三年行动计划实施方案》，运输结构呈现出“公路运输占比下降、铁路运输占比上升、水路运输占比稳步发展”的态势。淘汰老旧车，大力推广新能源车辆。能源污染防治有序推进。城市道路机械化清扫率不断提高，全省秸秆综合利用率达明显提高。

（五）积极应对污染天气

针对夏季臭氧污染，制订《四川省臭氧污染防控工作方案》，印发《挥发性有机物治理技术指南、现场检查要点和监测方案》。举办臭氧污染防控培训。开展臭氧污染防控攻坚，对重点城市开展驻点帮扶指导，送政策、送方案、送技术到企业，开展现场培训和专项执法。采用“人防 + 技防”，全省出动人员 2 000 余人次，联合移动走航车和便携式监测设备，对重点行业开展连续监测，指导各市开展臭氧攻坚。针对秋冬季重污染天气，修订完善《四川省重污染天气应急预案》，组织实施重点行业绩效分级，建立完善应急减排清单。重污染天气形成前，加密监测会商，及时发布预警，提前“吃药”，减缓污染累积。参照京津冀模式，每年开展大气污染防治冬季强化监督。

三、面临形势

（一）达标有差距，难以满足清洁空气的美好需求

虽然全省空气质量持续改善，但仍未达到《环境空气质量标准》（GB3095—2012）二级标准（35 微克/立方米）要求，21 市州中近一半的城市未达标。氮氧化物年均浓度持续反弹，臭氧污染未得到有效遏制，除成都平原外，川南、川东北地区的 $PM_{2.5}$ 年均浓度均出现反弹。空气质量指数（AQI）超标天数较多，不少天数属于中度以上污染，重污染天气仍未完全消除，与广大群众对清洁空气的美好需求有较大差距。

（二）治标为主，靠天吃饭的现状未得到根本转变

虽针对产业结构、能源结构、交通运输结构优化调整采取了一系列措施，但在经济社会

发展水平等综合因素的决定下，我省大气污染防治仍处在治标为主的阶段，主要对一次大气污染物进行控制，以末端治理措施为主，源头控制、清洁原料替代推行缓慢。治本之策偏少，“靠天吃饭”的现状未得到根本转变，如遇不利气象条件，极易发生重污染天气。

（三）污染物减排通道收窄，边际成本提升

随着产业结构调整、能源结构优化和污染治理的深化，二氧化硫排放大幅削减；但部分地区重污染、高能耗产业和“散乱污”企业的比重仍然较大，化石燃料燃烧带来的氮氧化物排放仍保持较高水平；挥发性有机物和氨等前体物控制成效不明显。一次细颗粒物减排通道收窄，减排边际成本提升。各类无组织排放问题突出。机动车保有量持续增长，非道路移动机械等移动源污染治理难度大。农村面源污染治理亟须加强。

（四）现代化治理体系尚未形成

大气污染现代化治理体系尚未完全形成。环境监管能力与环境监管任务不相匹配。空气质量监测能力有待加强，区域特征污染物监测能力不足，重点污染源挥发性有机物监测能力比较欠缺，挥发性有机物排放标准体系有待完善。科技支撑不足，精准治理乏力。臭氧污染成因、污染物源排放清单、空气质量预警预报、挥发性有机物治理等领域研究不够深入，除成都外其余市州科技支撑能力薄弱。

四、升级路径

“十四五”时期，实施升级版蓝天保卫战的主要目标是环境空气质量持续改善，加强 $PM_{2.5}$ 和 O_3 协同控制，协同治理 VOCs 和 NO_X，实现大气和气候协同管理，突出对重点时段、重点区域、重点企业、重点因子、重点措施的控制，不断提升大气环境治理能力和治理水平现代化。

推“新”去“旧”，持续优化产业结构。强化“三线一单”约束。严格实施总量控制制度。城市建成区内钢铁、石化、化工、有色金属冶炼、水泥、平板玻璃等重污染企业要制定搬迁改造计划并实施。坚决淘汰落后产能，优先淘汰改造后仍不符合能效、环保等标准的 30 万千瓦以下机组。动态清零“散乱污”企业。加大清洁生产力度。加快园区生态循环化改造。大力发展节能环保产业。

推电压煤，持续调整能源结构。坚决减少煤炭消费总量。深入实施煤炭总量控制制度。加强煤炭清洁高效利用。加强入川煤炭质量监管，严禁劣质燃煤流通和使用。禁止进口高灰份、高硫份的劣质煤。深化工业锅炉综合整治。全省城市建成区基本淘汰每小时 35 蒸吨以下的燃煤锅炉，原则上不再新建每小时 35 蒸吨以下的燃煤锅炉，禁止新建直接燃用非压缩成型生物质燃料锅炉。坚持以水电为主的能源开发方针，着力调整优化水电开发结构。推进风光水互补开发、打捆外送，建设可再生能源开发基地。全面推行清洁能源替代。发展分布式能源，布局建设电动汽车充换电设施，建设储气调峰设施和储能及智能微电网。推广公共机构新能源汽车配备使用。实施能源消耗总量和强度双控行动。

推“低”去“高”，深度治理工业污染。大力推动钢铁企业超低排放改造。到 2025 年，全省现有钢铁行业 80%以上产能完成超低排放改造。积极推进水泥行业深度治理。到 2021 年，规模 4 000 吨/日及以上的新型干法水泥熟料生产线烟气排放达到深度治理要求。到 2022 年，全省水泥制造企业（含独立粉磨站）废气排放达到深度治理要求。加快推进平板玻璃、焦化、砖瓦、陶瓷企业深度治理。2023 年，全省平板玻璃行业、砖瓦行业完成深度治理。2025 年，焦化行业完成深度治理。加大对其他工业污染源的环境监管力度，集中力量对全省涉气企业进行全面整治。

推铁治车，调整交通运输结构。严格机动车环保管理，强化在用机动车环保监督抽测，加强排放检验机构监督管理。加快淘汰老旧车辆。未来 5 年老旧车淘汰率达到 70%。建设 OBD 远程在线监控系统，采集安装有 OBD 诊断设备的重型柴油车行驶的相关数据信息，并与省、市生态环境部门实施联网，进行实时监控，加大在用车辆监管力度，及时治理流动“带病”柴油车。符合安装条件的柴油货车 OBD 诊断设备安装率达到 100%。大力推广新能源汽车。新增和更新的公交、环卫、邮政、出租、通勤、轻型物流配送车辆新能源汽车比例达到 80%。清洁燃油品质，严厉打击不合格油品。推进大宗货物运输“公转铁、公转水”。对运输距离在 400 公里以上、计划性较强的煤炭、矿石、焦炭、石油等大宗货物基本转为铁路或管道运输。推行公交优先战略。加强非道路移动机械整治。老旧非道路移动机械淘汰率 50%。加强船舶污染控制。加快机场、港口岸电设备设施建设。推动支线机场建设使用岸电。

减“有”控“无”，深化 VOCs 综合治理。全面实施 VOCs 总量控制。涉挥发性有机物的建设项目，空气质量未达标城市按照新增排放量进行 2 倍量替代，空气质量达标城市按照 1.5 倍量替代。结合地方制订的 VOCs 总量控制计划，对 VOCs 指标实行动态管理，严格控制区域 VOCs 排放量。落实 VOCs 源头控制措施。涂装、胶粘、印染行业低挥发性原辅材料替代率不低于 80%。有机化工、医药化工、合成材料、合成树脂、合成橡胶制造等行业完成“泄漏检测与修复（LDAR）”。推进石油和化工行业深度治理。推进工业涂装挥发性有机物污染综合整治。开展包装印刷、制鞋、纺织印染行业挥发性有机物污染综合治理。加强储运过程油气回收治理。控制装修和干洗废气污染。推进工业园区挥发性有机物集中整治。全面加强 VOCs 无组织排放控制。提升 VOCs 综合管理水平。不断加强地方 VOCs 监测能力和监管能力。完善挥发性有机物台账管理。企业应当根据环境影响评价文件或者相关行业排放规范的要求和监测规范、监测频次，对其排放的废气进行监测。

抑尘控秸，深化面源污染治理。加强施工扬尘控制。完善文明施工和绿色施工管理工作制度建设，严格建筑工程日常监管。将建设工程施工工地扬尘排污纳入环境税范围，开展降尘量考核。大力实施装配式建筑。强化道路扬尘治理。制定更高的道路保洁作业标准，完善垃圾收运系统，更新优化机械化清扫设备。城市建成区道路机械化清扫率达到 90%以上。加强堆场扬尘治理。优化城市餐饮产业发展及空间布局规划，加强居民家庭油烟排放环保宣传，推广使用高效净化型家用吸油烟机。加强秸秆露天焚烧整治和秸秆综合利用。全省秸秆综合利用率达到 90%以上。加强农业氨污染控制。推进绿化造林工程。规划布局建设重点城市通风廊道。

协同治气，切实履行国际公约。加强有毒有害气体污染控制。把有毒空气污染物排放控制作为建设项目环评审批的重要内容。重点行业实施二噁英减排示范工程，对垃圾焚烧发电厂每年定期开展二噁英监督性监测。持续控制消耗臭氧层物质。有效实施消费行业含氢氯氟烃淘汰计划，大力推动替代技术开发与应用；坚决打击消耗臭氧层物质非法生产、非法贸易活动。积极推进大气汞排放控制。加强履行国际汞公约能力建设。推进大气环境和气候协同保护。协同减少温室气体排放。

精准治污，加强精细化管理。深化区域大气联防联控。完善与重庆市、西南地区其他相邻省的大气污染联合防治机制，加强沟通协调，共享区域大气环境信息，在防治工业和机动车船污染、禁止露天焚烧秸秆等领域开展区域大气污染联合执法。推动成渝地区双城经济圈在节能减排、产业准入和淘汰、机动车船大气污染物排放、在用机动车船检验方法和排放限值、机动车船用燃油等方面环境政策、标准、措施的统一。建立重污染天气预警和应急响应信息的通报机制，以及商请相关省、直辖市采取应急响应措施的协商机制。加强沟通协调，加强联合执法、跨区域执法和交叉执法，查处大气污染违法行为，协商解决跨界大气污染纠纷，开展区域联动合作。建立完善重污染天气监测预警体系，提高重污染天气预测预报能力。修订完善大气重污染应急预案，夯实重污染天气应急管控清单，严格落实“一厂一策”，健全区域、省、市联动一体的应急响应体系。构建先进的环境监测体系。

科学治污，强化科技支撑服务。加强省内科研院所的大气科研能力建设，强化对地方的科技支撑作用。持续开展以细颗粒物为重点的源排放清单、主要污染物（臭氧、氮氧化物、挥发性有机物、氨等）来源解析、污染成因、传输通量研究。开展大气重污染监控及预警技术体系研究，提高对持续污染天气预报预警能力，形成精准化空气质量预报模式和重污染分级预警体系。加强大气污染物监测计量技术研究，完善大气环境监测量值溯源体系，保障监测数据可溯源性。研制挥发性有机物源头控制、过程控制技术和装备，通过技术示范，带动挥发性有机物控制技术在相关行业的应用和推广。

参考文献

[1] 四川省生态环境厅. 2019年四川省生态环境状况公报[R]. 2020.

[2] 杨学智，苏永军. 京津冀地区大气污染成因及治理对策——以河北沧州为例[J]. 资源节约与环保，2020（8）：11-12.

四川省减缓气候变化的公众参与路径研究

钱鑫　马坤[①]

【摘　要】气候变化是人类面临的共同挑战，积极应对气候变化是全世界的共同责任。近年来，四川省家庭和个人直接、间接产生的碳排放日益增多，是温室气体排放的重要来源之一。为了更好地应对气候变化，除了需要来自政府和相关部门的努力，公众积极参与也至关重要。但从现阶段来看，四川省公众参与应对气候变化的方式较多属于短期偶发行为，来公众在减缓气候变化中的减排潜力尚未完全挖掘出。本文结合四川发展实际，充分借鉴国内外公众参与经验，探索“政府＋市场＋公众”参与减缓气候变化的机制，构建“平台＋碳普惠＋碳中和”的实施路径，以期发挥市场在资源配置中的决定性作用，更好地发挥政府作用，激发各类市场主体活力。通过市场化运行机制，形成公众参与减缓气候变化的内生动力，推动公众的低碳潜力向低碳行为、短期偶发性行为向长期持续性行为的转变，引导全民参与减缓气候变化，推进美丽四川建设。

【关键词】气候变化；碳减排；公众参与；市场

气候变化已成为毋庸置疑的事实，对人类的生存和发展产生了深刻的影响，是国际社会持续关注的全球性问题[1]-[3]。随着人们对气候变化问题的不断关注和认识水平的不断提高，发现由人类活动引起的温室气体排放是导致全球气候变暖的主要原因[2]-[4]。在温室气体减排压力持续增大的背景下，减缓温室气体排放是目前人类应对气候变化的根本出路和当务之急。近年来，我国家庭和个人直接、间接产生的碳排放日益增多，居民生活能源消费已成为仅次于工业的第二大能源消费部门，是温室气体排放的重要来源之一[5]。因此，为了更好地应对气候变化，除了需要来自国家、政府和相关部门的努力，公众积极参与也至关重要。

目前，我国应对气候变化工作尚未取得全民的理解和支持。调查研究表明，近年来，我国公众对气候变化的事实了解较为清晰，支持国家推出的应对气候变化政策[6][7]。但在开展具体行动的相关问题上，调研结果并不理想，部分公众选择改变生活习惯来参与应对气候变化，如少用一次性生活用品、多乘坐公共交通或步行、通过开窗从而减少使用空调等低成本的模式；仅有极少部分的公众选择需要付出较高成本的参与模式[7]-[9]。因此，调动公众参与的积极性和主动性，推动公众实现从认知气候变化到付出实际行动应对气候变化的跨越，已成为现阶段应对气候变化的关键问题。

地方应对气候变化的有效开展是确保我国实施应对气候变化战略和落实应对气候变化目标的重要保证[10]。四川省作为我国西部欠发达省份，是青藏高原的重要组成部分，地理环境

① 钱鑫，四川联合环境交易所发展研究部总经理，高级能源管理师、高级能源审计评估师，主要从事应对气候变化、环境经济政策、环境权益交易等相关领域研究；马坤，四川联合环境交易所发展研究部高级经理，博士，主要从事生态系统服务评估、生态系统修复、应对气候变化等方面的研究。

复杂多样，生态环境极其脆弱，是我国最易受气候变化影响的区域之一[11]。近年来，四川省高温干旱、特大暴雨等极端天气事件增多，暖冬现象凸显，对经济和社会发展造成严重影响，若长期忽视减缓措施，气候变化可能会超出自然和人类系统的适应范围[12][13]。“十三五”以来，四川省积极应对气候变化，单位地区碳排放强度持续稳定下降，成效显著。但从现阶段来看，四川省公众参与应对气候变化的方式较多属于短期偶发行为，尚未完全挖掘出公众在减缓气候变化中的减排潜力。本文结合四川发展实际，探索构建四川省公众参与减缓气候变化的市场化路径，以期形成内生动力，推动公众的低碳潜力向低碳行为、短期偶发性行为向长期持续性行为的转变。

一、四川省公众参与减缓气候变化的基础

（一）政策环境

积极应对气候变化，减少温室气体排放，已成为各国推进可持续发展的共识，许多发达国家和部分发展中国家都在积极采取办法应对气候变化，向低碳经济转型。中国自 20 世纪 90 年代以来积极参与气候变化国际谈判，推动建立公平治理的国际气候制度。2016 年《巴黎协定》的正式生效，为 2020 年后全球应对气候变化行动做出了安排，同时对于国内开展应对气候变化行动也做出了详细的战略部署，应对气候变化、绿色发展、可持续发展，在决策层与民众中越来越得到重视和支持。与此同时，四川省构建起以《四川省生态文明体制改革方案》《四川省控制温室气体排放工作方案》《四川省应对气候变化建议方案》《四川省应对气候变化规划（2014—2020 年）》等为核心的政策体系规划，有效促进了四川省应对气候变化工作的推进，提高了应对气候变化的工作效率，并且为公众参与应对气候变化奠定了良好的制度基础。

（二）市场环境

2016 年 4 月，四川联合环境交易所通过国家温室气体自愿减排机构备案，同年 6 月获批全国碳市场能力建设（成都）中心，同年 7 月获批开展用能权有偿使用和交易试点。2016 年 12 月，四川省碳市场开市以来，累计成交 CCER 超过 1 400 万吨，逐步成为全国 CCER 交易最活跃的地区之一；2019 年 9 月，四川省用能权交易开市以来，累计成交 3 000 吨用能权指标；依托全国碳市场能力建设（成都）中心广泛开展碳市场能力建设，已累计培训超过 10 000 人次。与此同时，四川省还探索建立了诸如“碳中和”、“蓉 e 行”低碳出行、“碳惠天府”等公众参与气候变化机制，其中，“蓉 e 行”低碳出行平台累计引导 16.8 万人次自愿停驶私人汽车 38.2 万天，年减排量约 3 万吨；“碳中和”平台引导公众在线参与 20 余场次的会议碳中和以及青城山、都江堰 2 个景区碳中和，实现碳中和量超过 1 700 吨，为公众参与应对气候变化营造了良好的市场氛围。

（三）减排潜力

四川省具有巨大的减排潜力。在碳减排项目方面，国家相关部委公布的数据显示，四川获批的清洁发展机制（CDM）项目 565 个，占全国的 11.14%，产生的减排量占全国的 11.36%，

均居全国第一；备案的中国核证自愿减排（CCER）项目 861 个，其中获得签发的项目 373 个，签发减排量逾 5 000 万吨，为开发市场化的公众参与机制提供了充足的碳减排产品供给。在公众基础方面，《四川统计年鉴》数据表明，近年来四川省常住人口、人均 GDP、生活能源消费总量、私人汽车等指标呈上升趋势。截至 2018 年，四川省常住人口总数为 8 341 万人、人均 GDP 为 48 882 元，生活能源消费总量为 3 072.7 万吨标准煤，占全社会能源消费总量的 15.43%，私人汽车保有量达到 976.7 万辆。这一系列数据表明，四川省公众通过诸如节约生活用能、少开车等节能减排的方式参与减缓气候变化具有较大的潜力。因此，引导公众改变生活消费习惯将成为四川省应对气候变化的重要措施。

（四）后发优势

近年来，为更好地应对气候变化，国内外部分地区已率先探索利用市场化机制来进一步挖掘公众消费环节的节能减排潜力，将一些体现减缓气候变化的正向激励机制引入到公众生活消费领域的温室气体减排、资源节约和环境保护实践中。2008 年，韩国光州市推行“碳银行制”，对家庭节约水电气的行为赋予经济价值，对家庭减排行为进行正向激励。近年来，我国也不断涌现出引导公众参与减缓气候变化的市场化机制，如广东省推行的“碳普惠制”、深圳市推出的“绿色出行碳账户”、武汉市启动的“碳宝包”等。这些市场化机制所积累的经验，能够为四川省设计公众参与减缓气候变化市场化机制提供参考。

二、四川省公众参与减缓气候变化路径选择

基于前文对四川省公众参与减缓气候变化基础的分析，结合国内外探索实施的市场化公众参与减缓气候变化的经验，从政府宏观层面、市场中观层面以及公众微观层面，提出建立“政府 + 市场 + 公众”参与减缓气候变化的市场化机制，运用大数据、互联网等技术构建“平台 + 碳普惠 + 碳中和”的公众参与减缓气候变化实现路径（见图 1）。

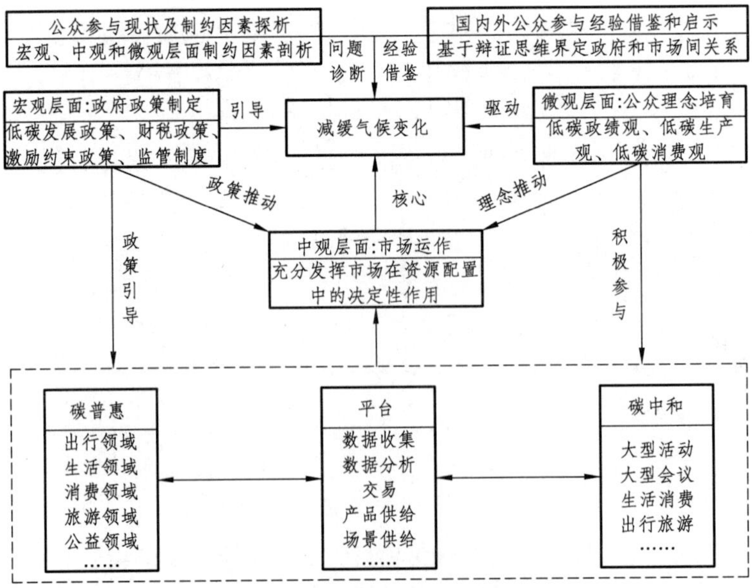

图 1　公众参与减缓气候变化路径框架

（一）发挥政府作用

1. 强化政策支撑

为更好地发挥政府在减缓气候变化中的作用，需进一步加强顶层设计，完善法律法规体系。政府应立足四川省当前实际情况及长远发展战略，进行顶层设计和统筹规划，以完善减缓气候变化的政策体系及协调激励机制，即通过相关法律法规制度建设，以加快环境立法、明确碳排放权利属性，纠正市场外部性。将公众参与减缓气候变化纳入全省应对气候变化市场建设体系，在顶层设计、数据收集、市场运作等方面进行协调，从制度层面确保公众参与减缓气候变化机制的有效实施，为公众参与减缓气候变化的持续发展奠定基础。通过相关财税激励制度建设，撬动更多社会资源流向低碳产业，为公众参与减缓气候变化提供丰富的产品及场景。通过借鉴国际成熟的赤道原则、ESG 原则等，以规范公众参与减缓气候变化的相关标准和具体业务实施细节等。明确激励模式，加快推进碳普惠、碳中和等引导公众参与减缓气候变化市场化机制设计。

2. 制定行为清单

为有效推动市场化机制建设，公众参与减缓气候变化的各项行为需要满足数据可获得、方法可量化的原则。从理论上讲，凡是与公众衣、食、住、行、用等生活领域密切相关的低碳行为均可以纳入公众参与减缓气候变化行为清单中。但从现有公众基础及技术条件来看，公众参与减缓气候变化行为清单可围绕出行、生活、消费、旅游、公益等领域展开。例如，在出行领域，主要针对选择步行、骑行、公交、地铁等零碳或低碳出行方式进行激励；在生活领域，主要针对节约水、电、气和垃圾分类回收等行为进行激励。根据市场运行情况、工作需要及技术条件的变化，适时调整纳入公众参与减缓气候变化的领域和行为。

3. 实现量化激励

充分借鉴国内外碳排放权交易方法学开发的相关经验，开发出相应的方法学，实现四川省公众生活消费领域碳排放及公众参与减缓气候变化行为清单上的绿色低碳行为减排量的量化核算，为公众参与碳普惠和碳中和提供数据基础。围绕政策激励、商业激励、交易激励等建立四川省公众参与减缓气候变化的激励模式。例如，公众可使用获得的减排量或碳积分等兑换一定的政府公众服务、兑换商家提供的产品或服务优惠等；也可以通过交易平台实现碳减排量的兑现、抵现、买卖、投资等。

（二）推进市场建设

1. 培育多元化市场中介主体

优化市场运行机制，充分发挥市场在资源配置中的决定性作用。借力“一带一路”建设、长江经济带发展、西部大开发、成渝双城经济圈等一系列重大机遇的叠加释放，加快建成西部碳排放权交易中心。运用大数据、互联网等技术，开发公众碳排放量、碳减排量计算器，为公众核算自身的碳排放量、碳减排量提供技术支撑，方便公众更好地参与碳中和、碳普惠。引导低碳评估与论证、信用评级、环境损害鉴定、环境风险评估、律师事务所、数据服务等中介机构积极参与业务发展，以助力四川省公众参与减缓气候变化市场建设。

2. 推进碳普惠市场建设

将公众在出行、生活、消费、旅游、公益等领域所采取的减缓气候变化的行为，以碳减排量进行计量，建立政府补贴、商业激励、与碳市场相衔接的碳普惠机制。建立基于碳普惠制的核证减排量交易机制，探索碳普惠制的核证减排量纳入自愿减排交易产品，并与 CCER 交易市场进行衔接。建立基于碳普惠制的商业激励机制，如建立四川省级低碳企业商业联盟，创新碳普惠产品和场景，便于公众享受低碳权益、兑换优惠，真正让低碳惠及每一个低碳者。通过推进碳普惠市场建设，促进公众低碳消费意识觉醒，将商家与主要消费人群衔接，推动低碳生活，展示推介低碳产品，以“低碳 + 互联网”的创新模式从消费端促进生产端低碳转型升级。

3. 拓展碳中和应用场景

持续拓展四川省碳中和应用场景。以“会议碳中和”为切入点打造零碳机关，以政府会议“碳中和”为低碳行动表率，现阶段，四川省在会议碳中和方面已经进行了初步尝试，下一步需要不断扩大会议碳中和的覆盖面，大力推动全社会绿色低碳生活生产方式，向更多人传递低碳、环保理念。依托四川省拥有的旅游资源，打造零碳景区，分阶段分步骤实施“景区碳中和”计划，初期以国家级自然保护区、国家公园、森林公园等景区为试点，通过总结凝练，形成可复制可推广的经验和做法，逐步推广至全省。通过零碳景区的建设，对公众传播低碳发展观念，提升四川省低碳旅游的品牌形象。依据国际民航组织（ICAO）实施的全球航空运输业碳中和方案及减排计划（CORSIA），鼓励四川航空开展旅客个人航程碳中和项目。按照《大型活动碳中和实施指南（试行）》的相关要求，鼓励在川举办的演出、赛事、论坛、展览等大型活动实施碳中和。以点带面，引导四川省公众及访川公众自愿对其自身日常生活所产生的碳排放进行碳中和。

（三）引导公众参与

在理念培育方面，首先，政府应基于全球视野，站在四川经济长远发展战略制高点，引导各级政府和职能部门充分认知四川践行减缓气候变化战略的重要性和紧迫性。在此基础上，改变以往“唯 GDP 论”的考核制度，倡导“既要金山银山，又要绿水青山”的发展理念，将绿色、环保、低碳等赋予相应权重，纳入政绩评估指标体系，并以此实施相应奖惩措施。其次，金融机构和企业应基于自身长远发展需求，提倡低碳金融观与低碳生产观。最后，从消费者层面来看，四川现有政策制定和学术研究大都以政府低碳政策制定和企业生产调控为研究对象，从而忽视了公众在碳减排中的作用。碳排放本质是由人类活动所引起的，因此，需要加强基于四川文化情景下的个体消费心理过程和行为机制分析，以强化公众对减缓气候变化理念的引导和培育。当政府和公众减缓气候变化的意识不断增强时，双方对金融机构及生产企业的社会责任将会赋予新要求，通过首尾两端减缓气候变化理念的培育迫使企业中端进行产业转型或升级，实现供给侧结构性改革的倒逼机制。

在具体措施方面，进一步丰富和完善“四川气候秀”平台的相关内容，倡导生态环保、绿色低碳、文明健康的社会新风尚；将减缓气候变化宣传教育作为素质教育的重要内容，鼓励学校开发减缓气候变化相关教育资源，将减缓气候变化的理念作为校园文化建设的重要内容，推进减缓气候变化科普教育工作群众化、经常化；发挥图书馆、博物馆、非物质文化遗产中心等和自然保护区、森林公园、旅游景区等传播减缓气候变化理念；充分运用公益广告、微电影、微视频、低碳文化艺术产品等新手段、新媒介，开展柔性宣传。倡导低碳出行，鼓励公共交通工具出行、自行车出行、步行等低碳出行方式；鼓励采用低碳膳食方式，培养节约粮食、平衡膳食的科学营养理念，节制高碳食品消费量；引导合理选购、适度消费、简单生活，使低碳消费理念成为社会时尚，形成低碳消费模式和低碳生活方式。通过强化理念的培育，引导公众积极参与减缓气候变化市场机制建设，通过低碳行为享受碳普惠，自愿实施碳中和。

三、小　结

现阶段，社会各界逐步认识到引导公众参与减缓气候变化的重要性，部分地区已先行开展相关试点。作为我国最易受气候变化影响的区域之一，四川省近年来积极采取措施应对气候变化，成效显著。但在公众参与减缓气候变化领域长期存在激励不足、效率不高的问题，公众节能减排的巨大潜力未能得到有效挖掘。本文通过梳理四川省公众参与减缓气候变化的基础，充分借鉴国内外公众参与经验，提出制定“政府 + 市场 + 公众”参与减缓气候变化的机制，构建“平台 + 碳普惠 + 碳中和”的实施路径，期望为四川省促进绿色低碳生产生活方式形成，最大限度调动公众参与减缓气候变化积极性提供参考。文中关于公众参与减缓气候变化的探讨尚有许多不足之处，未来需要进一步加强“政府 + 市场 + 公众”参与减缓气候变化机制的实践研究，重点围绕基础性理论构建、市场运行机制、激励模式、减排效果等问题进行深入研究。

参考文献

[1] Rockström J，et al. A safe operating space for humanity[J]. Nature，2009，461（7263）：472-475.

[2] IPCC. Climate Change 2014：Synthesis Report[R]. 2014.

[3] 世界银行. 2010 年世界发展报告：发展与气候变化[M]. 北京：清华大学出版社，2010.

[4] IPCC. Climate Change 2007：Mitigation of climate change[R]. 2007.

[5] 李科. 我国城乡居民生活能源消费碳排放的影响因素分析[J]. 消费经济，2013，29（2）：73-76.

[6] 陈涛，张泓波.中美两国应对气候变化政策与公众气候素养之比较研究[J]. 科技与经济，2012，25（1）：106-110.

[7] 王钟秀，董文杰. 中国公众对气候变化的认知[J]. 北京师范大学学报（自然科学版），2016，52（6）：714-721.

[8] 中国气候传播项目中心. 中国公众气候变化与气候传播认知状况调研报告 2017[R]. 2017.

[9] 王彬彬，顾秋宇. 中国公众气候认知与消费意愿的关系研究[J]. 中国人口・资源与环境，2019，29（9）：41-50.
[10] 田梅. 四川省气候变化适应行动现状、问题和建议研究[J]. 环境科学与管理，2016，41（8）：30-33.
[11] 向柳，张玉虎. 四川省气候变化及其影响研究[J]. 绿色科技，2019（2）：1-5.
[12] 苑跃. 四川 50 年来气温变化特征分析[J]. 安徽农业科学，2012，40（4）：2251-2254.
[13] 陈超，庞艳梅，张玉芳. 近 50 年来四川盆地气候变化特征研究[J]. 西南大学学报（自然科学版），2010，32（9）：115-120.

四川省绿色低碳标准化发展思考

谢义琴　王恒　张璐[①]

【摘　要】随着生态文明建设工作的不断深入，绿色低碳已经逐步成为我们生活、生产活动的主要发展方向。本文通过对国内外绿色低碳标准的梳理、分析，提出了标准体系框架、标准研究方向、制定主体、实施评估、宣传培训等四川省绿色低碳标准化发展建议，旨在为推进四川省绿色低碳发展提供技术支撑。

【关键词】绿色低碳；标准化；发展

近年来，四川坚定以习近平生态文明思想为指引，坚持落实绿色发展理念，协同推进减缓和适应气候变化，实施温室气体减排行动，开展低碳试点示范，不断推进形成绿色低碳的空间格局、经济结构、生产方式和生活方式[1]。绿色低碳发展已经成为当前各行各业力推的发展模式，而实现绿色低碳标准化是推动落实碳排放目标，促进产业结构和能源消费结构优化调整的有力支撑。

一、国际绿色低碳标准概况

国际标准化组织（ISO）作为国际标准化领域中一个十分重要的组织，常年来对碳排放管理标准体系进行了一系列的探索。2002 年，国际标准化组织环境管理技术委员会成立工作组开始了温室气体管理标准的研究制定；2007 年，温室气体管理标准化分技术委员会的成立，标志着温室气体管理标准研究制定正式纳入规范管理[2]。

2006 年发布了 ISO 14064 系列标准，由《第 1 部分　组织层次上对温室气体排放和清除的量化和报告的规范及指南》（ISO 14064—1）、《第 2 部分　项目层次上对温室气体排放和清除增加的量化、检测和报告的规范及指南》（ISO 14064—2）、《第 3 部分　温室气体声明审定与核查的规范及指南（适用于核查方组织）》（ISO 14064—3）等 3 个部分构成，属于温室气体排放报告标准，2018 年对 ISO 14064—1 进行了修订，2019 年对 ISO 14064—2、ISO 14064—3 进行了修订。

2007 年发布了《对从事温室气体合格性鉴定或其他形式认可的确认与验证机构的要求》（ISO 14065），它是对 ISO 14064 的补充。在 ISO 14064 为政府与组织提供能够测量和监控温室效应气体（GHG）的减排要求的同时，ISO 14065 为采用 ISO 14064 或者其他相关标准或规范进行 GHG 确认和验证机构提供规范及指南[3]，属于温室气体认证要求标准，2013 年进行了修订。

---

① 谢义琴，四川省环境政策研究与规划院法治与标准研究部工程师，主要从事生态环境法治与标准研究；王恒，四川省环境政策研究与规划院副院长、高级工程师，主要从事环境政策研究；张璐，四川省环境政策研究与规划院法治与标准研究部主任工程师，主要从事生态环境法治与标准研究。

2011 年发布了《温室气体验证团队和验证团队的能力要求》（ISO 14066），属于审定团队和核查团队的能力要求标准。

2013 年发布了《温室气体产品的碳排放量量化和交流的要求和指南》（ISO 14067），该标准由 2 个部分构成，第 1 部分是关于碳足迹的量化（ISO 14067—1），第 2 部分是关于碳足迹信息交流（ISO 14067—2），属于产品碳足迹标准，2018 年进行了修订。

二、国内绿色低碳标准概况

（一）我国绿色低碳标准概况

截至 2020 年 9 月，我国共发布了碳排放管理国家标准 18 项。2015 年发布了《工业企业温室气体排放核算和报告通则》（GB/T 32150—2015）以及发电、电网、镁冶炼、铝冶炼、钢铁生产、民用航空、平板玻璃、水泥生产、陶瓷生产、化工生产等 10 项企业的温室气体排放核算与报告标准，2018 年出台了煤炭生产和纺织服装 2 项企业温室气体排放核算与报告标准，至此，国家标准共出台了核算与报告类标准 13 项。2017 年发布了二氧化碳、甲烷等 2 项温室气体测量的技术方法类国家标准、《基于项目的温室气体减排量评估技术规范 通用要求》（GB/T 33760—2017）1 项基础通用类国家标准以及生产水泥熟料的原料替代项目、钢铁行业余能利用等 2 项评价与评估类国家标准。

截至 2020 年 9 月，气象、交通、商务、认证认可等 14 个部门发布了行业标准共 49 项，其中基础通用类标准 2 项、核查类标准 12 项、评价与评估类标准 2 项、技术方法类标准 8 项、低碳产品类标准 24 项、管理类标准 1 项。

（二）省市绿色低碳标准概况

截至 2020 年 9 月，全国共有北京、上海、重庆、广东、江苏、安徽、河北、山东、河南、湖北、湖南、江西、山西、宁夏等 14 个省（直辖市、自治区）发布了碳排放管理标准，共计 59 项（详见表 1）。其中，北京发布了 24 项，广东发布了 13 项，上海发布了 4 项，宁夏发布了 3 项，重庆、河南、湖南、江苏、江西分别发布了 2 项，湖北、河北、安徽、山东、山西分别发布了 1 项。笔者按照标准的具体内容将各省市碳排放管理标准进行了分类（详见表 1），地方标准主要以低碳产品类标准为主，其次为核算与报告类标准。

表 1　各省市碳排放管理标准

序号	地区	标准名称	标准编号	标准类型
1	安徽省	超导回旋加速器 主磁铁低碳钢技术要求	DB34/T 3111—2018	低碳产品类
2	北京市	农产品温室气体排放核算通则	DB11/T 1616—2019	核算与报告类
3	北京市	畜牧产品温室气体排放核算指南	DB11/T 1565—2018	核算与报告类
4	北京市	种植农产品温室气体排放核算指南	DB11/T 1564—2018	核算与报告类
5	北京市	农业企业（组织）温室气体排放核算和报告通则	DB11/T 156—2018	核算与报告类

续表

序号	地区	标准名称	标准编号	标准类型
6	北京市	温室气体排放核算指南 畜牧养殖企业	DB11/T 1422—2017	核算与报告类
7	北京市	温室气体排放核算指南 设施农业企业	DB11/T 1421—2017	核算与报告类
8	北京市	温室气体排放核算指南 生活垃圾焚烧企业	DB11/T 1416—2017	核算与报告类
9	北京市	碳排放管理体系实施指南	DB11/T 1559—2018	基础通用类
10	北京市	碳排放管理体系建设实施效果评价指南	DB11/T 1558—2018	评价与评估类
11	北京市	商场、超市碳排放管理规范	DB11/T 1539—2018	管理类
12	北京市	高等学校碳排放管理规范	DB11/T 1471—2017	管理类
13	北京市	通用用能设备碳排放评价技术规范	DB11/T 1419—2017	评价与评估类
14	北京市	小城镇低碳运行管理通则	DB11/T 1555—2018	低碳产品类
15	北京市	建筑低碳运行管理通则	DB11/T 1534—2018	低碳产品类
16	北京市	企业低碳运行管理通则	DB11/T 1533—2018	低碳产品类
17	北京市	社区低碳运行管理通则	DB11/T 1532—2018	低碳产品类
18	北京市	园区低碳运行管理通则	DB11/T 1531—2018	低碳产品类
19	北京市	低碳小城镇评价技术导则	DB11/T 1423—2017	低碳产品类
20	北京市	低碳建筑（运行）评价技术导则	DB11/T 1420—2017	低碳产品类
21	北京市	低碳产品评价技术通则	DB11/T 1418—2017	低碳产品类
22	北京市	高等学校低碳校园评价技术导则	DB11/T 1404—2017	低碳产品类
23	北京市	低碳社区评价技术导则	DB11/T 1371—2016	低碳产品类
24	北京市	低碳经济开发区评价技术导则	DB11/T 1369—2016	低碳产品类
25	北京市	低碳企业评价技术导则	DB11/T 1370—2016	低碳产品类
26	广东省	企业温室气体排放量化与核查导则	DB44/T 1506—2014	核查类
27	广东省	纺织企业温室气体排放量化方法	DB44/T 1381—2014	技术方法类
28	广东省	电子电气产品与组织的温室气体排放评价 术语	DB44/T 1448—2014	评价与评估类
29	广东省	石化企业二氧化碳排放信息报告指南	DB44/T 1977—2017	核算与报告类
30	广东省	活力发电企业二氧化碳排放信息报告指南火力发	DB44/T 1976—2017	核算与报告类
31	广东省	碳排放管理体系 要求及使用指南	DB44/T 1944—2016	基础通用类
32	广东省	小功率电动机产品碳排放基础数据采集技术规范	DB44/T 1942 2016	技术方法类
33	广东省	产品碳排放评价技术通则	DB44/T 1941—2016	评价与评估类
34	广东省	有色金属企业二氧化碳排放信息报告指南	DB44/T 1943—2016	核算与报告类
35	广东省	企业碳排放核查规范	DB44/T 1945—2016	核查类

续表

序号	地区	标准名称	标准编号	标准类型
36	广东省	钢铁企业二氧化碳排放信息报告指南	DB44/T 1383—2014	核算与报告类
37	广东省	企业（单位）二氧化碳排放信息报告通则	DB44/T 1382—2014	核算与报告类
38	广东省	水泥企业二氧化碳排放信息报告指南	DB44/T 1384—2014	核算与报告类
39	河北省	冷轧纵剪用热连轧低碳钢带通用技术要求	DB13/T 2857—2018	低碳产品类
40	河南省	二氧化碳排放信息报告通则	DB41/T 1710—2018	核算与报告类
41	河南省	工业企业碳排放核查规范	DB41/T 1429—2017	核查类
42	湖北省	温室气体（GHG）排放量化、核查、报告和改进的实施指南（试行）	DB42/T 727—2011	基础通用类
43	湖南省	区域温室气体排放计算方法	DB43/T 721—2012	技术方法类
44	湖南省	组织机构温室气体排放计算方法	DB43/T 662—2011	技术方法类
45	江苏省	非建设用地温室气体排放核算规程	DB32/T 1935—2011	核算与报告类
46	江苏省	低碳城市评价指标体系	DB32/T 3490—2018	低碳产品类
47	江西省	农业温室气体清单编制规范	DB36/T 1094—2018	管理类
48	江西省	日用陶瓷单位产品碳排放限额	DB36/T 934—2016	基准值和先进值类
49	宁夏回族自治区	静态箱法测定玉米田温室气体技术规程	DB64/T 1120—2015	技术方法类
50	宁夏回族自治区	静态箱法测定春小麦田温室气体技术规程	DB64/T 1119—2015	技术方法类
51	宁夏回族自治区	静态箱法测定水稻田温室气体技术规程	DB64/T 725—2011	技术方法类
52	山东省	低碳产品评价方法与要求 第2部分：通用硅酸盐水泥	DB37/T 2505.2—2014	低碳产品类
53	山西省	温室气体 二氧化碳浓度评估规范	DB14/T 1710—2018	评价与评估类
54	上海市	乙烯产品碳排放指标	DB31/T 1144—2019	基准值和先进值类
55	上海市	工业气体碳排放指标	DB31/T 1140—2019	基准值和先进值类
56	上海市	燃煤发电企业碳排放指标	DB31/T 1139—2019	基准值和先进值类
57	上海市	非织造产品（医卫、清洁、个人防护、保健）碳排放计算方法	DB31/T 930—2015	技术方法类
58	重庆市	企业碳排放核查工作规范	DB50/T 700—2016	核查类
59	重庆市	普通两轮摩托车低碳产品评价方法及要求	DB50/T 701—2016	低碳产品类

三、四川省面临的形势挑战

四川省在能源消费上呈持续增长态势，转型压力大，特别是高能耗行业能源消费占工业能耗比重较大且有进一步增大态势，攀枝花、内江、达州等资源型城市、重工业城市产业结构偏重，成都碳强度下降空间收窄等挑战突出[4]。

（一）四川省工业化影响

四川省的产业发展轨迹，无论从生产需求还是消费需求的特征看，重化工业的规模仍将不断扩大。在生产需求方面，大量的城市基础设施建设形成了对重化工产业产品需要重化工产业提供产品和原材料；在消费需求方面，随着居民收入水平的不断提高，四川省居民进入了高额耐用品的消费阶段，这些都直接或间接地推动四川重工业的生产。

（二）四川省城镇化影响

预计到 2020 年，四川省常住人口城镇化率达到 54% 左右，户籍人口城镇化率达到 38% 左右，改造约 470 万人居住的城镇危旧房和棚户区[5]，这既构成了经济增长和结构调整的持续的动力源泉，同时也对传统的城镇化路径下能源消耗和碳排放量增加问题形成了巨大挑战。随着城镇化进程的推进，人口大规模的转移与集聚形成了新的居民消费需求，居民对生活性消费直接或间接地形成了能源消耗的增加。

四、四川省绿色低碳标准化发展建议

（一）四川省绿色低碳排放标准体系

标准体系建设是标准化工作的基础，综合国家、行业主管部门、其他省市已发布的标准和前人研究成果[6]，结合四川省实际，可将四川省绿色低碳标准体系框架分为基础通用、基准值和先进值、核算与报告、核查、评价与评估、技术方法、低碳产品、管理类 8 类标准，如图 1 所示。

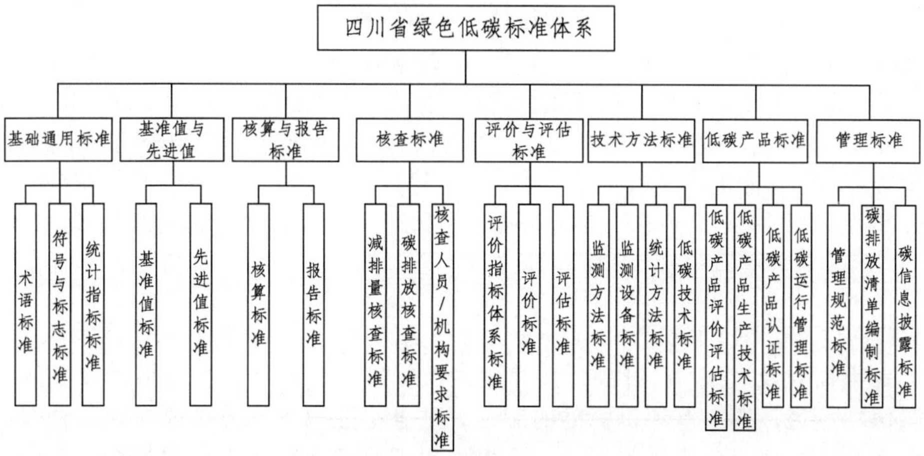

图 1　四川省绿色低碳标准体系框架

基础通用标准包括三个方面：一是术语标准，主要是对名词、词汇、简称进行统一解释或定义的标准；二是符号与标志标准，主要用于规定绿色低碳领域相关符号、标志等使用的基本要求；三是统计指标标准，主要用于规定指标概念的内涵及指标的统计总体范围，说明所反映现象数量特征的性质和内容，确定量化尺度和计量单位。

基准值与先进值标准包含两个方面：一是基准值标准，主要用于碳交易机制中的配额分配，是基准线法的主要依据；二是先进值标准，是指该行业碳排放强度的先进水平，代表单位产品碳排放最佳实践水平。

核算与报告标准包含两个方面：一是核算标准，主要用于规定产品生产过程中碳排放的核算原则、流程、核算边界、分配、数据收集、排放量核算、质量保证等内容；二是报告标准，主要用于规定核算报告的编制要求。

核查标准包含三个方面：一是减排量核查标准，主要用于规定核查碳排放减排量的技术要求；二是碳排放核查标准，主要用于规定碳排放核查的原则、核查过程、风险分析与控制、投诉、申诉等内容；三是核查人员/机构要求标准，主要用于规定绿色低碳领域核查人员或核查机构的能力要求。

评价与评估标准主要包括三个方面：一是评价指标体系标准，主要用于规定绿色低碳领域相关评价指标体系的评价指标、计算方法、评价流程和结果运用等；二是评价标准，是指对碳排放管理建设效果的评价；三是评估标准，主要用于规范碳排放相关指标的评估术语、定义及评估内容要求等。

技术方法标准主要包括四个方面：一是监测方法标准，主要是指对碳排放指标的相关测量方法；二是监测设备标准，主要是指对碳排放监测设备的参数、预处理、后处理等技术要求；三是统计方法标准，主要用于对碳排放的计算分析；四是低碳技术标准，主要是指减碳、无碳、去碳等节能减排技术。

低碳产品标准主要包括四个方面：一是低碳产品评价评估标准，主要用于规定低碳产品的评价评估指标体系，评价评估方法和评价评估程序等；二是低碳产品生产技术标准，主要用于规定低碳产品生产的技术要求、试验方法、包装、标志等；三是低碳产品认证标准，主要用于规范低碳产品的认证指标体系、认证方法和程序等；四是低碳运行管理标准，主要用于规定实现低碳运行的基本要求、管理目标、运行管理要求等。

管理标准主要包括三个方面：一是管理规范标准，主要用于规定碳排放的总体要求、管理机构要求、制度要求、碳排放数据质量管理等内容；二是碳排放清单编制标准，主要用于规范碳排放清单编制内容、格式等要求；三是碳信息披露标准，主要用于同于信息披露格式，增加碳排放数据的透明度。

（二）四川省绿色低碳标准研究方向

支撑应对气候变化工作。推动气候变化与环境质量、生态保护、人体健康等生态环境重点领域的标准研究及应用[7]。开展低碳管理规范标准的研发和推广，推进绿色低碳城市、学校、景区、社区、酒店等评价标准的制订，加强企业温室气体排放的规范管理，开展交通运输行业温室气体排放核算与钢铁、火电、水泥等重点行业碳排放基准值和先进值标准的研究。

创新绿色循环发展标准。探索绿色技术和绿色消费标准体系研究。在生态环境污染防治、资源节约、循环利用和新能源、能耗与污染物协同控制技术等领域探索制定一批绿色技术标准；推动绿色产品供给、公共交通设施建设、节能环保建筑、绿色采购等领域的标准化建设。

（三）标准制定多元化

不同于国际标准化建设将团体标准和企业标准放在标准体系的重要地位，我国标准体系主要以行政主管部门制定的政府标准为主，弱化了市场主体制定的团体标准和企业标准地位，标准制定主体一元化，导致政府标准制定周期长、标龄长、适用性差等弊端逐步显现[8]，降低了标准市场竞争力，不利于灵活应对快速变化的市场发展新需要。为此，2015 年国务院印发《深化标准化工作改革方案》，对标准化工作开展了全面的体制改革；2017 年新修订的《中华人民共和国标准化法》进一步落实了标准化体制改革要求，将团体标准和企业标准纳入了立法保护范畴，标准制定主体的多元化已然是标准化工作的发展趋势。

四川省绿色低碳标准研究工作正处于萌芽阶段，多元参与有助于推进四川省绿色低碳标准化向好发展。首先，要明确政府标准的公益性定位，推动政府标准向政府职责范围内归位，深入调研市场主体对市场标准的需求，运用技术委员会技术平台，定期为市场主体提供标准孵化的技术指导，支持行业协会、产业联盟、企业制定团体标准和企业标准。其次，要打通企业标准和团体标准转化为地方标准的渠道，推进企业标准和团体标准升级转化。

（四）标准实施评估

绿色低碳标准是生态环境保护工作中重要的工具之一，能够有效推进污染防治工作，促进经济、社会和环境的和谐发展。标准的有效实施受社会和经济等多因素制约，对标准的实施情况开展适时的评估将有利于进一步完善四川省绿色低碳标准体系，提高标准的先进性和科学性，对保护环境、促进经济的可持续发展有重要的意义。

建立四川省绿色低碳环境实施信息反馈和评估机制，根据技术进步情况和绿色低碳领域发展需要适时进行实施效果评估，评估结果作为修订、废止相关标准的依据。

（五）标准宣传培训

建设信息化平台。建立和完善四川省绿色低碳标准信息服务系统，完善标准信息查阅、标准技术、产品创新交流与共享、公众监督等功能，免费向社会公开地方标准。同时，逐步推进平台与相关政府部门、社会团体、企业单位网站积极对接，抓取相关标准资源信息，动态更新维护信息。

开展标准化知识宣传。利用微信公众号、微博等新媒体和报纸、期刊等平面媒体，对新标准进行发布“解读”“翻译”，对绿色低碳标准化法律法规、政策措施以及标准化先进典型和突出成果进行定期宣传。结合世界标准日、环境保护日、低碳日等重要节日，开展标准宣传活动，普及绿色低碳标准化知识，宣传绿色低碳标准化理念。

加强技术培训。通过培训班、专题讲座、学术沙龙等方式，线上线下配合开展绿色低碳标准化人才培训，重点针对标准管理要求、审查机制、制修订技术方法以及强制性标准内容进行培训，以满足不同层次、不同领域的绿色低碳标准化人才需求，提高标准的监督管理、组织实施、落实执行的能力和水平。

四川省绿色低碳标准化建设应是一个不断完善的过程，需要紧跟国内外绿色低碳的发展动态，及时引进和转化国内外先进标准，引导社会各界积极参与绿色低碳建设，从而更好地为四川省绿色低碳的快速健康发展提供技术支撑，为建设美丽中国四川篇章助力添彩。

参考文献

[1] 突出绿色低碳抓好产业减排 四川积极行动应对气候变化[J]. 技术与市场，2018（8）：8-10.

[2] 赵星，张运东，司云波. 加强碳排放管理塑造低碳时代负责任的企业形象[J]. 国际石油经济，2011（7）：41-46.

[3] ISO 14065：2007 规范温室气体排放新工具[J]. 山东纺织经济，2010（5）：15.

[4] 应对气候变化是挑战更是机遇——访省生态环境厅厅长于会文[N]. 四川日报，2019-05-30.

[5] 施晓良. 四川省新型城镇化建设研究[J]. 商，2014（51）：43.

[6] 申娜娜，郑广远. 天津市低碳经济标准体系建设研究[J]. 中国质量与标准导报，2017（6）：80-82.

[7] 赵英民. 全面实施科技兴环保战略加快完善环保科技标准体系[J]. 环境保护，2011（23）：28-31.

[8] 张晓博，徐湛，彭冕莉. 标准化改革实践中面临的困境及对策研究[J]. 中国标准化，2017（5）（上）：98-101.

第三篇　行 业 篇

推广新能源及智能汽车，发展四川绿色公路运输

彭忆强　蔡云　曾传华　唐立　黎青松①

【摘　要】绿色交通关乎国家经济的可持续发展，新能源与智能汽车的推广应用对发展绿色公路运输具有直接推动作用。本文以探索四川公路运输加快绿色发展为目标，在系统分析绿色交通运输基本内涵的基础上，从发展现状、汽车保有量、尾气排放、安全事故、交通拥堵等方面分析了四川省公路运输基本情况。结合新能源与智能汽车对绿色公路运输的作用，分析了我省绿色公路运输中新能源与智能汽车的发展前景和应用差距。在此基础上，针对我省公路运输实情，提出了加大新能源汽车推广普及、探索氢燃料电池汽车在商用车领域应用、完善新能源汽车基础配套服务网络建设和加快智能网联汽车在特定区域示范应用等四点建议，期望进一步推广普及新能源与智能汽车，促进我省公路运输节能减排、减少安全事故和降低交通拥堵，实现绿色发展。

【关键词】绿色交通；公路运输；新能源与智能汽车；政策建议

一、绿色交通运输的概念及内涵

（一）绿色交通的基本概念

交通运输业是国民经济的基础产业和关系国计民生的服务性行业，为发展国民经济和建设小康社会，应大力发展绿色交通。1992 年联合国首次召开“可持续发展问题世界首脑会议”，正式提出了“用最小的消耗来满足需求”的可持续发展理念。加拿大学者克里斯·布拉德肖于 1994 年首次提出了绿色交通的理念：通过优先发展绿色交通工具，减少交通拥堵，净化城市出行与居住环境，降低能源消耗[1]。他还对各种绿色交通工具的优先等级进行了排序，如图 1 所示。

进入 21 世纪以来，有关绿色交通的研究和应用得到了更深入的发展。目前对绿色交通尚未形成统一的定义，但相关行业和学术界普遍认为：绿色交通是指以节能环保、安全通畅的交通设施为基础，以公共交通、慢行交通（步行、自行车）、适量新能源与环保型汽车为工具，以高效、智能的交通管理为依托，与城市规划和空间拓展相协调的可持续城市综合交通系统[2]。

① 彭忆强，西华大学汽车与交通学院院长、教授，博士，主要从事汽车电控技术、汽车产业政策研究；蔡云，西华大学汽车与交通学院副教授，主要从事汽车产业分析、汽车后市场技术研究；曾传华，西华大学汽车与交通学院教授，博士，主要从事运输物流优化、运输信息化、公路大件运输安全研究；唐立，西华大学汽车与交通学院副教授，博士，主要从事交通管理与规划、交通行为分析、大数据分析技术研究；黎青松，西华大学汽车与交通学院副院长、教授，博士，主要从事交通运输规划与管理、物流系统分析与优化研究。

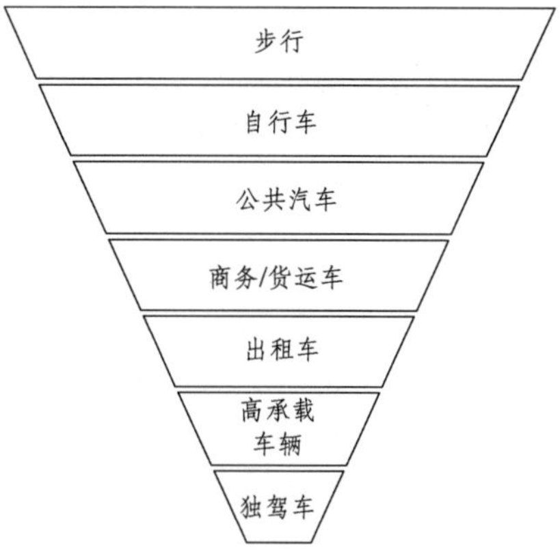

图 1 绿色交通方式等级层次示意图

（二）发展绿色交通的意义

发展绿色交通的首要意义是减轻交通拥挤、降低环境污染，这具体体现在以下三个方面：

（1）减少个人机动车辆的使用，尤其是减少高污染车辆的使用。

（2）提倡步行，提倡使用自行车与公共交通工具出行。

（3）提倡使用清洁干净的燃料和车辆等，从而实现以下四个方面的协调：交通与环境（生态环境、心理环境）的协调；交通与未来发展的协调，即交通要适应于未来的发展；交通与社会的协调，即交通要以人为本，为人类提供安全的交通；交通与资源的协调，即以最少的资源维持交通的需求。[3]

绿色交通与社会经济、生态环境的关系如图 2 所示。

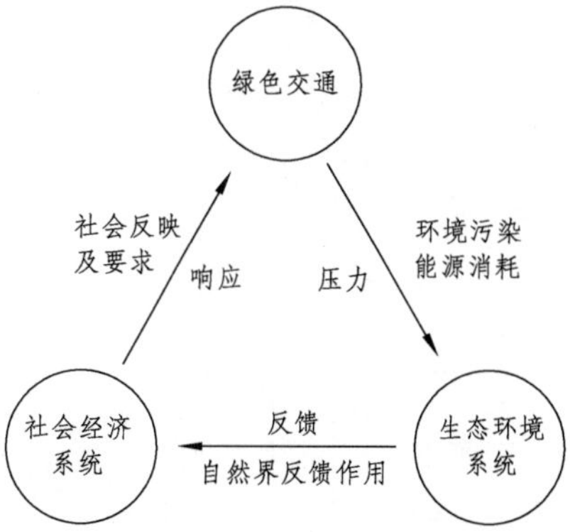

图 2 绿色交通与生态环境、社会经济的互动反馈关系

（三）绿色公路运输的发展趋势

自 20 世纪 90 年代起，二氧化碳、氮氧化物、氟化物以及颗粒物等的排放严重影响了人类的生存与发展，同时也威胁着地球上其他生物体的生命健康。人类越来越意识到交通运输行业带给环境气候的严重性问题，并提倡全球交通运输行业制定统一公认的环境卫生质量标准，安全、高效、绿色地完成运输工作，将运输生产过程中对环境造成的压力控制在大自然承受范围之内。所以，对于公路运输而言，不仅要保证其内部结构、空间的协调发展并能满

足经济发展的需求，还要达到人类活动与资源环境友好协调的目标，这才符合当前背景下的公路运输可持续发展要求。因此，国内外的绿色公路运输体系也在政策和理念等方面不断发展和完善。

国外有关低碳绿色交通运输的标志性政策措施有美国交通运输部制定的《美国交通运输战略规划（2000—2005）》。美国运输部在《国家运输科技发展战略》一文中强调，要以构建服务全球的安全可靠的交通运输系统、努力应用科技手段实现运输智能化为目标，并将此次发展的战略性质定为环境友善型。日本将工作重点放在大气污染物排放的控制上，建立符合可持续发展的物流系统，实现绿色循环低碳的交通运输发展，进而达到社会经济、资源环境的友好和谐发展。作为低碳绿色交通运输的纲领性政策措施，出台的这些文件为全球绿色交通运输提供了理论性的指导。欧洲鼓励运输企业运用先进的绿色低碳理念开展运输工作，并制订了运输、管理等方面的绿色标准。

目前，我国公路运输的发展已经造成了严重的环境污染，能源消耗量也居高不下，如何促进公路运输的可持续发展已经成为我国公路运输相关部门研究的重点和难点。因此，不少专家学者提倡改善公路运输系统的组织结构，有些专家则提出应该出台相应的法规政策进行行业改革以求改善当前存在的问题。

（四）绿色公路运输的影响要素

绿色公路运输是指通过大力发展环境友好型的交通工具，减少交通过程中的能源消耗、交通工具产生的大气以及噪声污染；借助于合理的网点布局、合适的配送中心布局，实现运输的合理性；避免货物的迂回运输，降低货运总里程数和汽车的空驶率，进而达到提高运输效率的目的；通过制定合理的存货策略，适当地增加商品的运输批量值，来达到提高运输效率的目的等。[4]绿色公路运输体系的构成涉及社会、经济、环境、资源等相关方面的发展，其构成与各部分联系如图 3 所示。

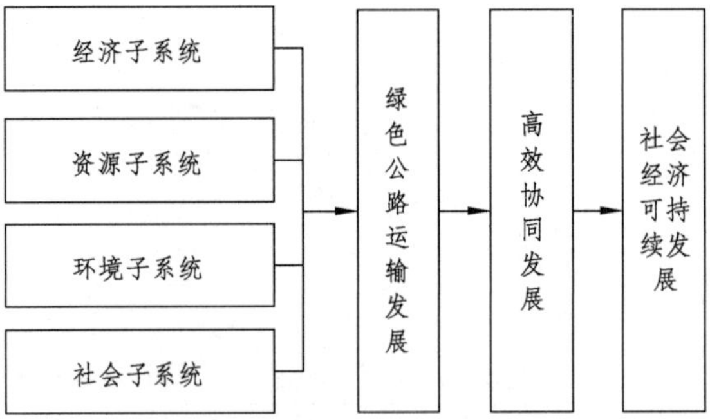

图 3　绿色公路运输发展体系的构成

总结上述分析可见，影响绿色公路运输的关键要素包括经济要素、资源要素、环境要素和社会要素[4]。

1. 经济要素

国家统计局统计数据显示，2019 年我国公路货运量达到 343.5 亿吨，约占综合运输体系总运量的 73%；公路客运量达 130.1 亿人次，约占综合运输体系总运量的 73.9%。由此可知，公路运输在我国综合运输体系中所占比重最大，具有重要的地位。公路运输的发展与经济之间存在一种彼此促进且相互依存的动态关系，商品经济的发展会直接牵动频繁的商业活动，从而促进了公路客货运输的发展；客货运输的发展又是促进社会生产的一种主要途径，在运输过程中完成社会商品之间的价值交换，以及在空间上将不同区域之间的经济发展联系起来。所以，公路运输与经济的发展存在非常强的内在联系。

2. 资源要素

公路运输发展离不开公路基础设施和交通工具，它们的增加会占用大量不可再生的能源和土地资源。截至 2018 年底，我国公路通车里程达到 484.65 万千米，二级以上公路总里程数达到 64.78 万千米，如图 4 所示。公路运输的快速发展，刺激了汽车数量的增长，我国运输车辆数近年来急剧增多，截至 2018 年车辆数高达 2.32 亿辆，如图 5 所示。

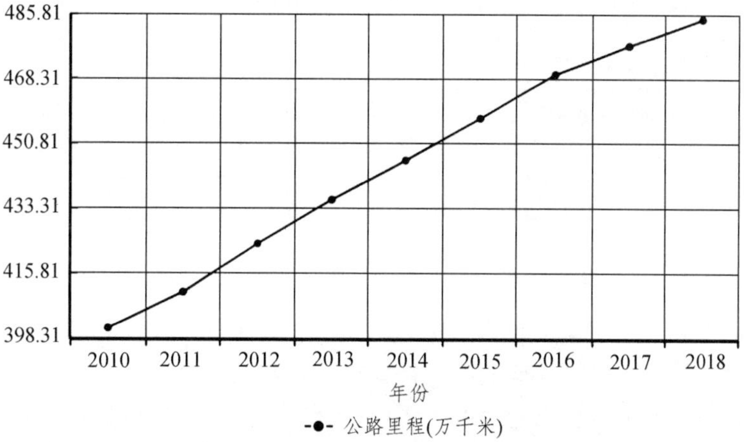

图 4　2010—2018 年我国公路通车里程增长情况

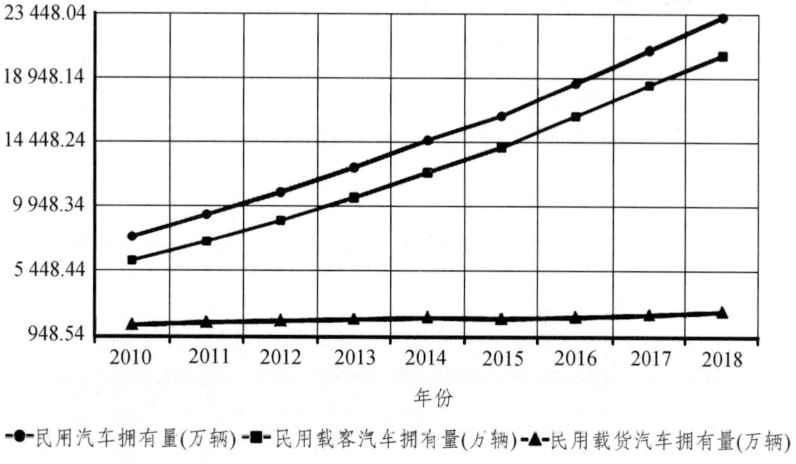

图 5　2010—2018 年我国公路运输汽车数量增长情况

车辆在生产和运行过程中，会消耗大量的原材料和能源。而随着公路运输的快速发展，能源消耗总量迅速增长，2017 年燃料油的消耗总量比 2010 年增长了 33.5%。近年来交通运输业燃料油消耗情况如图 6 所示。

公路运输的发展如果过于依赖能源的消耗，尤其是不可再生能源，势必会受到能源紧缺的反作用，从而影响到社会经济以及公路运输自身的发展，不管是土地资源的占用还是石油等不可再生能源的消耗，都会对大自然产生巨大的危害，反过来也会影响到整个公路运输业的可持续发展。

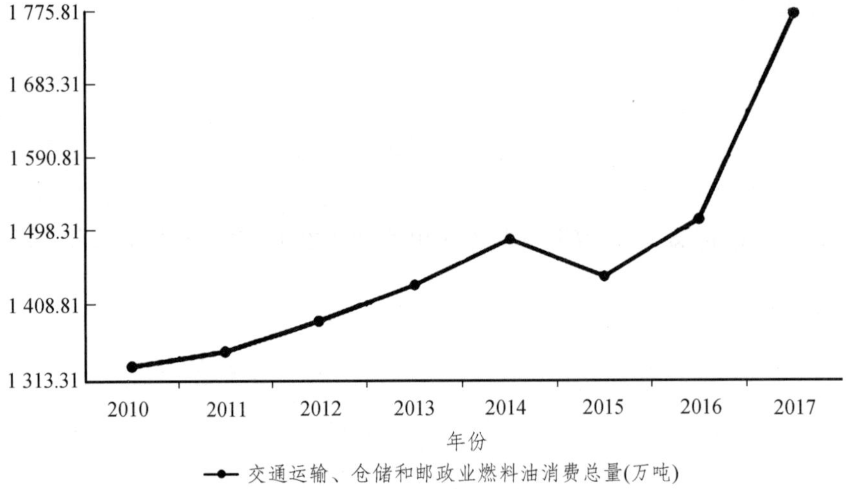

图 6　2010—2018 年我国公路运输燃料油消耗情况

3. 环境要素

公路运输业的发展产生了很多积极影响，如增加就业机会、优化经济产业结构、促进物资流通等。但与此同时，公路运输业的发展也给自然环境和社会环境带来了破坏，包括大气污染、噪声污染、水质污染、土地污染、固体废弃物污染等，这些负面影响将严重制约公路运输业向着低碳绿色的方向发展。所以，发展公路运输业要遵循环境作用规律。

公路运输业发展带来的环境破坏，在经济学中被称为公路运输业的外部成本。外部成本无须运输主体来承担，而且在公路运输的有关政策中也未提及外部成本，所以这部分成本会随着公路运输业的发展而增加。研究公路运输业发展造成的环境问题，将其外部成本尽可能地缩减到最小，将促进公路运输业与经济的协调发展。

4. 社会要素

公路运输的发展对地区经济会产生积极影响，地区的公路基础设施建设促进公路运输的发展。但公路运输在改变人们生活的同时也在危害着我们的健康。我国公路运输的低碳绿色发展尚处于起步阶段，需要相应的政策措施对公路运输行业进行约束。目前驾驶人员因疲劳、醉酒造成的交通事故频发，有时也会带来严重的环境污染，但抑制这类情况发生的相关政策还很匮乏。随着科学技术的发展，交通工具的驱动力已经发生改变。纯电动、油气混合动力、天然气动力得到发展使用，但由于生产技术、生产条件等限制，以及配套设施的缺乏，新能源车辆尚未能得到广泛普及。公路运输的低碳绿色发展需要社会各界力量的共同支持，只有团结一致才能完成经济的可持续发展。

因此，为了积极响应绿色发展国家战略，应该从经济、环境、资源、社会等关键要素入手，共同推动绿色公路运输发展。

二、四川公路运输基本情况分析

四川公路运输在近几年得到了迅速的发展，公路里程增长迅速，等级公路在公路通车里程中所占比例增加，汽车保有量增长迅速，但随之而来的是汽车尾气排放增多、交通事故数量增加、交通拥堵严重等问题。

（一）四川省公路发展现状

四川公路通车里程增长迅速，等级公路里程占比逐年上升，通车里程由 2006 年的 16.47 万千米增加到 2017 年的 32.99 万千米，等级公路里程由 2006 年的 8.49 万千米增加到 2017 年的 29.48 万千米（详见图 7，数据来源于四川统计年鉴），等级公路里程在公路通车里程中占比由 51.54%增长至 89.35%（详见图 8，数据来源于四川统计年鉴）。

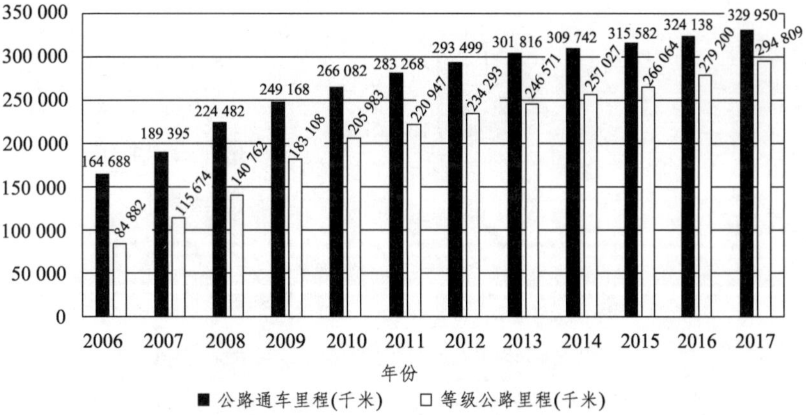

图 7　四川 2006—2017 年公路通车里程与等级公路里程

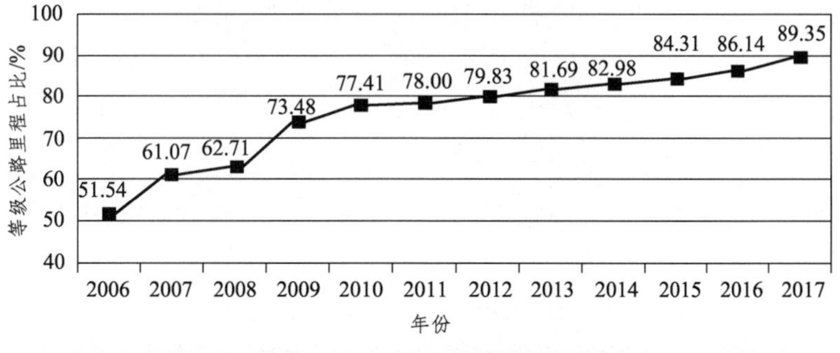

图 8　等级公路里程在公路通车里程中占比

（二）四川汽车保有情况

随着四川经济实力的不断提升和居民收入水平的不断提高，我省汽车保有量快速增长，截至 2018 年底，全省汽车保有量为 1 099.6 万辆（详见表 1，数据来源于四川统计年鉴），较 5 年前增长了 64.56%。

表 1　四川汽车拥有量

单位：万辆

年份	2014	2015	2016	2017	2018
民用汽车拥有量	668.2	768.5	882.4	991.8	1 099.6
私人汽车	577.2	677.3	787.5	886.3	976.7
载客汽车拥有量	572.3	674	785.3	890.6	988.8
载货汽车拥有量	91	89.6	91.9	96	105.2
其他机动车拥有量	4.9	5	5.2	5.2	5.6
公路部门营运车辆	65.3	57.1	57.7	69.9	75.7

2018 年全省旅客、货物、出租车营运中的车辆数量（按燃料类型分）如图 9 ~ 图 11 所示。

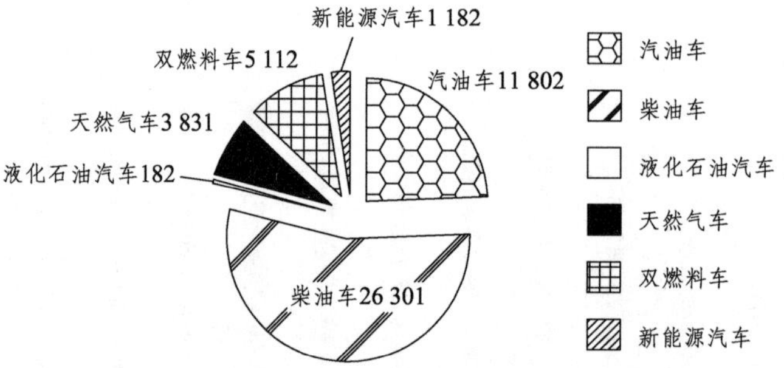

图 9　四川载客汽车数量（按燃料类型分）

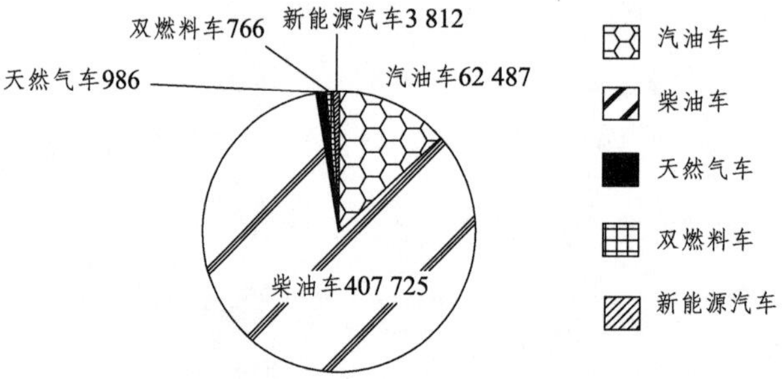

图 10　四川载货汽车数量（按燃料类型分）

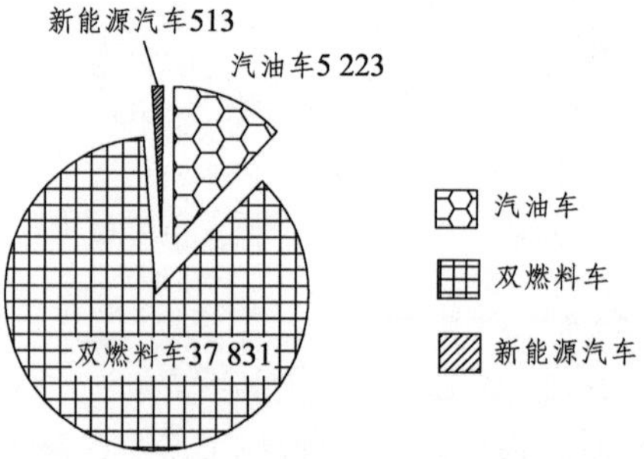

图 11　四川出租车数量（按燃料类型分）

2018 年四川推广应用新能源汽车近 3.4 万辆（其中成都市推广近 2.9 万辆），累计完成推广总量 8.1 万辆（其中成都市累计推广超 6.9 万辆，占全省的 84%），新能源汽车在汽车总量中的占比达 0.75%。截至 2018 年底，四川累计建成充（换）电站 430 余座（其中成都市累计建成 418 座），交/直充电桩 1.6 万余个（其中成都市累计建成充电桩 1.4 万个）。

（三）四川公路运输尾气排放情况

国家统计局发布的 2019 年国民经济和社会发展统计公报数据显示，2019 年末全国民用汽车保有量已达到 2.615 亿辆，机动车排放已成为中国城市和区域大气污染的主要来源之一，也是温室效应污染物排放中增长最快的领域之一。

机动车排放的污染物有 CO_2、CO、NO_x、NMHC、颗粒物、HFC-134a、CH_4 和 NO_2 等，其中碳排放主要是 CO_2、CH_4、N_2O、HFC-134a 和碳烟。

CO_2 是车用燃料燃烧的产物，不完全燃烧产物 CO 经三元催化也会生成 CO_2。

CH_4 是机动车尾气排放的总碳氢化合物中的主要污染物之一，天然气车排放的 THC 中约 90%是 CH_4，因此天然气车的 CH_4 单车排放远高于汽油车和柴油车。

N_2O 是机动车排放的气态污染物在特定条件下催化转化的副产品，其排放量可能会由于汽油车 TWC 技术的广泛应用而显著上升。同时，随着选择性催化还原技术将来在重型柴油机上的广泛使用，N_2O 排放量也可能会有所提高。

碳烟是石油等燃料不完全燃烧发生热解的产物，是机动车尾气排放颗粒物中的主要污染物之一，主要产生于柴油车和车况欠佳的汽油车。柴油车尾气中碳烟浓度约为 0.10～0.30 g/m^3，汽油车尾气中碳烟浓度约为 0.005～0.05 g/m^3。

传统汽车的碳排放因子如表 2～表 3 所示。

表 2　传统汽车的 CO_2 排放因子

车辆类型	燃料类型	不同排放控制水平下的排放因子/（g/km）				
		国Ⅰ前	国Ⅰ	国Ⅱ	国Ⅲ	国Ⅳ
轻型车	汽油	225	212	197	188	176
	柴油	201	192	184	173	158
出租车	汽油	225	212	197	188	176
	天然气	186	174	153	144	137
中型车	汽油	453	424	394	376	324
	柴油	401	384	369	346	305
重型车	柴油	1 241	1 025	936	884	791
	天然气	1 033	845	819	774	707

从表 2 可以看出，天然气—汽油车双燃料出租车使用天然气作燃料时，CO_2 平均排放因子显著低于使用汽油燃料时的排放因子，平均降低 22.31%。由于公交车多处于低速运行状态，其排放因子均比同等负载和发动机功率的重型卡车要高；天然气公交车排放要低于柴油公交车。

表 3　传统汽车的 CH_4 排放因子

车辆类型	燃料类型	不同排放控制水平下的排放因子/（g/km）				
		国 I 前	国 I	国 II	国 III	国 IV
轻型车	汽油	0.20	0.10	0.10	0.06	0.05
	柴油	0.04	0.02	0.01	0.01	0.00
出租车	汽油	0.20	0.10	0.10	0.08	0.05
	天然气	2.50	1.15	0.95	0.75	0.45
中型车	汽油	0.60	0.30	0.20	0.16	0.10
	柴油	0.13	0.12	0.10	0.05	0.00
重型车	柴油	0.20	0.18	0.15	0.10	
	天然气	8.10	5.67	4.05	3.6	2.2

从表 3 来看，天然气出租车 CH_4 排放因子平均为 1.11g/km，明显高于轻型汽油车和摩托车，其原因是发动机使用天然气作为燃料燃烧时，一旦燃烧不够充分，就会出现 CH_4 排放因子远远高于汽油车的现象。

随着排放标准要求的提高，传统汽车排放因子得到显著降低，但不同车型之间的差距依然较大，其中，重型柴油车碳烟排放比轻型汽油车高数十倍[5]。

温室气体如果被大量的排放到大气中，会导致温室效应，使全球温度上升，引起全球性的气候变化，甚至会对地球生态系统产生破坏。美国环境保护署已经将二氧化碳等温室气体认定为空气污染物，会“危害公共健康与人类福祉”。

2010 年四川不同类型车辆的污染物排放量如表 4、图 12 所示[6]。

表 4　2010 年四川不同类型车辆污染物排放量统计表

车辆类型	排放量/t				
	NO_X	SO_2	$PM_{2.5}$	CO	VOC
重型货车	57 059.4	493.3	2 805.1	20 902.1	4 373.3
中型货车	10 096.0	560.3	285.6	148 606.2	9 392.9
大型客车	66 117.0	527.4	2 656.0	40 602.6	5 660.4
轻型客车	95 583.1	4 045.1	524.4	917 975.3	72 079.3

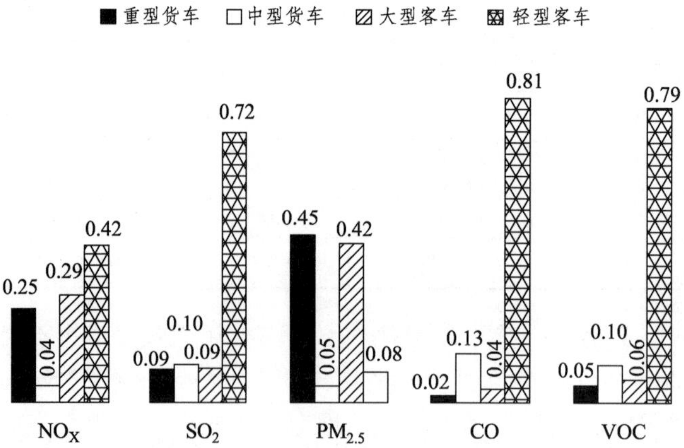

图 12　2010 年四川不同类型车辆污染物排放量贡献分布图

据文献测算，预计到 2020 年，四川省公路货运 CO_2 排放量将达到 5 060.38 万吨[7]。

（四）四川公路运输安全事故情况

汽车的广泛使用在带来了人类社会文明和进步，使得人们工作生活快捷和方便。也给人类带来了一系列的负面效应，如随时都有可能发生的直接危及人们生命安全的道路交通事故等。汽车的快速增长同样会给道路交通带来压力[8]。表 5 为 2010—2018 年四川发生的交通事故数量、交通事故死亡总人数、交通事故受伤总人数以及在交通事故中造成的直接财产损失。从表 5 和图 13 中可以看出，四川每年交通事故死亡率超过 20%，甚至超过 30%，而日本交通事故死亡率仅为 0.54%[9]。

表 5　四川 2010—2018 年交通事故数

年份	2010	2011	2012	2013	2014	2015	2016	2017	2018
交通事故数量/起	13 072	11 856	10 024	9 571	9 099	8 372	8 245	7 774	8 908
交通事故死亡总人数/人	2 931	2 805	2 708	2 658	2 593	2 576	2 584	2 506	2 367
交通事故受伤总人数/人	16 980	14 982	12 046	11 414	10 961	9 961	9 685	8 328	10 553
交通事故直接财产损失总计/万元	5 398.5	7 325.8	6 704.5	5 910.5	7 276.3	6 060	5 763.6	7 100	7 724.95
交通事故死亡率	22%	24%	27%	28%	29%	31%	31%	32%	27%

注：数据来源于中国统计年鉴。

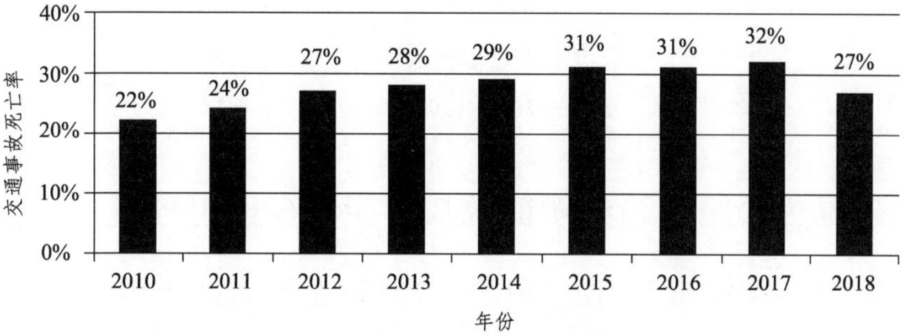

图 13　四川 2010—2018 年交通事故死亡率

（五）四川公路运输交通拥堵情况

交通拥堵已普遍成为我国城市发展面临的问题。四川公路运输在近几年得到了持续发展，公路里程增长迅速，等级公路在公路通车里程中所占比例增加，但伴随城市拓展和经济发展，城市交通需求持续增长，交通系统仍然处于一种供不应求的状态。汽车保有量的增加是造成城市拥堵最主要的原因，汽车保有量上升增加了道路交通压力，如图 14 所示，2018 年四川民用汽车保有量为 1 099.6 万辆，同比增长 10.9%。汽车保有量增长造成路网交通流量持续增加。高德地图发布的《2019 年度中国主要城市交通分析报告》指出，四川各地的交通拥堵状况存在不同程度的加剧，且经济发达和人口密集地区的交通拥挤程度更趋严重，尽管在部分地区实施了汽车限行等缓解拥堵措施，但交通拥堵问题依然严峻。以成都市为例，引用高德地图发布的交通延时拥堵指数（见图 15），从图中的延时拥堵系数值可以看出，成都市交通长期处于较为拥堵的状态。

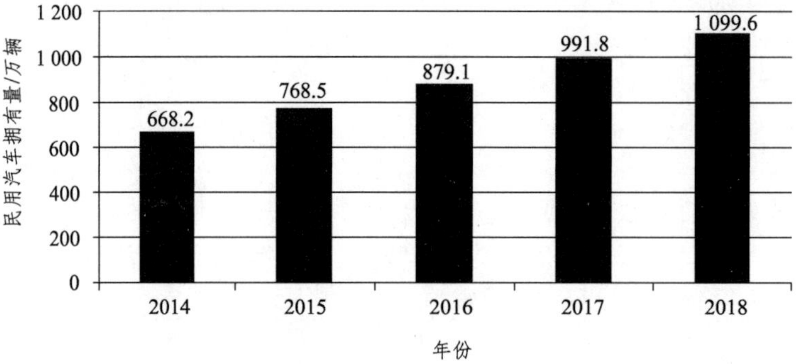

注：数据来源于 EPS 数据平台。

图 14　四川 2014—2018 年民用汽车拥有量

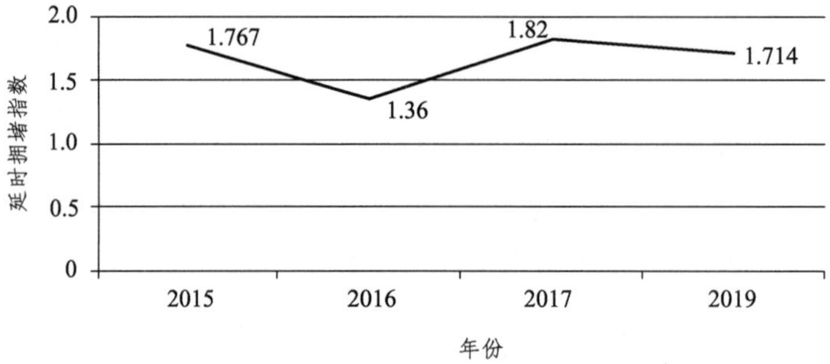

注：数据来源于高德地图年度报告。

图 15　成都市 2015—2019 年延时拥堵指数

三、四川绿色公路运输中新能源与智能汽车应用分析

（一）新能源与智能汽车对发展绿色公路运输的促进作用

从以上分析可知，公路交通运输中的传统汽车尾气污染物排放和石油消耗量对节能环保形成巨大压力，交通安全和拥堵给公路交通运输带来巨大经济损失。新能源与智能汽车在公路交通中的大量应用，对发展绿色公路运输，实现节能减排、减少安全事故和降低交通拥堵有直接推动作用。

新能源汽车是采用新型动力系统，完全或主要依靠新型能源驱动的汽车，包括纯电动汽车、插电式混合动力（含增程式）汽车、燃料电池汽车等[10]。与常规燃油车相比，新能源汽车在节能和减排两个方面具有优势。在节能方面，由于其电动机的效率远高于内燃发动机，加上现代电力系统的综合发电效率相比过去有了较大提高，使得新能源汽车的能耗要显著低于传统燃油汽车，因此具有显著的节能优势[11]。在减排方面，新能源汽车“全生命周期减排效益”呈上升趋势，从全生命周期排放角度来看，排放应考虑车辆制造、电力生产传输以及车辆使用等环节，使用过程中电动和燃料电池汽车是“零排放”，对缓解城市 $PM_{2.5}$ 等大气污染问题有重要意义。

智能汽车是搭载先进的车载传感器、控制器、执行器等装置，融合现代通信与网络技术，实现车与 X（人、车、路、云端等）智能信息交换共享，具备复杂的环境感知、智能决策、协同控制和执行等功能，可实现安全、舒适、节能、高效等目标，并最终可替代人来操作的新一代汽车[12]。V2X 技术在智能汽车驾驶情景中的应用，可以实现交通参与者、交通工具、交通设施与交通环境之间的智能协同和配合，获得实时路况、道路信息、行人信息等一系列交通信息，提前预知路况避免碰撞、提供优化驾驶路线提高行驶效率、监测汽车盲区预防事故、实时接收获取交通信息数据，从而避免碰撞、提高驾驶安全性、减少拥堵、降低交通事故率、提高交通效率以及提供车载娱乐信息等。

（二）四川绿色公路运输中新能源与智能汽车的发展前景

智能网联道路是公路运输未来发展的一个重要趋势，其主要特点是信息化、智能化和网联化，在未来的交通体系中，适应智能网联道路发展将是新能源与智能汽车[13]。新能源和智能汽车作为战略性新兴产业，是汽车产业转型升级的发展方向，其普及化发展可满足绿色交通的发展要求。在政策倒逼和绿色环保发展要求的促进下，在基础设施和技术条件更新的推动下，未来 3 ~ 5 年新能源与智能汽车将继续加速发展。

根据“中国制造 2025”发展目标，到 2025 年形成与国际先进水平同步的新能源汽车并实现年销量 300 万辆，基本建成自主的智能汽车产业链和智慧交通体系，提出车辆相关的智慧交通解决方案，普通道路的交通效率提升至 80%，交通事故数减少 80%，交通事故死亡人数减少 90%，汽车二氧化碳排放约减少 20%。根据《新能源汽车产业发展规划（2021—2035 年）》（征求意见稿），到 2025 年，新能源汽车新车销量占比达到 25%左右，智能网联汽车新车销量占比达到 30%，高度自动驾驶智能汽车实现限定区域和特定场景的商业化应用。

在《四川省“十三五”道路运输发展规划》中，新能源与智能汽车的推广和使用将是我省绿色交通发展的主要推动力。通过推广应用将实现绿色车型占比提升、道路运输行车事故发生率下降、公路营运车辆能耗和排放量下降。2020 年四川省出台《新能源与智能汽车产业 2020 年度工作要点》，2020 年我省要实现新能源汽车生产 3.5 万辆、新能源汽车累计推广应用达 12 万辆，加快推进氢燃料电池汽车和智能网联汽车的示范应用。

（三）四川绿色公路运输中新能源与智能汽车的应用差距

在四川公路运输中，运输装备不合理导致节能减排工作还有很大的提升空间，相比深圳、北京、上海等城市，绿色公路运输中新能源与智能汽车的应用还存在较大的差距，具体体现在以下方面。

一是新能源汽车保有量偏低。预计到 2020 年底，我省新能源汽车保有量达 12 万辆，占全省汽车保有总量的不到 1%，占全国新能源汽车总量的约 2.4%，大大低于传统汽车占全国汽车总量的 4.5%，新能源汽车数量与我省汽车保有总量在全国的地位不相匹配。

二是新能源汽车推广应用速度还偏慢。我省除成都、泸州等少数城市在城市公交、物流车等方面的推广应用力度较大，多数城市在城市公交、市区物流、市政用车等方面的新能源车辆替换工作由于补贴政策等原因进展缓慢。总体来说，我省新能源汽车推广应用工作在全国处于追赶位置。

三是新能源汽车配套设置还不完善。截至 2018 年底，四川省累计建成充（换）电站 430 余座（其中成都市累计建成 418 座），交/直充电桩 1.6 万余个，充电桩和年充电电量主要集中在成都。充电基础设施配套还未形成网络效应，我省充电设施数量离计划建设的 27 万个充电桩还有较大缺口。

此外，在氢燃料电池汽车加氢站等基础设施建设方面，我省基础配套与氢能产业在全国的优势地位未能形成良好的匹配。在智能交通示范方面，相比长沙、武汉等城市，还未积极规划测试智能网联示范道路和区域。这些都使得我省在绿色交通车辆应用创新方面落后于兄弟城市。

四、四川绿色公路运输中新能源与智能汽车推广建议

（一）鼓励绿色出行，加大新能源汽车推广普及

四川水电资源丰裕、汽车产业具有良好基础，应基于上述优势，借由成都、泸州获批国家新能源汽车试点城市的契机，大力推广应用新能源汽车，实现四川公路运输节能减排和绿色发展。一是关注新能源汽车整车产业发展趋势，支持本地整车企业重点发展纯电动乘用车、纯电动城市客车、纯电动城市物流车、纯电动专用汽车，储备发展燃料电池汽车，满足区域社会发展需要。二是支持政府机关、事业单位和国有企业等在新购车辆时优先选用新能源汽车，倡导低碳生活理念并积极践行绿色出行方式，带动居民新能源汽车消费。三是加快新能源汽车在分时租赁、城市公交、出租汽车、市政环卫、场地用车等领域的应用，推进新能源汽车在城市物流、农村物流、港口短驳等领域的应用，降低我省公路运输尾气排放量，为社会节能减排做贡献。

（二）探索氢燃料电池汽车在商用车领域的应用

利用四川省东方电气、液空厚普、金星股份、蜀都客车等企业的技术优势，抢抓财政部等开展燃料电池汽车示范应用的机遇，探索氢燃料电池商用车在我省绿色公路运输中的应用，进一步实现节能减排。一是开展氢燃料电池汽车示范运营，以公共交通、物流、环卫等公共领域为重点，着力推进氢燃料电池商用车和专用车示范运营；以出租车、共享汽车和政府公务用车为切入点，探索开展氢燃料电池乘用车示范运行。二是加大氢燃料电池汽车推广力度，坚持以市场化的方式带动产业发展，力争到 2023 年公交、物流、环卫等公共服务领域新增车辆中氢燃料电池汽车占一定比例；开展氢燃料电池通勤班车试点，重点支持企业在工业园区内开展氢燃料电池商用车运营（职工通勤班车）。三是开展无人驾驶氢燃料电池汽车试点，瞄准无人驾驶、氢燃料电池等技术前沿，依托中德智能网联汽车测试基地，开展无人驾驶 + 氢燃料电池汽车测试运营，力争无人驾驶氢燃料电池汽车早日投入真实应用场景。

（三）完善新能源汽车基础配套服务网络建设

结合四川省公路运输发展规划，合理布局建设新能源汽车配套基础设施，为四川绿色公路运输中实现智能与新能源汽车推广应用提供基础保障。一是鼓励社会资本及民营资本积极

参与充电基础设施建设和运营。支持技术领先、实力雄厚的企业在汽（火）车站、机场、医院、学校等公共场所，以及居民住宅小区和大型商业区，建设集中式充换电站和分布式充电桩。采用 PPP 合作模式，在全省高速公路服务区和重点路网干线规划建设充换电设施。二是对全省充电设施建设进行整体规划和统筹管理，形成有效的协调推进机制，保证充电桩的落地推进，协调高效率快充和便捷支付等技术问题，提升充电桩的综合利用率。三是探索充电、加氢等服务综合体新业态建设，融合“互联网 +”、大数据等新技术，在公路运输中提升基础配套服务网点的服务能力和盈利能力，实现资源配置的效用最大化。

（四）加快智能网联汽车在特定区域示范应用

通过发展自动驾驶专用车和自动驾驶公交物流车等，推动智能网联汽车落地应用，提升四川绿色公路的运输销量和交通安全。一是聚焦厂区、景区、高校、停车场等封闭式应用场景，稳步推动低速自动驾驶车辆先行先试。建议开展低速自动驾驶园区通勤车运营示范，同时选取部分路段作为物流运输专线，探索开展自动驾驶物流运输车运营示范。选取交通路况简单、运载量适中的公交道路作为公交示范专线，开展自动驾驶公交车示范运营，同时逐步开展自动驾驶观光车、自动驾驶环卫车、自动驾驶清运车、低速无人配送车等车型的试点示范。二是聚焦快速路、高速路等半开放式应用场景，推动中高速自动驾驶车辆试点示范。可选取成都二环高架路部分路段作为部署中低速自动驾驶车辆的先行区域，加快开展自动驾驶 BRT 公交车辆的示范运营；可将成都第二绕城高速部分路段作为部署高速自动驾驶车辆的示范区域，探索开展自动驾驶乘用车、城市物流运输车等测试示范。三是聚焦城市道路、乡村道路等开放式应用场景，推动共享自动驾驶车辆示范运营。可在成都经开区、天府新区等主要城区以及成都东部新城等区域划定共享自动驾驶汽车运营示范先行区，探索开展共享移动出行服务。

参考文献

[1] 王珍珍. 城市绿色交通评价指标及方法研究[D]. 北京：北京交通大学，2012.

[2] 丁金学，梁月林. 城市绿色交通发展的回顾与展望[J]. 综合运输，2013（9）：19-23.

[3] 中关村国际环保产业促进中心、北京市可持续发展科技促进中心、科技日报社联合编著. 21 世纪经济与环境发展大趋势——绿色新概念[M]. 北京：中国科技出版社，2004.

[4] 汤云. 基于 DPSIR 模型低碳绿色公路运输发展评价研究[D]. 西安：长安大学，2015.

[5] 何立强. 中国机动车温室效应污染物排放清单及其削减潜力研究[D]. 北京：中国环境科学研究院，2014.

[6] 柯伯俊. 四川省大气污染源排放清单研究[D]. 成都：西南交通大学，2014.

[7] 方晓丽，骆勇. 四川省公路水路货运能耗及碳排放趋势预测方法研究[J]. 交通节能与环保，2019，15（3）：23-26.

[8] 《中国公路学报》编辑部. 中国交通工程学术研究综述 · 2016[J]. 中国公路学报，2016，29（6）：1-161.

[9] 邓万春，王晓珏. 汽车空间与城市交通拥堵[J]. 兰州大学学报（社会科学版），2015，43（5）：31-37.

[10] 欧阳明高. 新能源汽车：新进展、新趋势、新挑战[J]. 新能源经贸观察，2017（7）：36-39.

[11] 宋笑笑. 电动汽车对节能减排的作用[J]. 中国资源综合利用，2015（4）：62-63.

[12] 李克强，等. 中国智能网联汽车产业化过程中的挑战及发展对策[J]. 机器人产业，2019（6）：54-57.

[13] 冉斌，等. 智能网联交通技术发展现状及趋势[J]. 汽车安全与节能学报，2018（2）：119-130.

可再生电力制备替代燃料：技术经济和环境气候分析

廖勋　张晓晋　王利刚①
瑞士洛桑联邦理工学院（EPFL）
保罗谢尔研究所（PSI）能源系统分析实验室

【摘　要】为降低人类活动对环境生态的影响，需要在能源、土地、城市、基础设施（包括交通与建筑）和工业方面进行快速而深远的转型。四川省的水能资源理论蕴藏量丰富，但水电的消纳面临着“丰裕枯余”的“弃水”困境。可以利用可再生电力电解水制备氢气，并与二氧化碳通过多种途径合成为其他气体或液态燃料（电转燃料，Power-to-X，PtX），这是充分利用水能资源，消纳富余水电，促进电力行业与交通运输工业等耦合，并降低碳排放的重要技术手段之一。本文将从技术、经济以及气候环境方面对该类技术进行概括介绍，在此基础上结合四川当地能源系统现状，为该技术的进一步发展与在四川的创新应用给出相关政策建议。

【关键词】储能；PtX；行业耦合；技术经济分析；气候环境分析

一、引　言

政府间气候变化专门委员会（IPCC）在2018年《全球升温1.5 °C特别报告》里指出，将全球升温限制在不高于或略超过1.5 °C的路径，要实现这一目标，需要在能源、土地、城市和基础设施（包括交通和建筑）和工业系统方面进行快速而深远的转型[1]。随着经济的发展，中国作为人口大国，也成为能源总需求和总碳排放大国。在此背景下，2020年5月22日，在第十三届全国人民代表大会第三次会议上，国务院政府工作报告明确提出了保障能源安全、发展可再生能源、提升能源储备能力的要求[2]。四川省的水能资源理论蕴藏量丰富，占全国的21.2%，技术可开发量占全国的27.2%；经济可开发量占全国的31.9%[3]，但水电的消纳面临着“丰裕枯余”的“弃水”困境[4]，大量水电清洁能源未得到有效利用而被浪费。据中国智库网统计[5]，我国每年可再生能源弃电超过1 000亿kWh，仅四川省大渡河流域部分梯级电站年调度弃水达到100亿kWh以上。发展可再生能源电解水制备氢气，随后与二氧化碳合成为其他气体或液态燃料（电转燃料，Power-to-X，PtX）（见图1），是消纳富余

① 廖勋，瑞士Quantis高级咨询师，博士，主要从事能源农业食品系统的生命周期碳排放及企业和产品的全价值链碳排放估算与低碳管理减排战略咨询；王利刚，华北电力大学能源电力创新研究院教授，主要从事过程系统工程、燃料电池和储能材料器件和系统及其交叉课题的研究；张晓晋，瑞士保罗谢尔研究院研究员，主要从事新能源及能源储存技术评价、可持续城市发展与规划的环境与经济分析、能源系统与建筑材料的前瞻性情景系统分析。

水电，充分利用水能资源，促进电力行业与交通运输行业等耦合，并降低碳排放的重要技术手段之一[6][7]。

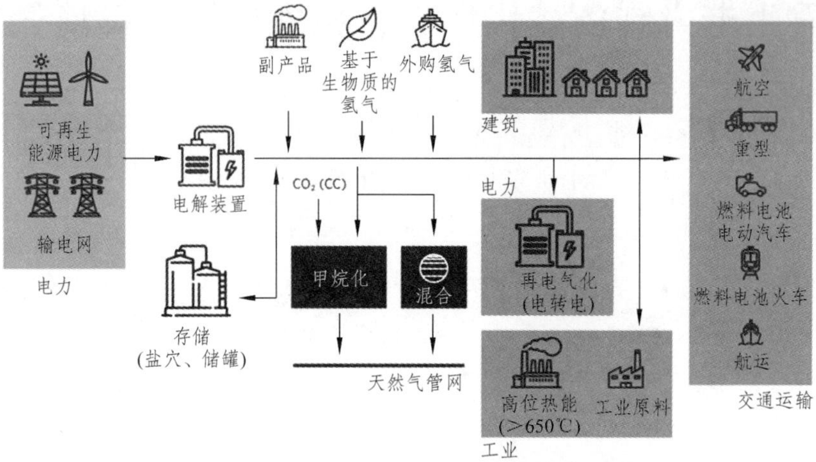

图 1　PtX 技术路径和行业耦合应用[7]

近年来，全国和四川出台了针对 PtX 和氢能源发展的一系列相关政策。2016 年，《全国能源技术创新“十三五”规划》[8]，提出了发展可再生能源制氢示范工程和燃料电池分布式发电示范项目。2017 年，《四川省“十三五”能源发展规划的通知》[9]，提出了要“利用四川的水电优势和丰富天然气资源，通过建设水电解制氢系统、天然气—氢气一体化燃料加注站、加氢天然气交通工具与燃料电池交通工具等制氢、储氢、用氢设施，进行氢能综合利用的低碳交通示范运营，推动支撑电、冷、热、气、氢等多种能源智能协同的能源互联网基础设施建设”。2017 年，国家发改委在“关于促进储能技术与产业发展的指导意见”[10]中，提出支持在可再生能源消纳问题突出的地区开展可再生能源储电、储热、制氢等多种形式能源存储与输出利用。2018 年，国家发改委发布了《清洁能源消纳行动计划（2018—2020 年）》[11]，提出探索可再生能源富余电力转化为热能、冷能、氢能，实现可再生能源多途径就近高效利用。2019 年政府工作报告中提出“推动充电、加氢等设施建设”，这也是氢能源首次写入政府工作报告中[12]，同年《中国氢能源及燃料电池产业白皮书》发布[13]。基于水能资源的优势，据规划四川氢能与氢燃料电池技术产业将达千亿以上规模[14]，2019 年，《成都市氢能产业发展规划（2019—2023 年）》[15]提出打造“绿色氢都”，成都全市氢能源产业已形成较为完整产业链[16]。朱雪艳[17]指出，四川要采取有力措施来缓解弃水问题。侯永宽[5]介绍了水电制氢缓解弃水的四川样本。本研究结合能源转型低碳经济的背景，介绍 PtX 在储能行业耦合应用方面的概述，技术经济和环境效应，并结合四川水能资源特点及氢能源产业布局发展给出建议。

二、PtX 储能行业耦合应用及在四川的前景

（一）Power-to-X 的行业耦合应用情景

Luo[18]详细介绍了针对不同需求的不同电力储能技术选择，包括不同的电池储能技术、重力势能储能以及 PtX 技术。相对于其他储能技术，PtX 主要有两方面的优势：一是利用气

体储存几乎无能量损失的优势，长时间（季节性）储存大量能源；二是由电力转化所产生的一些商品可以不受已有电网设施的局限，较为灵活地储存和运输，在适宜的时间和地区内满足由电力所转化的其他商品需求。前者着重储能，后者则利用电化学转换可再生电力，生成氢气及其多种衍生物、热、冷等。它们可以将能源、交通、化工领域深度耦合（见图 1），对特定领域的生命周期碳排放减排存在巨大潜力[6][7]，在四川省拥有大量富余水电的背景下也极为相关。

PtX 可生成的产物多样，但根据过程大致可以分为两大类：电解氢气和基于氢气的衍生物。

1. 电制氢气（Power-to-Hydrogen）

氢气的清洁生产是实现低碳行业耦合的关键。然而，目前 96%的氢气来源于化石燃料，特别是天然气和液态烃（77%）、煤（18%）。电解制氢比例仅为 4%，其中利用可再生电力制氢的比例微乎其微。

- 能源领域：氢气及其衍生物可以将电力以化学能的方式存储，特别是天然气及液体燃料的储存规模远大于电池等电化学储能技术，这为可再生能源的就地消纳利用提供重要手段。这些化学物质可通过燃料电池实现高效发电、热点冷联产，满足不同建筑、工业区或地区对热、电、冷、气的需求。
- 交通领域：氢气可直接作为清洁燃料，用于燃料电池移动应用。氢气衍生物大多可直接作为清洁燃料支撑现有交通工具的能源消耗。它们也可通过燃料电池发电，保障电动交通工具的充电需求。
- 化工领域：氢气已是化工领域的关键工业原料，用于氢化还原过程。2018 年全球消耗纯氢 7 000 万吨（主要用于石油炼化和化肥生产）、杂质氢 4 500 万吨（主要用于甲醇合成、炼钢过程等）。

2. 基于氢气的衍生物

氢气的重要衍生物包括甲烷、甲醇、二甲醚、氨、航空燃料。

- 天然气：是目前最清洁的化石燃料，广泛用于发电、交通、化工、家庭等领域，其每 kWh 碳排放量最低，因此常作为可再生能源的补充，特别是在欧洲的能源结构中占有相当比重。天然气全球消耗量逐年增加，2018 年达到 3.8 万亿 Nm^3。合成天然气可由煤、生物质气化或沼气提纯获得，但受限于产能和成本。
- 甲醇：是重要的化工原料，全球 70%的甲醇用于制备汽油、烯烃、丙烯和芳香烃等化学物，比如甲醛、甲基叔丁基醚、乙酸、二甲醚、丙烯等，仅甲醛生产就占其总消耗量的 1/3。甲醇可直接作为燃料，也可转化为其他燃料及油料掺配，比如甲醇可与汽油直接掺配，甲基叔丁基醚、二甲醚、生物柴油等可与汽油、柴油掺配。因此，“甲醇经济”早已获得美、中、巴西等国家的关注。然而，目前基于煤化工的甲醇生产可能带来水短缺、碳排放等环境问题，急需可替代的绿色甲醇生产方式。
- 氨：主要用于生产化学肥料，其占全球的氨产量的 90%（其中尿素用掉一半以上）。10%的尿素用于生产饲料中的黏合剂、三聚氰胺、蛋白质补充剂、甲醛、树脂等；同时，尿素在柴油交通工具的 NO_X 脱除应用正在增加，这对交通领域至关重要。当前，氨生产主要基于煤和天然气。

（二）全球技术示范项目现状

考虑到各国能源结构及能源转型需求，欧洲目前在 PtX 的示范方面处于世界领先地位。截至 2020 年 2 月，欧洲共报道了 195 个相关示范项目，涉及 18 个国家，仅 2018 年投入运行的项目就达到 20 个。碱性电解技术虽已相对成熟，但是依然在针对可再生电力特点进行技术改进。质子交换膜电解技术因其良好的瞬态性能受到的关注越来越多。固体氧化物电解技术示范以提高技术成熟度、寻找应用场景为目标。

从容量来看，截至 2020 年底，电解槽安装容量将达到 83 MW，其中最大项目包括 6 MW Audi e-gas 项目（2013 投运，碱性电解槽）、Energiepark Mainz（2015 年投运，质子交换膜电解槽）以及即将投运的 H2Future（2020，质子交换膜电解槽）。到 2025 年底，将有数个百兆瓦级 PtX 项目投入运营，包括德国的 ElmentEins 和 Hybridge、法国的 H2V59 及其后续项目。从 2026 年起，欧洲总电解容量将达到 1.8 GW，其中最大的项目将是 HyGreen Provence 2（435 MW，2030）。

从电解技术来看，这些示范项目多采用质子交换膜电解，因其相比碱性电解运行响应更快。从电解和电力的连接方式来看，这些示范项目都通过 AC/DC 转换将电解和新能源电力供给间接连接（如：将电解槽连接到综合电网，再为所消耗电力购买可再生能源证书），目前只有一个 Ørsted 与 ITM Power 合作项目将探究电解槽和风能通过 DC 直接连接[19]。

从最终产物来看，仅 1/3 示范项目将氢气转化为其他产品，其中以适合输运和配送的甲烷为主。有 7 个项目将甲烷合成反应热进行热电联产供应居民区，展示了催化甲烷合成系统的商用潜力。电制甲醇在技术上已经由冰岛的 George Olah 项目证明，在未来将获得进一步示范。

（三）中国技术示范项目现状

中国目前的示范项目还很有限[20][21]，大多集中在风能或太阳能制造氢气。2015 年，国内首个风电制氢工业应用项目“沽源风电制氢项目”与欧洲 McPhy、Encon 等公司联合投建 10 MW 电解水制氢系统，配合 200 MW 风电场制氢。2019 年，山西阳光电源股份有限公司 200 MW 光伏发电项目（一期）开工暨二期 500 MW 光伏制氢项目签订。水能制造氢气的示范项目并不多，公开信息很少，且主要集中在四川。2019 年，四川致本能源有限公司通过对四川乐山沐川水电资源的考察，拟在乐山冰川利用当地水电站优惠的水电及弃水电量，分三期投资建设两套全液体空分项目和两套电解制氢项目[21]。2020 年，国电大渡河流域水电开发有限公司有面向弃水消纳的“水电氢储车”的综合能源网络研究示范招标[22]。

（四）PtX 在四川的应用前景

本文将从 PtX 可以长期大量储能、可生成多种替代产物的两方面优势，结合四川省当地能源系统现状，为 PtX 在四川的主要应用前景提出建议。

首先，由于四川水力资源丰富，水电装机容量占发电装机容量的约 80%，2018 年水电发电量（3 249 亿千瓦时）约占全省发电量（3 761 亿千瓦时）的 86%[23]。尽管省外输电量在 2018 年高达 35%（1 332 亿千瓦时），但由于四川省内电耗有限（2 459 亿千瓦时）[23]，且省内径流式水电（run-of-river）居多（约占四川水电的三分之二[24]），其调节能力有限，存在丰水期弃水，枯水期（冬季）以煤电为主的电力供给现象。弃水据其原因可分为两大类[25]：调峰弃水、装机弃水。调峰弃水是指用电功率随用户侧需求的波动在一天内存在峰谷波动，因此在用电低谷时段，无法存储多余来水水量而被迫产生的弃水电量。装机弃水是指由于其他各种原因导致水电站无法按装机容量功率运行而造成的弃水电量。如图 2 所示，自 2012 年以来，四川调峰年弃水量为 80 亿～40 亿千瓦时，其中只有 2013 年弃水量较小，随着同期大量新水电站开始投运，弃水现象在 2014 年再次攀升。装机弃水电量的数据一般无法公开获得，但据专家估计，近年来应在每年 300 亿千瓦时左右。虽然近年来弃水在电网升级与扩张建设以及推动水电消纳示范区的背景下有减缓趋势[26]，但据统计，四川在 2019 年仍存在约 92 亿千瓦时的调峰年弃水电量[27]，加上估计的约 300 亿千瓦时的装机弃水电量，总弃水电量约占全省年发电量的 11%（年发电量为 3 671 亿千瓦时[28]）。季节性的能源储存可以减少电力输出压力。

但由于利用 PtX 作为电力储存（电—气体—电）的系统效率较低[29]，在考虑利用 PtX 实现季节性电力储存技术以替代冬季煤电供应前，应优先考虑将电力转化为其他气体或液体商品的需求。其中在考虑电力转化为其他产品的系统效率，可替代产品的传统生产技术，以及 PtX 所带来降低生命周期环境效应的情况下，促进电力的直接消耗（如推动电动汽车）依然应占主导地位[30]。然而值得注意的是，电网扩张由于地理环境的差异与需求，在特定情况下成本可能高于其他消纳多余水电的解决方案（如储能，最大程度上促进当地直接消纳），所以在计划扩张电网时，应量化其等效替代方案的经济，环境与社会效应，在决策中与之对比。出于降低风险稳定电网的考虑，特高压交流外输线路存在无法满负荷运行，诸如此类由于实际运行情况所产生的额外经济环境成本以及系统稳定性，也应纳入决策考量。

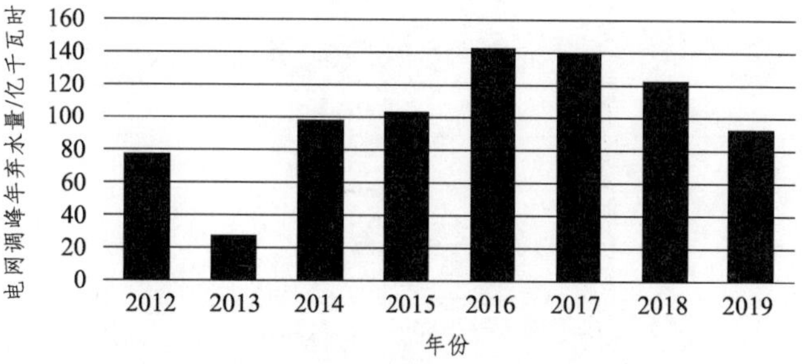

图 2　四川 2012—2019 年电网调峰年弃水量（亿千瓦时）[27][31]

从电力储存的需求方面来看，基于电力系统的能源系统优化模型显示，当新能源在能源系统中占比高时（上限 90%），能源储存容量的要求依然较低，在只考虑电力模型的情况下，总体不超过能源需求量的 1.5%，在考虑其他能源类型系统的情况下，也至多不超过 5%[32]。根据四川省 2019 年全社会用电量（2 636 亿千瓦时）推算，全省储能需求为 40 亿～130 亿千瓦时。因为一旦储能的价值被纳入考量，整个系统的边际利益就会降低，从而降低对储能本身的需求。比如通过 PtX 制备氢能也是出于生产替代燃料从而使燃料多样化的考虑，而非用于储能。

从替代产物所涉及的领域来看，尤其在重型运输领域（如重型货车，河/海运，航天）以及有高温热能需求的工业领域[33]，氢气可能在低碳发展与能源转型的过程中扮演着重要而不可替代的角色。因为在交通运输领域，虽然电力的直接利用效率最高，但是纯电动车辆在大型客车及长距离重型货车的应用方面，因为受到锂电池充电池时间及能量密度的限制，仍然存在应用局限性。因此，利用 PtX 产生氢气，用于燃料电池重型车辆，对于降低排放、提升空气质量具有广大前景。而在工业领域，氢气燃烧可以产生高达 2 100 度的热能[33]，可以满足包括造纸、制氨、钢铁、水泥等多类工业热能需求，且在已有基础设施领域（用于传统化石燃料）所需的改造方面，最为简便，对特定需要高温热能的工业领域，在未来应对气候变化而需要大量降低温室气体排放方面具有战略性意义。

三、PtX 的技术经济环境分析

（一）技术经济分析

综合所有氢气生产技术，大规模可再生电力制氢将依赖电解技术。根据电解质的不同，可再生电力制氢主要分为碱性电解质、质子交换膜（酸性电解质）和固体氧化物电解电池。前两种为低温电池，第三种为高温电池。三种电池在效率、动态响应、寿命等互有优劣。三种主流电解槽的技术指标见表 1。碱性电解槽较为成熟，单堆容量可达 6 MW。质子交换膜电解槽因其良好的动态响应近些年来得到较大发展，其容量已经进入 MW 级。与碱性电解槽相比，质子交换膜电解槽在能量密度、动态响应等方面优势明显。固体氧化物电解槽可实现更高效率氢气生产，并可实现电解模式与燃料电池模式的切换，其理论潜力很大；但其电堆运行温度高、整体系统复杂，对设计、制造、运行、维护的要求较高，短时间内难以大规模应用。因此，考虑到技术成熟度、动态响应能力，碱性电解槽和质子交换膜电解槽目前较适用于消纳不稳定的可再生电力。

表 1　主要电解制氢技术现状[34][35]

	碱性电解质电解槽	质子交换膜电解槽	固体氧化物电解槽
技术成熟度	商业化	商业化	示范
交换离子	OH^-	H^+	O^{2-}
工作压力/bar	1 ~ 150/320	1 ~ 35	常压
工作温度/°C	80 ~ 100	80 ~ 100（高温型 250 °C）	650 ~ 850
模块容量（Stack Module）	<10 MW[36]	<3 MW[37]	<75 kW
电池电压/V	1.8 ~ 2.4	1.8 ~ 2.2	1.23 ~ 1.6
电流密度/（A/cm^2）	0.2 ~ 0.4	0.8 ~ 2	0.4 ~ 0.8
制氢系统能耗（AC）kWh/Nm^3 H_2	4.2 ~ 4.8	4.4 ~ 4.8[37]	3.8 ~ 5.0（无外部热量输入）
系统效率折算、（低位热值）	63% ~ 71%	60% ~ 68%	65% ~ 80%
冷启动时间	数分钟到小时	数秒到数分钟	数小时
优势	规模大、成本低、寿命长	无腐蚀问题、动态响应好	效率高、可与目标应用高度集成、可逆运行
劣势	需维护（腐蚀）	价格高、衰减快	系统热惰性大、系统复杂
电堆寿命/时	70 080 ~ 105 120	43 800	17 520 ~ 70 080
应用场景	稳态	稳态、动态（风、光）	稳态、与工业深度集成

把氢气转化为其他燃料技术上是可行的，但是实际应用中需要考虑到化学合成与产物提纯过程所造成的额外的化学能损失，二氧化碳来源，电解槽容量限制。仅考虑终产物的化学能，对比电制氢气，电制甲烷、甲醇、二甲醚、氨气将会降低 10% ~ 20%；若产物还需经过复杂的提纯过程，效率损失会进一步增加。化学合成所需二氧化碳可来源于生物质、沼气，或从电力、化工、交通领域捕获，这可降低系统效率、增加系统复杂度。另外，单个化工合成厂容量一般非常大，氢气需求巨大，短期内电解槽的容量难以支撑大规模液体物质生产。

影响可再生电力制氢气产品成本的主要因素是设备投资、电力价格和满负荷年利用小时数。在投资成本方面，碱性电解槽最低（800 ~ 1 500 €/kW），其次是质子交换膜电解槽（1 400 ~ 2 100 €/kW）。固体氧化物电解系统的制造成本目前大于 2 000 €/kW，因生产规模的扩大，近几年有望降低到 600 €/kW。另外，电解槽的更换需要额外投资，影响电厂寿期的总投资成本。当然随着电解槽产能提升、供应链的发展、制造工艺的改进以及技术创新，未来的投资成本可能会大幅下降。

当前欧洲氢气市场价格为 4 ~ 10 €/kg（交通，32 ~ 80 ¥/kg）、1.4 ~ 5 €/kg（工业，11.2 ~ 40 ¥/kg）和 0.7 ~ 1 €/kg（能源，5.6 ~ 8.0 ¥/kg）。在电力免费、设备连续长时运行、长电堆寿命的理想情况下，氢气生产成本最低可达 1.7 €/kg。因此，电制氢气产生的氢气难以直接应用于能源市场。当满负荷年利用小时大于 3 000 时，其对单位生产成本的影响很小；然而，当利用小时数低于 1 500 ~ 2 000 时，单位生产成本大幅增加，难有经济性。因此，满负荷利用小时数大于 2 000 ~ 3 000 时是 PtX 商业应用的基本需求。当电价增加到 20 ~ 40 €/MWh（0.15 ~ 0.30 ¥/度），氢气生产成本上升到 2.7 ~ 5.3 €/kg，与当前市场售价相当。因此，在保证年利用小时和低电解的情况下，电制氢气可应用于工业和交通领域。

（二）气候环境影响

本文将从生命周期的角度着重概述 PtX 在气候变化与固体颗粒物排放方面的环境影响。当电解槽被合理高效利用时，电转氢的气候效应主要由用于电解的电力类型所决定。当电力的碳排放子因子较低时，如可再生能源，电解氢气所产生的生命周期温室气体当量排放将远低于氢气的传统制造方式：天然气制氢甲烷制氢[38]（图 3，四川水电制氢的生命周期温室气体排放可参考风能与太阳能制氢之间；四川电网供电制氢的生命周期温室气体排放约为使用瑞士电网的两倍）。

有研究显示[39]，当电力的碳排放子因子低于 190gCO_2eq/kWh 时，电解所产生的氢气可与天然气制氢所产生的氢气，在生命周期温室气体排放方面持平。这意味着从替代传统氢气制备的角度来降低碳排放，电解氢可选用的电力类型包括风电、太阳能、水电及核能[40]。其中大部分 PtX 研究探讨的候选电力都集中在前三者，而核电在 PtX 的应用较少被讨论。虽然也有研究认为利用核热能通过热化学法制氢具有较大潜力[41]，但因为核电厂一旦落成，利用率极高（近年来我国核电平均利用率在 7 300 小时以上[42]），一般电力不存在需要储存的问题就可直接消纳，在能源利用效率上更高，所以一般电解氢的电力候选类型包括风电，太阳能和水电。前两者由于电力生产依靠风力和太阳能，实时资源具有间歇性，而径流式水电存在季节性，一定程度上受到进水量的限制，因此这三类电力在无法直接消耗的情况下，有电力储存或转化的需求。

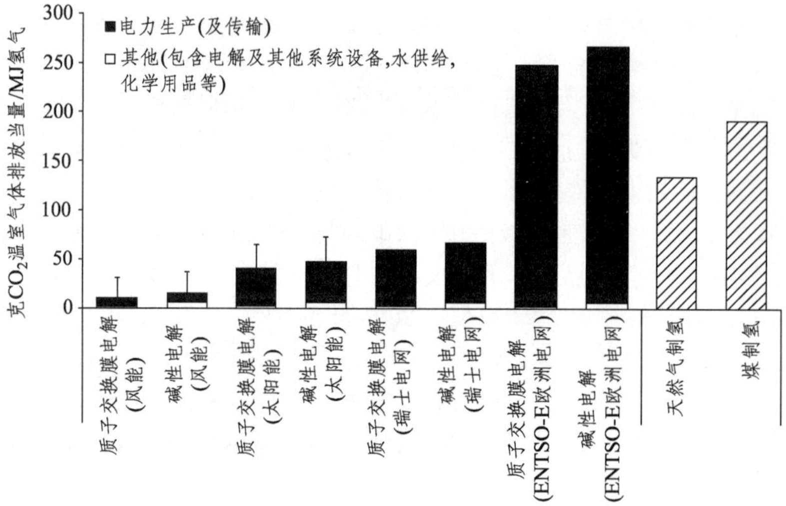

图 3 电解制氢与传统制氢的生命周期温室气体排放比较[38]

注：误差线显示由于瑞士各地风光资源差异所产生的结果不确定域值。

当电解过程中电耗的生命周期温室气体排放极低时（<10 g CO_2eq/kW），如风能，径流式水电[40]，电解设备生产所产生的生命周期碳排放贡献占比将变得显著[38]，因此其年运行时长的高低也更为重要，一般至少应达到 5 000 ~ 6 000 时。电转氢后，所产生的氢气可以通过与二氧化碳甲烷化生成甲烷比例达 90%以上的合成气，用于替代天然气，所以也称为合成天然气（Synthetic Natural Gas）。合成天然气的产生需要二氧化碳，而二氧化碳可为其他过程的副产物，因为合成天然气的生命周期环境评价可以根据是否包含二氧化碳源头的过程而分为分配及系统扩张两种方法[38]。值得强调的是，无论采取哪种方法，合成天然气使用过程中的燃烧排放都应包含在生命周期评价中。因为当合成天然气最终被消耗燃烧时，在完全燃烧的情况下，二氧化碳的排放大致等同于生产合成天然气时二氧化碳的投入。从系统扩张（同时包含二氧化碳生产源及 PtX 系统）的角度来看，化石二氧化碳的排放只是被 PtX 系统从排放源头“延迟”到了合成天然气燃烧利用后。换句话说，当二氧化碳来源于地下资源（如化石燃料，石灰石），合成天然气燃烧所排放的二氧化碳与普通天然气燃烧所生成的二氧化碳无异，只是当合成天然气替代了传统天然气式，扩张系统中二氧化碳的排放从两次降低到了一次：合成天然气的生产再次利用了本应在源头排放的二氧化碳。这就使合成天然气生产阶段所产生的温室气体效应尤为重要。虽然甲烷化对二氧化碳的气体构成有一定要求（如热化学甲烷化中的催化剂要求二氧化碳中的硫含量极低[43]，一般需要二氧化碳净化过程），但合成天然气中的生命周期温室气体的主要贡献依然为电解氢气所使用的电能类型，以及二氧化碳的获取。

二氧化碳捕捉可来自生物质、空气以及化石燃料工业来源。对于应用于 PtX 的二氧化碳，碳排放责任需要考虑参考系统条件（Reference Condition），不应简单根据二氧化碳的来源属性来界定。应用于 PtX 的二氧化碳投入和最后的产品使用二氧化碳排放，相对于参考系统条件而言，原则上不应该造成除捕获二氧化碳过程以外的额外的碳排放（Additional Emissions）。在这个原则下，当二氧化碳的来源是生物质时（如沼气中捕捉的二氧化碳），合成天然气燃烧所排放的二氧化碳应大致等同于生物质生长时期在大气中吸收固定的二氧化碳，因此有研究提出二者可以互抵，形成“系统净零排放”。虽然欧美也有初创公司开发从大气中捕捉二氧化碳[44][45]，然而由于大气中二氧化碳极低，所需捕集二氧化碳的能量较高（捕集现场周围有热能回收可能的特例除外），该技术目前的成本依然很高，但是规模化成熟化后依然有商业前景。近年来，由于全球在气候变化上的问题日趋显著，而传统工业中的化石燃料及二氧化碳排放因为经济因素难以在短期内有显著降低，因此也有研究和示范项目探究在化石燃料电厂、水泥厂、钢铁厂、化工厂以及天然气加工处理中运用二氧化碳捕集技术。在这些技术中，根据二氧化碳源的浓度、所含杂质、可获得量，捕集所耗能源，其造成的生命周期环境影响也有所不同，因此根据这些因素在化石来源二氧化碳的再利用中也存在一定的优先顺序[46]，如表2所示，其中一些特定类型的化工厂（如制氨、环氧乙烷、传统天然气制氢、天然气加工处理）应优于钢铁和水泥厂，其次再考虑化石燃料发电厂。总体而言，如果利用同量的富余水电，电转氢相对于天然气制氢所减少的碳排放，要高于合成天然气相对于普通化石天然气所减少的碳排放[38]。

表 2　不同二氧化碳来源及其浓度和捕集所需能源[46]

二氧化碳来源	二氧化碳浓度	平均能源需求（吉焦（GJ）/吨二氧化碳）			
		电力	热能	天然气	煤炭
空气	400 ppm	1.29		4.19	
天然气联合循环电厂	3% ~ 4%	1.6			
炼油厂和蒸汽裂解	3% ~ 13%	0.91	3.16		
火电厂	12% ~ 15%	1.22			
纸浆和造纸综合工厂	7% ~ 20%	0.04		1.57	
市场纸浆厂	7% ~ 20%	1.03			
铁钢厂	17% ~ 35%	0.87	0.95		
水泥厂	14% ~ 33%	0.09			3.35
整体煤气化联合循环电厂	1/40%^{b}	0.61			0.81
制氨厂	≈ 100%	0.4	0.01		
环氧乙烷生产	≈ 100%	0.4	0.01		
天然气气体处理	≈ 100%	0.4	0.01		
制氢厂	≈ 100%	0.35			

注：b 表示水煤气变换前/后二氧化碳浓度。

在固体颗粒物排放方面，对 PtX 的讨论主要集中在天然气—氢气混合燃料的燃烧上。因为氢气运输具有挑战，所以在普通化石天然气中混入一定量的氢气，可利用已有天然气管道的基础建设，作为一种可考虑的氢气运输方法。然而有研究显示，由于氢气的混入，哪怕其体积百分比不超过 10%，在燃料燃烧时也会导致燃烧温度升高，而产生较普通化石天然气更高的氮氧化物（NO_x）排放[47][48]。若燃烧设备不做出相关改进，升高的氮氧化物排放作为固体颗粒物形成的前驱物，可导致大气中固体颗粒物的升高。另外，氢气的混入也可降低碳氢可挥发有机物的排放，而碳氢可挥发有机物是形成固体颗粒物中二次有机气溶胶的前驱物。

（三）潜在风险

对 PtX 潜在风险的讨论一般着重于氢气的储存和运输。虽然氢气总易让人联想到易燃易爆，但有研究发现[49]，在欧盟 28 个国家中，氢气的事故风险与天然气相当。氢气和燃料电池发生灾难性事故的可能性似乎也较为有限，而相关安全性改进应集中于氢气和燃料电池的“日常”风险，并通过专注于操作错误的管理来提高系统总体安全。

四、结　语

PtX 技术可用于（富余）可再生电力的储存和行业耦合，本文概括地介绍了该技术的主要特点与最新进展、技术经济和气候环境分析。目前，该技术的国内示范项目还相对较少，特别是水电制备氢气，亟须开展示范项目和商业模式的探索。在水电解技术，氢气甲烷化技术及其规模化等领域，还需进一步的研究和示范工作。从经济的角度来讲，影响可再生电力制氢气产品成本的主要因素是电解设备投资、电力价格和满负荷年利用小时数。从环境的角度来讲，在制定对 PtX 产品和服务的政策法规支持（引入税收、补贴）时，如将电解产生的氢气用于重型燃料电池车辆、船舶，应考虑其相对于其他等效可替代产物和服务的生命周期气候环境效应。在考虑消纳富余水电的解决方案中，除电网扩张发展（特别是特高压交流线路），应量化考虑其他等效方案（如 PtX，吸引工业入驻）的实际成本和收益。而在评估电网扩张发展时，也应考虑其实际运行功率所带来的间接成本。在对 PtX 产品的气候效益评估中，对该技术评估的方法的统一和标准化（如：系统范围定义一定要包含产物的使用或燃烧阶段；使用系统扩张法以利于全面公正地了解系统生命周期影响）、对电解所用电力的生命周期碳排放的准确估算尤为关键。在系统设计方面，在需要选择二氧化碳来源时，应在综合考虑其浓度、所需能源量及除硫过程的基础上，针对不同技术选择以及最终产品的纯度要求，考虑各类二氧化碳来源的利用优先顺序。

参考文献

[1] IPCC. Summary for Policymakers. In: Global Warming of 1.5 °C. An IPCC Special Report on the impacts of global warming of 1.5 °C above pre-industrial levels and related global greenhouse gas emission pathways，in the context of strengthening the global response to the threat of climate change, sustainable development, and efforts to eradicate poverty[R]. 2018.

[2] 新华网. 政府工作报告[OL]. http://www.xinhuanet.com/politics/2020lh/2020-05/29/c_1126051808.htm（accessed Jun. 03，2020）.

[3] 四川省人民政府. 能源资源[OL]. https://www.sc.gov.cn/10462/10778/10876/2020/5/9/84319f7070c945e699de5e23e865081e.shtml（accessed Jun. 03，2020）.

[4] 乔燕艳，高文胜. 能源改革需要商业链支撑[J]. 四川省情，2016（11）.

[5] 侯永宽. 四川水电制氢样本[OL]. https://www.chinathinktanks.org.cn/content/detail?id=uc0tvj86（accessed Jun. 03，2020）.

[6] 能源转型委员会. 中国 2050：一个全面实现现代化国家的零碳图景[R]. 2019.

[7] 国际可再生能源机构（IRENA）. 可再生能源发电制氢[R]. 2018.

[8] 国家发展和改革委员会，能源技术创新“十三五”规划[OL]. https://www.ndrc.gov.cn/fggz/fzzlgh/gjjzxgh/201708/t20170809_1196881.html（accessed Jun. 03，2020）.

[9] 四川省人民政府.《四川省人民政府关于印发四川省“十三五”能源发展规划的通知》解读二[OL]. http://www.sc.gov.cn/10462/10464/13298/13301/2017/3/7/10416483.shtml（accessed Jun. 03，2020）.

[10] 中国政府网. 关于促进储能技术与产业发展的指导意见[OL]. http://www.gov.cn/xinwen/2017-10/12/content_5231304.htm（accessed Jun. 03，2020）.

[11] 国家发展和改革委员会.《清洁能源消纳行动计划（2018—2020 年）》的通知（发改能源规〔2018〕1575 号）[OL]. https://www.ndrc.gov.cn/xxgk/zcfb/ghxwj/201812/t20181204_960958.html（accessed Jun. 03，2020）.

[12] 中国政府网. 2019 年政府工作报告[OL]. http://www.gov.cn/zhuanti/2019qglh/2019lhzfgzbg/index.htm（accessed Jun. 03，2020）.

[13] 中国氢能联盟.《中国氢能源及燃料电池产业白皮书》[OL]. http://www.h2cn.org/publicati/215.html（accessed Jun. 03，2020）.

[14] 成都市发展和改革委员会. 西南地区首个加氢站 可持续发展氢能经济之路[OL]. http://cddrc.chengdu.gov.cn/cdfgw/ztlm026003005001/2019-07/13/content_77cf8054532d4d11bf7e1cc5885d7964.shtml（accessed Jun. 03，2020）.

[15] 成都市经济和信息化局. 成都市氢能暨新能源汽车产业推进工作领导小组办公室关于印发《成都市氢能产业发展规划（2019—2023 年）》的通知[OL]. http://gk.chengdu.gov.cn/govInfoPub/detail.action?id=2398916&tn=2（accessed Jun. 03，2020）.

[16] 成都日报. 成都全市氢能源产业已形成较为完整产业链[OL]. http://www.chengdu.gov.cn/chengdu/home/2018-10/11/content_fc07f6c217954cda95bbb6a32f2b94dc.shtml（accessed Jun. 03，2020）.

[17] 朱雪艳. 四川省水电站弃水成因及应对分析[J]. 产业创新研究，2019（9）.

[18] X Luo，J Wang，M Dooner，et al. Overview of current development in electrical energy storage technologies and the application potential in power system operation[J]. Appl. Energy，2015.

[19] Fuel Cells Works. ITM Power and Ørsted Unveil Wind Turbine Electrolyser for Bulk Hydrogen Production[OL]. https://fuelcellsworks.com/news/itm-power-and-orsted-unveil-wind-turbine-electrolyser-for-bulk-hydrogen-production/（accessed Jun. 05，2020）.

[20] 电池中国网. 全球最大风电制氢项目进入最后阶段调试[OL]. http://m.cbea.com/yldc/201910/940833.html（accessed Jun. 03，2020）.

[21] 2019 年中国可再生能源制氢七大项目进展[OL]. http://www.asiachem.org/20191105（accessed Jun. 03，2020）.

[22] 大渡河面向弃水消纳的“水电氢储车”综合能源网络研究公开招标（第 2 次）招标公告[OL]. https://www.bidcenter.com.cn/newscontent-89063586-1.html（accessed Jun. 03，2020）.

[23] 李杨. 四川省电力工业 2018 年发展情况[Z]. 四川电力年鉴，2019.

[24] 搜狐财经. 四川今年恐“超发”百亿度水电 丰水期“弃水”困局待解[OL]. https://business.sohu.com/20130827/n385130970.shtml（accessed Jun. 02，2020）.

[25] 中国水力发电工程学会. 四川为什么会产生“弃水”？如何解决？[OL]. http://www.hydropower.org.cn/showNewsDetail.asp?nsId=25768（accessed Jun. 05，2020）.

[26] 杨迪. 四川富余水电“弃水”降至六年来最低[OL]. http://www. xinhuanet.com/local/2020-01/04/c_1125422111.htm（accessed Jun. 01，2020）.

[27] 曹惠君. 四川去年弃水电量 92 亿千瓦时 降至 6 年来最低[OL]. http://www.sc.chinanews. com/cjbd/2020-01-04/119001.html（accessed Jun. 01，2020）.

[28] 前瞻产业研究院. 2019 年全年中国发电行业发展现状分析 发电量突破 7 万亿千瓦时、山东发电量居于首位[OL]. https://bg.qianzhan.com/report/detail/300/200403-615a3c0c.html（accessed Jun. 01，2020）.

[29] Abdon，X Zhang，D Parra，et al. Techno-economic and environmental assessment of stationary electricity storage technologies for different time scales[J]. Energy，2017.

[30] Sternberg，A Bardow. Power-to-What?-Environmental assessment of energy storage systems[J]. Energy Environ. Sci.，2015，8（2）.

[31] 北极星售电网. 2019 年四川省电力交易市场报告（上）：详解售电公司亏损真相[OL]. http://shoudian.bjx.com.cn/html/20191018/1014049.shtml（accessed Jun. 02，2020）.

[32] H Blanco，A Faaij. A review at the role of storage in energy systems with a focus on Power to Gas and long-term storage[J]. Renewable and Sustainable Energy Reviews，2018.

[33] S J Friedmann，Z Fan，K E Tang. Low-carbon heat solutions for heavy industry: Sources，options，and costs today[OL]. www.sipa.columbia. edu.

[34] M Götz，et al. Renewable Power-to-Gas: A technological and economic review[J]. Renewable Energy，2016.

[35] V Venkataraman，et al. Reversible solid oxide systems for energy and chemical applications-Review & perspectives[J]. Journal of Energy Storage，2019.

[36] Asahi Kasei. World’s largest single-stack alkaline-water electrolysis system[OL]. https://www.internationales-verkehrswesen.de/worlds-largest-single-stack-alkaline-water-electrolysis-system/（accessed Jun. 05，2020）.

[37] D Thomas. Large scale PEM electrolysis: Technology status and upscaling strategies[OL]. https://www.electrive.com/2019/07/01/cummins-takes-over-fuel-cell-maker-hydrogenics/（accessed Jun. 05，2020）.

[38] X Zhang，C Bauer，C L Mutel，et al. Life Cycle Assessment of Power-to-Gas: Approaches，system variations and their environmental implications[J]. Appl. Energy，2017.

[39] G Reiter，J Lindorfer. Global warming potential of hydrogen and methane production from renewable electricity via power-to-gas technology[J]. Int. J. Life Cycle Assess.，2015，20（4）.

[40] National Renewable Energy Laboratory（NREL）. Life Cycle Greenhouse Gas Emissions from Electricity Generation[OL]. https://www.nrel.gov/docs/fy13osti/57187.pdf.

[41] Parkinson，P Balcombe，J F Speirs，et al. Levelized cost of CO_2 mitigation from hydrogen production routes[J]. Energy Environ. Sci.，2019，12（1）.

[42] 前瞻产业研究院. 2019 年中国核电行业市场现状及发展前景分析 中国核电正在"走出去"[OL]. http://www.china-nea.cn/site/content/36496.html（accessed May 14，2020）.

[43] X Zhang，J Witte，T Schildhauer，et al. Life cycle assessment of power-to-gas with biogas as the carbon source[J]. Sustain. Energy Fuels，2020，4（3）.

[44] Climeworks. Climeworks offers a technology to reverse climate change[OL]. https://www.climeworks.com/（accessed Jun. 02，2020）.

[45] Engineering. Carbon engineering-pioneering direct air capture of CO_2[OL]. https://carbonengineering.com/（accessed Jun. 02，2020）.

[46] N Von Der Assen，L J Müller，A Steingrube，et al. Selecting CO_2 sources for CO_2 utilization by environmental-merit-order curves[J]. Environ. Sci. Technol.，2016，50（3）.

[47] J Leicher，T Nowakowski，A Giese，et al. Power-to-gas and the consequences: Impact of higher hydrogen concentrations in natural gas on industrial combustion processes[J]. Energy Procedia，2017.

[48] F Cozzi，A Coghe. Behavior of hydrogen-enriched non-premixed swirled natural gas flames[J]. International Journal of Hydrogen Energy，2006，31（6）.

[49] M Spada，P Burgherr，P Boutinard Rouelle. Comparative risk assessment with focus on hydrogen and selected fuel cells: Application to Europe[J]. International Journal of Hydrogen Energy，2018，43（19）.

四川省乔木林碳储量现状与分析

罗晓华[①]

【摘　要】基于四川省森林资源连续清查第七次复查成果资料数据的分析，本文采用 IPCC 材积源-生物量法估算了四川省乔木林 2017 年总碳储量和碳密度，研究结果显示：2017 年四川省乔木林总碳储量为 751.47 Tg，平均碳密度为 56.40 MgC/hm^2。综合分析对比得出：乔木林不同龄级的碳储量由高到低依次为过熟林>成熟林>中龄林>近熟林>幼龄林，碳密度由高到低依次为过熟林>成熟林>近熟林>中龄林>幼龄林，不同林种的碳储量由高到低依次为防护林>用材林>特用林>薪炭林>经济林，碳密度由高到低依次为特用林>防护林>薪炭林>用材林>经济林；对比分析 2012 年与 2017 年乔木林碳储量与碳密度变化，5 年间乔木林的面积增加 148.66 万公顷，蓄积增加 18 098.96 万立方米。碳储量由 681.82 Tg 增加到 751.47 Tg，增加 69.65 Tg，增长 10.22%，年增加 13.93 Tg；碳密度由 57.84 MgC/hm^2 增加到 57.92 MgC/hm^2，增加 0.08 MgC/hm^2，增长 0.15%，年增加 0.02 MgC/hm^2。

【关键词】森林；乔木林碳储量；碳密度

一、引　言

全球气候变暖已成为全球关注的重大问题，是目前生态环境科学界研究的前沿和热点。大气中 CO_2 浓度升高，温室气体减排和持续吸收固定大气中的碳越来越受到世界各国的重视。在《京都议定书》《REDD + 华沙框架》、历次 IPCC 报告中，都肯定了森林在温室气体减排和增加陆地碳汇中的作用，也将增加森林植被面积和蓄积作为一项重要的陆地碳增汇措施[1]。部分碳库占全球植被碳库的 77.10%，森林土壤碳库储存了全球土壤碳储量的 40%左右。森林在增加碳汇、减缓大气 CO_2 浓度升高中发挥的作用越来越突出，在全球碳循环和碳平衡中起着巨大作用，是控制地球变暖的重要缓冲器。近年来，国外很多学者在大尺度或区域尺度上对森林植被碳贮量及其碳汇功能进行了大量研究，估算了全球或区域森林植被的碳贮量及其变化，这些研究表明北半球温带森林和北方森林起着碳汇的作用；国内研究表明，中国森林自 20 世纪 70 年代以来亦是碳汇[3]。此外，在减排行动上，发展成本低、潜力大、可持续的林业来增加生物固碳，充分发挥林业的重要作用，将成为各国政府采取减排、缓解气候变化的行动措施。

---

① 罗晓华，四川省林业科学研究院助理研究员，主要从事森林生态研究。

二、材料与方法

（一）数据来源

本文所用的森林资源数据来源于四川省森林资源连续清查第七次复查成果资料。

（二）乔木林碳储量的估算方法

IPCC 材积源-生物量法是生物量转换因子法的一种，是政府间气候变化委员会（IPCC）以森林蓄积、面积、生物量转换因子、木材密度、根茎比等为参数（见表 1），建立材积源生物量模型的方法。其基本关系如下：

$$C = V \cdot BEF \cdot (1 + R) \cdot D \cdot CF \cdot S$$

式中：C 为乔木林某一优势树种的森林植被碳储量（MgC）；V 为乔木林单位面积蓄积（m^3/hm^2）；BEF 为树干生物量转化为地上生物量的扩展因子（无量纲）；R 为地下生物量与地上生物量的比值；D 为树干蓄积转化为生物量的基本木材密度（Mg/m^3）；CF 是生物量含碳率；S 为某一优势树种（组）的面积（m^2）。

本文中碳储量仅指林木地上部和地下部碳储量，不包括林下灌木层、草本层、枯落物层和土壤层的碳储量。

表 1　乔木林优势树种碳储量各种参数估算

序号	优势树种	*BEF*	*R*	*D*	*CF*
1	冷杉	1.316	0.174	0.366	0.500
2	云杉	1.734	0.224	0.342	0.521
3	铁杉	1.667	0.277	0.442	0.502
4	油杉	1.667	0.277	0.448	0.500
5	落叶松	1.416	0.212	0.490	0.521
6	油松	1.589	0.251	0.360	0.521
7	华山松	1.785	0.170	0.396	0.523
8	马尾松	1.472	0.187	0.380	0.460
9	云南松	1.619	0.146	0.483	0.511
10	高山松	1.651	0.235	0.413	0.501
11	湿地松	1.614	0.264	0.424	0.511
12	杉木	1.634	0.246	0.307	0.520
13	柳杉	2.593	0.267	0.294	0.524
14	水杉	1.506	0.319	0.278	0.501
15	柏木	1.732	0.220	0.478	0.510

续表

序号	优势树种	*BEF*	*R*	*D*	*CF*
16	栎类	1.355	0.292	0.676	0.500
17	桦木	1.424	0.248	0.541	0.491
18	樟木	1.412	0.275	0.460	0.492
19	楠木	1.639	0.264	0.477	0.503
20	榆树	1.671	0.621	0.598	0.497
21	刺槐	1.656	0.248	0.486	0.498
22	木荷	1.894	0.258	0.598	0.497
23	枫香	1.765	0.398	0.598	0.497
24	其他硬阔类	1.674	0.261	0.598	0.497
25	椴树	1.407	0.201	0.420	0.439
26	檫木	1.483	0.270	0.477	0.485
27	杨树	1.446	0.227	0.378	0.496
28	柳树	1.446	0.227	0.378	0.496
29	泡桐	1.833	0.247	0.443	0.470
30	桉树	1.263	0.221	0.578	0.525
31	其他软阔类	1.586	0.289	0.443	0.485
32	针叶混	1.587	0.267	0.405	0.510
33	阔叶混	1.514	0.262	0.482	0.490
34	针阔混	1.656	0.248	0.486	0.498

来源：《中华人民共和国气候变化第二次国家信息通报》。

三、结　果

（一）四川省乔木林碳储量和碳密度现状

根据 2017 年四川省森林资源连续清查第七次复查成果资料，估算得出四川省乔木林 2017 年总碳储量为 751.47 Tg，折合成 CO_2 量为 2 755.39 Tg，平均碳密度为 57.92 MgC/hm^2，高于全国的平均碳密度。

从表 2 可知，四川省乔木林不同龄级 2017 年碳储量中，过熟林最大，为 261.15 Tg，占乔木林 2017 年总碳储量的 34.75%；成熟林 184.69 Tg，占乔木林 2017 年总碳储量的 24.58%；中龄林 159.53 Tg，占乔木林 2017 年总碳储量的 21.23%；近熟林 92.63 Tg，占乔木林 2017 年总碳储量的 12.33%；幼龄林最小，为 53.47 Tg，占乔木林 2017 年总碳储量的 7.12%。

在不同的优势树种中，冷杉、栎类、云杉、柏木这几种类型树种的碳储量较大，分别为159.65 Tg、117.22 Tg、93.26 Tg、71.33 Tg，共占总储量的 58.75%，而碳密度排名前四位的分别是椴树（127.30 MgC/hm^2）、铁杉（113.99 MgC/hm^2）、冷杉（88.38 MgC/hm^2）、云杉（83.54 MgC/hm^2）。

从表 3 可知，在不同的林种中，防护林碳储量（449.20 Tg）最大，占总量的 59.78%；其次为用材林、特用林、薪炭林、经济林，其碳储量分别为 167.18 Tg、131.94 Tg、2.67 Tg、0.47 Tg，分别占总量的 22.25%、17.56%、0.36%、0.06%。

表 2　四川省乔木林不同龄级 2017 年碳储量与碳密度

优势树种	幼龄林		中龄林		近熟林		成熟林		过熟林		乔木林合计	
	碳密度/（MgC/hm^2）	碳储量/Tg	碳密度/（MgC/hm^2）	碳储量/Tg	碳密度/（MgC/hm^2）	碳储量/Tg	碳密度/（MgC/hm^2）	碳储量/Tg	碳密度/（MgC/hm^2）	碳储量/Tg	碳密度/（MgC/hm^2）	碳储量/Tg
冷杉	29.34	1.71	55.20	13.12	67.65	10.51	80.65	39.55	109.56	94.78	88.39	159.67
云杉	24.42	3.68	39.36	11.28	76.18	10.35	107.65	28.76	141.59	39.21	83.54	93.28
铁杉	0.00	0.00	24.57	0.12	50.04	0.72	111.55	5.43	133.00	10.33	114.04	16.60
油杉	0.00	0.00	51.33	0.49	43.28	1.27	67.25	0.33	0.00	0.00	47.71	2.09
落叶松	20.72	0.60	43.18	1.68	67.27	2.93	88.54	4.75	82.10	5.58	66.71	15.54
油松	8.06	0.08	33.49	0.82	82.60	2.01	21.99	0.11	81.20	0.79	52.03	3.80
华山松	13.48	0.13	25.68	1.50	48.73	1.67	48.40	2.34	123.39	0.59	40.15	6.24
马尾松	10.82	0.74	27.78	4.06	32.79	7.64	42.61	6.83	45.43	0.22	31.85	19.49
云南松	11.99	0.65	35.76	10.08	49.12	7.38	50.79	12.58	70.57	6.51	45.08	37.20
高山松	32.79	1.11	66.99	14.62	66.93	4.25	70.66	3.79	97.71	8.53	70.78	32.30
湿地松	0.00	0.00	0.00	0.00	10.60	0.05	27.91	0.14	0.00	0.00	19.26	0.19
杉木	11.57	1.12	25.47	3.47	26.98	1.82	35.52	3.96	70.23	1.03	26.71	11.40
柳杉	29.21	6.68	78.24	8.71	63.69	1.87	105.93	2.08	167.27	1.62	52.57	20.95
水杉	8.15	0.20	6.46	0.03	20.03	0.10	81.96	0.39	0.00	0.00	18.57	0.72
柏木	31.34	15.21	41.48	41.30	47.02	4.79	86.82	5.04	102.67	4.99	42.22	71.33
栎类	32.85	9.10	60.20	22.78	74.12	18.03	100.14	36.49	129.61	30.83	78.11	117.23
桦木	21.59	2.21	48.04	6.53	38.15	1.11	61.81	6.29	79.97	14.39	55.60	30.52
樟木	13.63	1.06	33.58	0.65	45.13	0.44	0.00	0.00	0.00	0.00	20.11	2.15
楠木	17.70	0.08	36.90	0.71	86.78	0.83	43.17	0.63	85.97	0.42	50.42	2.68
榆树	0.00	0.00	10.39	0.05	0.00	0.00	29.78	0.15	0.00	0.00	20.09	0.20
刺槐	2.24	0.02	34.30	0.16	16.79	0.25	33.50	0.49	0.00	0.00	21.02	0.92
木荷	0.00	0.00	0.00	0.00	42.54	0.21	40.04	0.58	65.32	0.95	51.29	1.74
枫香	32.93	0.48	75.64	0.73	91.25	0.45	0.00	0.00	0.00	0.00	56.76	1.66

续表

优势树种	幼龄林		中龄林		近熟林		成熟林		过熟林		乔木林合计	
	碳密度/（MgC/hm^2）	碳储量/Tg	碳密度/（MgC/hm^2）	碳储量/Tg	碳密度/（MgC/hm^2）	碳储量/Tg	碳密度/（MgC/hm^2）	碳储量/Tg	碳密度/（MgC/hm^2）	碳储量/Tg	碳密度/（MgC/hm^2）	碳储量/Tg
其他硬阔类	15.60	3.18	49.95	4.61	65.70	4.17	79.06	3.84	126.94	5.56	47.25	21.36
椴树	0.00	0.00	0.00	0.00	26.29	0.13	0.00	0.00	228.31	1.10	127.30	1.22
檫木	0.00	0.00	6.87	0.03	39.00	0.19	0.00	0.00	0.00	0.00	22.93	0.22
杨树	14.56	0.71	11.54	0.34	26.65	1.17	34.56	1.34	41.98	2.84	28.03	6.39
柳树	28.81	0.42	21.55	0.42	0.00	0.00	22.68	0.22	0.00	0.00	24.24	1.06
泡桐	0.00	0.00	40.37	0.20	14.80	0.07	0.00	0.00	0.00	0.00	27.59	0.27
桉树	18.56	0.45	27.67	1.87	21.31	0.62	30.06	1.61	50.23	0.49	27.34	5.04
其他软阔类	15.21	2.73	26.02	5.94	26.92	2.48	37.77	8.80	52.57	19.12	35.63	39.07
针叶混	0.00	0.00	32.60	0.64	0.00	0.00	29.73	0.15	59.68	0.87	42.31	1.65
阔叶混	19.11	0.92	27.27	0.92	39.22	2.47	46.35	4.26	74.96	4.37	43.82	12.95
针阔混	12.84	0.19	34.13	1.66	42.09	2.66	52.09	3.78	124.01	6.04	57.87	14.32
合计	22.74	53.47	42.39	159.53	47.55	92.63	69.54	184.69	100.14	261.15	57.92	751.47

表 3　四川省乔木林不同林种 2017 年碳储量与碳密度

优势树种	防护林		特用林		用材林		薪炭林		经济林		乔木林合计	
	碳密度/（MgC/hm^2）	碳储量/Tg	碳密度/（MgC/hm^2）	碳储量/Tg	碳密度/（MgC/hm^2）	碳储量/Tg	碳密度/（MgC/hm^2）	碳储量/Tg	碳密度/（MgC/hm^2）	碳储量/Tg	碳密度/（MgC/hm^2）	碳储量/Tg
冷杉	90.60	109.55	84.91	43.71	77.47	6.43	0.00	0.00	0.00	0.00	88.38	159.65
云杉	82.35	61.96	94.45	26.61	56.96	4.70	0.00	0.00	0.00	0.00	83.53	93.26
铁杉	122.44	11.29	99.39	5.31	0.00	0.00	0.00	0.00	0.00	0.00	113.99	16.60
油杉	50.11	0.98	67.25	0.33	40.35	0.78	0.00	0.00	0.00	0.00	47.71	2.09
落叶松	67.66	11.17	71.63	3.49	46.02	0.88	0.00	0.00	0.00	0.00	66.71	15.54
油松	58.19	2.27	33.00	0.49	53.86	1.05	0.00	0.00	0.00	0.00	52.03	3.80
华山松	28.55	2.49	25.07	0.12	57.16	3.61	0.00	0.00	0.00	0.00	40.06	6.22
马尾松	29.22	7.67	28.72	0.28	33.93	11.53	0.00	0.00	0.00	0.00	31.83	19.48
云南松	45.30	22.21	60.33	1.18	43.74	13.80	0.00	0.00	0.00	0.00	45.06	37.18
高山松	73.71	25.75	71.48	2.43	56.29	4.12	0.00	0.00	0.00	0.00	70.76	32.29
湿地松	10.60	0.05	0.00	0.00	27.91	0.15	0.00	0.00	0.00	0.00	19.26	0.19

续表

优势树种	防护林		特用林		用材林		薪炭林		经济林		乔木林合计	
	碳密度/（MgC/hm²）	碳储量/Tg	碳密度/（MgC/hm²）	碳储量/Tg	碳密度/（MgC/hm²）	碳储量/Tg	碳密度/（MgC/hm²）	碳储量/Tg	碳密度/（MgC/hm²）	碳储量/Tg	碳密度/（MgC/hm²）	碳储量/Tg
杉木	22.26	1.19	20.51	0.20	27.53	10.01	0.00	0.00	0.00	0.00	26.71	11.40
柳杉	80.27	1.95	143.20	0.70	49.55	18.31	0.00	0.00	0.00	0.00	52.57	20.95
水杉	0.00	0.00	0.00	0.00	18.57	0.72	0.00	0.00	0.00	0.00	18.57	0.72
柏木	40.24	33.21	55.02	8.56	41.72	29.56	0.00	0.00	0.00	0.00	42.22	71.32
栎类	83.92	84.39	73.10	14.55	60.10	16.35	79.87	1.93	0.00	0.00	78.10	117.22
桦木	55.08	20.33	60.63	7.07	49.39	3.12	0.00	0.00	0.00	0.00	55.60	30.52
樟木	22.36	0.33	0.00	0.00	18.37	1.69	0.00	0.00	0.00	0.00	20.11	2.15
楠木	47.54	0.92	65.56	0.95	41.93	0.81	0.00	0.00	0.00	0.00	50.42	2.68
榆树	10.39	0.05	0.00	0.00	29.78	0.15	0.00	0.00	0.00	0.00	20.09	0.20
刺槐	15.58	0.38	0.00	0.00	31.05	0.45	18.22	0.09	0.00	0.00	21.02	0.92
木荷	42.54	0.22	33.19	0.16	57.58	1.39	0.00	0.00	0.00	0.00	51.88	1.76
枫香	69.00	1.01	0.00	0.00	44.52	0.65	0.00	0.00	0.00	0.00	56.76	1.66
其他硬阔类	51.89	10.86	69.39	4.39	35.77	5.89	15.58	0.08	13.90	0.14	47.25	21.36
椴树	127.30	1.22	0.00	0.00	0.00	0.00	0.00	0.00	0.00	0.00	127.30	1.22
檫木	0.00	0.00	0.00	0.00	22.93	0.22	0.00	0.00	0.00	0.00	22.93	0.22
杨树	27.65	4.03	40.72	1.18	19.40	0.95	49.38	0.24	0.00	0.00	28.03	6.39
柳树	27.03	1.05	0.00	0.00	14.83	0.07	0.00	0.00	0.00	0.00	25.70	1.13
泡桐	0.00	0.00	0.00	0.00	27.59	0.27	0.00	0.00	0.00	0.00	27.59	0.27
桉树	33.04	0.49	0.00	0.00	26.85	4.56	0.00	0.00	0.00	0.00	27.34	5.04
其他软阔类	35.59	17.95	41.14	5.99	34.82	14.88	12.83	0.19	12.95	0.06	35.63	39.07
针叶混	58.61	0.85	24.57	0.12	36.67	0.72	0.00	0.00	0.00	0.00	43.31	1.69
阔叶混	40.37	4.29	94.19	3.65	36.42	4.59	30.17	0.15	13.65	0.26	43.82	12.95
针阔混	78.06	9.08	48.41	0.48	40.87	4.77	0.00	0.00	1.19	0.01	57.87	14.32
合计	63.63	449.20	74.03	131.94	40.66	167.18	45.86	2.67	1.50	0.47	56.40	751.47

（二）四川省乔木林碳储量类型划分

为营造林提供树种选择的基础参考，根据碳储量将优势树种分成三类（见表 4）：第一类为高碳储量组，该组的碳储量≥10 Tg，包括冷杉、栎类、云杉、柏木等；第二类为中碳储量组，该组的碳储量 0 ~ 10 Tg，包括杨树、华山松、桉树、油松等；第三类为低碳储量组，该组的碳储量≤0 Tg，包括刺槐、水杉、泡桐、檫木等。

表 4　不同优势树种碳储量类型划分

类型	优势树种	碳密度/（MgC/hm^2）	碳储量/Tg
高碳储量组	冷杉	88.38	159.65
	栎类	78.10	117.22
	云杉	83.53	93.26
	柏木	42.22	71.32
	其他软阔类	35.63	39.07
	云南松	45.06	37.18
	高山松	70.76	32.29
	桦木	55.60	30.52
	其他硬阔类	47.25	21.36
	柳杉	52.57	20.95
	马尾松	31.83	19.48
	铁杉	113.99	16.60
	落叶松	66.71	15.54
	针阔混	57.87	14.32
	阔叶混	43.82	12.95
	杉木	26.71	11.40
中碳储量组	杨树	28.03	6.40
	华山松	40.06	6.22
	桉树	27.34	5.04
	油松	52.03	3.80
	楠木	50.42	2.68
	樟木	20.11	2.15
	油杉	47.71	2.09
	木荷	51.88	1.76
	针叶混	43.31	1.69
	枫香	56.76	1.66
	椴树	127.30	1.22
	柳树	25.70	1.13
低碳储量组	刺槐	21.02	0.92
	水杉	18.57	0.72
	泡桐	27.59	0.27
	檫木	22.93	0.22
	榆树	20.09	0.20
	湿地松	19.26	0.19

（三）2012—2017 年四川省乔木林碳储量和碳密度的变化

同样通过 IPCC 材积源-生物量法，利用四川省森林资源连续清查第六次复查成果资料得出，四川省乔木林 2012 年总碳储量为 681.82 Tg，碳密度为 57.84 MgC/hm^2。

从森林资源连续清查第六次、第七次复查成果（见表 5）中得出，5 年间乔木林的面积增加 148.66 万公顷，蓄积增加 18 098.96 万立方米。与 2012 年相比，碳储量由 681.82 Tg 增加到 751.47 Tg，增加 69.65 Tg，增长 10.22%，年增加 13.93 Tg；碳密度由 57.84 MgC/hm^2 增加到 57.92 MgC/hm^2，增加 0.08 MgC/hm^2，增长 0.15%，年增加 0.02 MgC/hm^2。

表 5　2012—2017 年四川省乔木林碳储量变化

2012 年		2017 年	
碳密度/（MgC/hm^2）	碳储量/Tg	碳密度/（MgC/hm^2）	碳储量/Tg
57.84	681.82	57.92	751.47

（四）分析与讨论

从 2012—2017 年乔木林碳储量的变化可以得出，四川乔木林碳储量呈上升趋势，是一个碳汇过程。

乔木林各个龄级面积增量和蓄积增量均为正数，面积增量由少到多依次为过熟林、近熟林、成熟林、幼龄林和中龄林；蓄积增量由少到多依次为幼龄林、近熟林、成熟林、中龄林、过熟林；而碳储量和碳密度增量有部分为负，碳储量增加由少到多依次为过熟林、成熟林、近熟林、幼龄林、中龄林，其中过熟林为负；碳密度增量由少到多依次为过熟林、成熟林、近熟林、中龄林、幼龄林，其中过熟林、成熟林、近熟林均为负。

随着林分的生长变化，过熟林、成熟林生长趋于平缓，碳汇功能将减弱，而幼龄林、中龄林生长趋势变强，碳汇功能将增加。因此，目前碳储量主要储存虽然在过熟林、成熟林、近熟林中，但随着时间变化，幼龄林、中龄林在增长幅度上要大于成熟林等，成熟林、近熟林、过熟林的碳密度有所降低，这可能与森林的砍伐或者自然灾害等因素造成的。对这类情况，一是继续实施天然林保护工程以稳定该类型的碳储量；二是合理采伐成熟林、过熟林，采伐迹地及时更新造林，为森林碳汇提供新的发展空间。三是在造林树种的选择上多选择高碳储存量树种，同时加强森林抚育，如对低产、低效林进行林分改造，提高森林碳汇功能。随着森林生长，现有人工林经营与管理水平提高，森林碳汇的功能也会增强。

综上，乔木林作为森林生态系统中的重要组成部分，其碳储量大小在森林碳储量中占主体地位。四川乔木林总面积、蓄积量和碳储量都有不同程度的增长，各个龄级的增长幅度有所不同，林龄结构被认为是森林结构与功能的主要驱动因子，林龄与乔木林生物量、碳储量、碳密度具有密切的关系，森林的碳动态在很大程度上取决于其龄级的变化，而森林的平均林龄是碳积累速率的一个重要驱动因子。

许多学者的研究结果表明，森林生态系统碳储量随着林龄的增长而增长，老龄林拥有着更多的碳蓄积量，而幼龄林拥有较高的碳吸收速率和较少的碳蓄积量。成熟林和老龄林仍然能发挥巨大的碳汇作用，一定时期内森林碳储量的增加（森林碳汇）是森林面积扩张和森林生长共同作用的结果。

参考文献

[1] 李奇. 2010—2050 年中国乔木林碳储量与固碳能力[D]. 北京：中国林业科学研究院，2016.

[2] 燕腾，彭一航，王效科. 西南 5 省市区森林植被碳储量及碳密度估算[J]. 西北林学院报，2016，31（4）：39-43.

[3] 骆宗诗，文吉富，王国良. 四川森林碳贮量及其空间分析[J]. 四川林业科技，2009，30（2）：13-18.

[4] 黄从德，张健，杨万勤. 四川省及重庆地区森林植被碳储量动态[J]. 生态学报，2008，28（3）：966-975.

[5] 张蕊，申贵仓，张旭东. 四川长宁毛竹林碳储量与碳汇能力估测[J]. 生态学报，2014，34（13）：3592-3601.

[6] 石洪华，王晓丽，王媛. 北长山岛森林乔木层碳储量及其影响因子[J]. 生态学吧，2013，33（19）：6363-6372.

[7] 赵牧秋，史云峰. 三亚地区芒果园生态系统碳储量及其分布特征[J]. 安徽农业科学，2014，42（4）：1088-1090，1100.

[8] 李海奎，雷渊才，曾伟生. 基于森林清查资料的中国森林植被碳储量[J]. 林业科学，2011，47（7）：7-12.

[9] 裴艳辉，李江. 云南省森林植被碳储量及其近 10 年动态变化[J]. 中国水土保持学报，2012，10（3）：93-98.

[10] 丁圣彦，梁国富. 近 20 年来洛宁县森林植被碳储量及动态变化[J]. 资源科学，2004，26（3）：105-108.

[11] 魏文俊，王兵，李少宁. 江西省森林植被乔木层碳储量与碳密度研究[J]. 林业科学，2007，29（5）：767-772.

[12] 王兵，魏文俊. 江西省森林碳储量与碳密度研究[J]. 江西科学，2007，25（6）：681-687.

[13] 彭舜磊，刘丹丹，陈昌东. 平顶山市森林植被碳储量及碳密度的变化特征[J]. 贵州农业科学，2015，43（9）：223-225.

[14] 王艳芳，刘领，李志超. 豫西黄土丘陵区洛阳市森林植被碳储量和碳密度研究[J]. 草业学报，2015，24（10）：1-11.

[15] 光增云. 河南森林植被的碳储量研究[J]. 地域研究与开发，2007，26（1）：76-79.

[16] 张继平，张林波，刘春兰．井冈山中亚热带森林植被碳储量及固碳潜力估算[J]. 生态环境学报，2016，25（1）：9-14.

[17] 刘艳，孙向阳，范俊岗．辽宁省森林植被碳储量及其动态变化[J]. 生态环境学报，2015，24（2）：211-216.

[18] 贾松伟．河南省乔木林碳储量动态变化及其碳汇经济价值估算[J]. 河南农业科学，2014，43（5）：149-153.

[19] 王璩睿，仵宏基，孙听．广东省森林碳储量与动态变化[J]. 东北林业大学学报，2016，44（1）：18-22.

四川省气候投融资初探

马玉洁　刘偲偲[①]

【摘　要】随着应对气候变化成为全球共识，以及我国“二氧化碳排放力争于 2030 年前达到峰值，努力争取 2060 年前实现碳中和”新目标和新愿景的提出，控制温室气体排放、助推城市碳排放达峰已刻不容缓，同时资本缺口大、融资渠道窄等问题日益凸显。本文系统分析了气候金融及相关概念的基本定义、发展历程，列举了气候投融资领域主要金融工具及国内外实践案例，对四川推动气候投融资工作提出以下四点建议：加快构建气候投融资政策体系；推动建立气候投融资项目库，助力实现四川碳排放达峰目标；加强气候投融资队伍建设及学术交流；不断深化气候投融资的国际合作。

【关键词】气候变化；气候资金；绿色金融；碳金融；碳排放峰值

一、发展气候投融资的紧迫性

（一）气候变化风险日益凸显

气候变化是当今人类社会共同面临的重大挑战。世界气象组织（WMO）5 月发布的“全球季节性气候最新信息”显示，2020 年 4 月与 2016 年 4 月并列为有记录以来最热的 4 月。欧盟哥白尼气候变化服务机构（C3S）发布数据显示，2020 年 5 月是有史以来最热的 5 月，未来这种气候变化趋势仍将持续。截至 5 月 27 日，中国国家气候中心监测表明，中国平均气温较常年同期偏高 1.1 °C，与 2000 年和 2012 年并列为 1961 年以来历史同期第二高。国家气候中心巢清尘表示：“强化气候变化风险早期预警，进行源头治理，以及无废社会建设是实现绿色高质量发展的重要抓手，是引领全球环境治理，共建人类命运共同体的重要平台。”应对气候变化已成为全球共识，世界各国为减少温室气体排放、应对气候变化展开广泛的交流与合作，制定了一系列与控排有关的国际协议。《巴黎协定》第二条提到“使资金流动符合温室气体低排放和气候适应型发展的路径”。中国高度重视可持续发展与气候变化问题，并在国内绿色金融领域采取系列举措，帮助资金在气候融资生命周期的各个环节中顺畅流动，从而最终扩大气候资金流的规模，为中国应对气候变化提供保障。

---

① 马玉洁，四川省环境政策研究与规划院工程师，主要从事应对气候变化、生态补偿、碳排放权排污权交易、气候投融资、温室气体排放清单研究；刘偲偲，四川省环境政策研究与规划院助理工程师，主要从事区域低碳发展、应对气候变化与环境治理协同政策研究。

（二）城市碳排放达峰刻不容缓

2015 年 6 月，我国已向联合国气候变化框架公约秘书处提交《强化应对气候变化行动——中国国家自主贡献》文件，提出 2030 年前后二氧化碳排放达到峰值并争取尽早达峰的目标，强调要创新低碳发展模式，深化低碳省区和低碳城市试点工作等，加大资金和政策支持，探索政府和社会资本合作等低碳投融资新机制。低碳试点是我国推动地方落实低碳发展的重要路径，国家发改委分别于 2010 年、2012 年和 2017 年批复三批共 6 个省和 81 个城市试点，要求各试点地区编制低碳发展规划，探索适合本地区的低碳绿色发展模式和发展路径，加快建立以低碳为特征的工业、能源、建筑、交通等产业体系和低碳生活方式。而气候资金缺口较大是阻碍地方尽快达峰的最重要因素之一[2]。2020 年 9 月 22 日，国家主席习近平郑重宣布，中国将提高国家自主贡献力度，采取更加有力的政策和措施，二氧化碳排放力争于 2030 年前达到峰值，努力争取 2060 年前实现碳中和，这一重要宣示为我国应对气候变化、绿色低碳发展提供了方向指引、擘画了宏伟蓝图。生态环境部应对气候变化司司长李高 10 月 28 日在生态环境部举行的例行新闻发布会上表示，“十四五”“十五五”期间，中国将开展二氧化碳排放达峰行动，明确地方、行业的达峰目标和行动方案，鼓励相关部门制定达峰专项行动方案，同时，达峰行动有关工作将纳入中央生态环境保护督察，并对各地方达峰行动的进展情况开展考核评估。

（三）资金缺口大、融资渠道窄

气候资金缺口较大是阻碍地方尽快达峰的最重要因素之一。从投融资规模来看，据 2019 年国家气候战略中心估算，2016—2030 年平均每年约有 3.7 万亿元的资金需求，而年均资金缺口达 1.3 万亿元，提高气候资金投入和撬动气候投融资的需求迫切。《绿色金融与低碳城市投融资》报告预计，2016—2020 年中国低碳城市建设所需总投资达 6.6 万亿元；据中国金融学会绿色金融专业委员会马骏（2016）分析，政府财政仅能提供绿色投资需求的 10% ~ 15%，因此，可以预计期间低碳城市建设资金缺口为 5.6 万亿元 ~ 5.9 万亿元。中央财经大学气候与能源金融研究中心已联合相关机构开发气候融资需求分析模型，得出实现 2030 年达峰的三个阶段，2020 年前、2020—2030 年、2030—2050 年，其中 2020—2030 年均需投入约 2.5 万亿元，到 2030 年资金需求为 2.52 万亿元，相当于 GDP 的 1.8%；2030 年之后受益于早期持续投资的长期收益，资金需求将快速下降，预计到 2050 年降低至 1.5 万亿元。当前正处于扩大并维持投资规模阶段，亟须大量气候资金。从投融资渠道来看，除了 CDM 项目的国家收入和可再生能源电价附加外，我国的公共财政没有直接与气候变化相关的资金收入，导致用于气候变化领域的财政资金难以获得可持续增长。必须撬动私人资本，增加气候市场资金流入，填补巨大资金缺口。

二、气候投融资发展历程

（一）气候投融资内涵界定

绿色金融与环境金融、气候金融、气候投融资等概念密切关联、互相重合又有所区别。

可持续发展是绿色金融的目标，金融市场是手段，绿色经济是保障。相关标准和操作指引是绿色金融发展理念在实践中的具体表现。

1. 绿色金融与可持续金融

2016年中国人民银行、财政部等七部委联合印发的《关于构建绿色金融体系的指导意见》将绿色金融定义为，支持环境改善、应对气候变化和资源节约高效利用的经济活动，即对环保、节能、清洁能源、绿色交通、绿色建筑等领域的项目投融资、项目运营、风险管理等所提供的金融服务。绿色金融体系是指通过绿色信贷、绿色债券、绿色股票指数和相关产品、绿色发展基金、绿色保险、碳金融等金融工具及相关政策支持经济向绿色化转型的制度安排。据兴业研究《绿色金融报告》，绿色金融是指金融部门将环境保护与资源节约作为目标，在相关政策配合下，将环境影响的潜在的回报、风险和成本作为重要的因素纳入投资决策和日常业务中，以此引导社会经济资源向保护环境、促进可持续发展的领域集聚的一种创新性的金融模式。

可持续发展作为国家战略，其内涵为“在满足当代人需求的同时，又不损害后代人满足其需求的能力的发展”。可持续金融（即ESG投资），一般是指环境社会友好的投资，或者剔除污染环境、危害社会的投资，属于一种关注企业环境、社会、治理绩效的投资理念和企业评价标准。它包括信息披露、评估评级和投资指引三个方面，是社会责任投资的基础，是绿色金融体系的重要组成部分。

2. 碳金融

碳金融是指以碳排放权为标的物进行交易的金融活动。良好运转的碳金融体系能够促进温室气体减排，帮助绿色低碳企业获得经济收益、高排放企业节约成本，同时为参与碳市场的各方主体提供多种金融服务。开展碳期货、碳远期等衍生品交易，可以增强碳资产的流动性，促进碳资产的价格发现，同时拓展市场参与方的风险管理手段。此外，市场参与方可通过碳质押、碳回购、碳托管等融资方式，拓展融资渠道，增强融资能力，建立以降低温室气体排放、推进应对气候变化为主要目标的碳基金，整合多元化资金渠道，发现并鼓励各领域温室气体减排项目，推动绿色低碳发展。碳金融体系的交易主体主要包括控排企业、减排信用开发企业、投资机构、个人等，政府相关主管部门负责组织、管理、监督，交易所、第三方核查机构等为交易体系提供平台或相关服务。

3. 气候金融

《联合国气候变化框架公约》（UNFCCC）将气候金融定义为，来自公共、私人或其他来源的支持缓解和适应气候变化行动的地方、国家或跨国资金。其确切定义仍然处于讨论、探索和演变之中。气候金融不仅支持碳金融不涉足的适应领域，还可以开发出一些尚未在碳金融领域运用的混合金融工具，实现更高层次的减缓，促使发展中国家在减缓和适应两个方面均获得稳定而增长的资金支持。气候融资（Climate Financing）的概念在国际上提及较多，是从联合国气候变化大会关于资金机制的谈判衍生而来的。

4. 气候投融资

近年来，生态环境部应对气候变化司牵头，在原有“气候融资”概念的基础上，提出了

“气候投融资”的概念，注重应对气候变化的投资和融资活动，并积极组织关于气候投融资的指引政策研究工作，致力于推动包括气候投融资标准、气候投融资工具、气候投融资的地方实践以及国际合作等方面的气候投融资体系建设。气候投融资在积极应对气候变化和推动低碳转型发展方面发挥着关键作用，也为生态文明建设提供了重要支撑。2020 年 10 月 20 日，生态环境部、国家发展和改革委员会、中国人民银行、中国银行保险监督管理委员会和中国证券监督管理委员会联合发布《关于促进应对气候变化投融资的指导意见》（环气候〔2020〕57 号），该文件首次明确了气候投融资的定义，指出气候投融资是为实现国家自主贡献目标和低碳发展目标，引导和促进更多资金投向应对气候变化领域的投资和融资活动，是绿色金融的重要组成部分。此前，由于缺乏统一的定义，阻碍了金融资源在气候投融资项目中的配置，也给风险管理、企业沟通和政策设计带来不便。这一定义明确地将气候投融资从绿色金融中剥离出来，聚焦在应对气候变化方面，既阐明了与绿色金融的密切关系，也凸显了其气候属性。同时，这一定义也有别于国际上对气候投融资的理解，即发达国家和发展中国家为减缓和适应项目所投入的成本，更符合我国气候投融资以气候目标为导向、兼顾投资和融资的实际情况。

（二）气候投融资发展历程

从《联合国气候变化框架公约》开始，强调需要足够的资金开展应对气候变化工作，并强调发达国家对发展中国家的资金支持，之后重要年份的缔约方大会均会包含资金机制议题的讨论（见表 1）。不断强化对资金机制方面的推动，直到卡托维兹会议，世界银行宣布 2021—2025 年计划投资 2 000 亿美元支持全球气候行动。最近的一次马德里会议，中方也积极敦促发达国家以透明、可预见、基于公共资金的方式，向发展中国家提供充足、持续、及时的支持，包括兑现到 2020 年每年向发展中国家提供 1 000 亿美元的气候资金承诺。

我国早在 2010 年就开展了绿色金融等相关工作，国务院批准，财政部、国家发改委、外交部、科学技术部、环境保护部、农业部、气象局联合颁布了《中国清洁发展机制基金管理办法》，设立了专门用于支持国家应对气候变化工作的清洁发展机制基金，基金资金来源包括通过清洁发展机制项目国家收入、基金运营收入、国内外机构组织和个人捐赠以及其他来源。之后随着工作不断开展，相继颁布了有关规划和方案（见表 2）。

2020 年 7 月 16 日，Principles for Responsible Investment（PRI）与气候投融资专业委员会（CIFA）共同主办了“投资者和企业的气候承诺在线研讨会”。会上指出，首先中国在气候投融资领域的体制机制日趋完善，中国人民银行、银保监会、财政部、生态环境部、国家发改委等相关部门的推动下，为中国金融系统、金融政策应对气候变化，包括实现国家的目标和中长期的低碳发展战略目标形成政策合力和系统响应创造了良好基础条件；其次政策合力已初步凝聚，通过与金融监管部门、财政主管部门、投资主管部门的密切沟通和联系，在动员经济政策、金融政策、投资政策、财政政策，更好地为气候变化工作服务，更好地在这一系列政策的制定、出台、研究的过程中融入气候投融资的因素，积极推动相关政策的研究与出台，加强应对气候变化的政策与相关各个领域政策的协同发展；最后是专业平台成功搭建，生态环境部、中国人民银行、银保监会、国家发改委、财政部已推动成立中国气候投融资的专业委员会。通过专门的机构进一步打造促进产融对接的气候投融资学术交流平台，为推动气候投融资工作提供有力的支撑。

表 1　联合国气候变化大会中涉及气候资金相关内容

成果	会议名称	地点	相关内容
《联合国气候变化框架公约》	联合国环境与发展大会	巴西里约热内卢	附件Ⅱ缔约方承担为发展中国家提供资金、技术援助等的义务，还应帮助特别易受气候变化不利影响的发展中国家缔约方支付适应这些不利影响的费用
《京都议定书》	第三次缔约方大会	日本京都	建立了三种灵活履约合作机制，这些机制允许发达国家通过碳交易市场等灵活完成减排任务，而发展中国家可以从发达国家获得相关技术和资金支持，合作实现减排目标
《巴厘路线图》	第十三次缔约方大会	印尼巴厘岛	资金机制成为本次谈判的重要议题之一
《哥本哈根协议》	第十五次缔约方大会	丹麦哥本哈根	明确了量化的和可预期的资金机制。 1. 发达国家须向发展中国家提供“更多的、新的、额外的以及可预测的和充足的”资金； 2. 承诺在2010—2012年间提供300亿美元“新的额外的资金”，到2020年每年向发展中国家提供1 000亿美元； 3.《协议》规定建立具有发达国家和发展中国家公平代表性管理机构的多边资金，并通过建立“绿色气候基金”（Green Climate Fund）来发放； 4.《协议》决定建立一个高水准的工作小组来研究潜在资金资源的贡献度
《坎昆会议》	第十六次缔约方大会	墨西哥坎昆	提出建立绿色气候基金（Green Climate Fund，GCF）作为“公约第 11 条”融资机制的运营实体（Decision 1/CP.16）。该基金由GCF董事会管理，委托世界银行担任基金临时受托人，将支持发展中国家缔约方的项目、规划、政策等应对气候变化活动
《德班会议》	第十七次缔约方大会	南非德班	批准了绿色气候基金治理工具，指出绿色气候基金是UNFCCC公约机制下一个具有法人地位的独立运营实体，并确定了基金的管理框架和运作模式，绿色气候基金得以正式启动
《多哈会议》	第十八次缔约方大会	卡塔尔多哈	进一步明确了绿色气候基金（GCF）作为 UNFCCC 下最主要的融资机制，并将秘书处设于韩国。GCF将为公约缔约方所有发展中国家提供资金支持，包括减缓、适应和REDD＋（减少来自伐林和林地退化的碳排放）、技术发展和转让（包括碳捕捉与封存技术）、能力建设和发展中国家的国家报告的制定。除了提供以项目为基础的支持，基金还支持发展中国家与气候变化战略和计划相一致的方案实施。 GCF设立“私人部门基金”（Private Sector Facility），使其可以在国际、国家和地区范围内为私人部门的减缓和适应活动直接或间接融资，并带动发展中国家私人部门的参与，特别是地方机构，如中小型企业和地方金融中介机构；该私人部门基金还将支持私人部门投资小岛国和最不发达国家的活动
《巴黎协定》	第二十一次缔约方大会	法国巴黎	“使资金流动符合温室气体排放和气候适应型发展的路径”成为与减缓和适应目标并列的《巴黎协定》三大目标之一。所有国家都要考虑应对气候变化的资金流动，将资金支持的提供主体扩展到了所有发达国家，而不仅仅是《公约》附件Ⅰ所列的发达国家；规定鼓励其他缔约方自愿或继续向发展中国家提供资金支持
《卡托维兹会议》	第二十四次缔约方大会	波兰卡托维兹	世界银行宣布2021—2025年计划投资2 000亿美元支持全球气候行动

表 2　气候投融资国内政策文件

时间	批准部门	文件名称	主要内容
2010 年 9 月	国务院批准，财政部、国家发改委、外交部、科学技术部、环境保护部、农业部、气象局	联合颁布《中国清洁发展机制基金管理办法》	设立了专门用于支持国家应对气候变化工作的清洁发展机制基金，基金资金来源包括通过清洁发展机制项目国家收入、基金运营收入、国内外机构组织和个人捐赠以及其他来源
2014 年 9 月	国家发展和改革委员会	《国家应对气候变化规划（2014—2020 年）》（发改气候（2014）2347 号）	完善投资政策，强化金融支持，发展多元投资机构，研究建立支持低碳发展的政策性投融资机构，积极发挥中国清洁发展机制基金和各类股权投资基金在低碳发展中的作用。引导银行业金融机构建立和完善绿色信贷机制，鼓励金融机构创新金融产品和服务方式，拓宽融资渠道，积极为符合条件的低碳项目提供融资支持。提高抵抗气候变化风险的能力。根据碳市场发展情况，研究碳金融发展模式。引导外资进入国内碳市场开展交易活动
2015 年 9 月	国务院印发	《生态文明体制改革总体方案》	方案首次明确提出建立我国绿色金融体系战略及顶层设计，从绿色信贷、绿色股票指数、绿色债券、绿色发展基金、上市公司环保信息强制性机制、担保机制、环境污染强制责任保险、绿色评级、环境影响评估、国际合作等方面具体提出了构建绿色金融体系。以此为标志，我国把建立绿色金融体系上升到了国家战略层面
2016 年 8 月	中国人民银行、财政部、国家发改委、环境保护部、银监会、证监会、保监会	《关于构建绿色金融体系的指导意见》（银发（2016）228 号）	对中国建设绿色金融体系做了总体部署，首次给出绿色金融的“中国官方定义”。指出了构建绿色金融体系的重要意义，并提出从大力发展绿色信贷、推动证券市场支持绿色投资、设立绿色发展基金、发展绿色保险、发展碳金融、完善环境权益交易市场、支持地方发展绿色金融、推动开展绿色金融国际合作等方面建立多层次的绿色金融市场体系
2016 年 11 月	国务院印发	《“十三五”控制温室气体排放工作方案》	着重提出了“出台综合配套政策，完善气候投融资机制，更好发挥中国清洁发展机制基金作用，积极运用政府和社会资本合作（PPP）模式及绿色债券等手段，支持应对气候变化和低碳发展工作”，同时提出要“以投资政策引导、强化金融支持为重点，推动开展气候投融资试点工作”
2020 年 10 月	生态环境部、国家发改委、中国人民银行、银保监会、证监会	《关于促进应对气候变化投融资的指导意见》	国内气候投融资领域的首份纲领性政策文件。首次明确了气候投融资的定义，并提出要大力推进应对气候变化投融资（简称气候投融资）发展，引导和撬动更多社会资金进入应对气候变化领域，进一步激发潜力、开拓市场，推动形成减缓和适应气候变化的能源结构、产业结构、生产方式和生活方式

三、主要气候投融资工具

斯特恩（Stern）在2007年对气候变化的经济学意义进行了解读，“温室气体（GHG）排放具有外部性影响，是全世界最大的市场失灵现象”。对金融部门而言，气候变化是可以发挥作用、做出贡献的领域。绿色金融可以帮助有效应对气候变化问题。金融机构可发挥的作用具体如下：有效识别气候变化相关的风险；进一步统一制定绿色金融工具的标签，促进私营部门对气候变化相关新技术的投资力度；加快对新技术的研发力度；开创新的经济周期；重视国际合作。

（一）国际气候资金

目前国际上在推动气候投融资方面已取得一定进展，主要体现为发达国家支持发展中国家气候投融资的安排机制，国际气候投融资的证券工具、信贷工具和保险工具等方面的快速发展。

国际气候资金的来源主要分为公共和私人两种渠道。其中，公共渠道资金包括直接的财政拨款、国际碳市场收入、公共金融资金等；私人渠道资金来源于国际资本市场、国际碳金融市场、外商直接投资和慈善机构等。

（二）国内气候资金

中国气候资金来源主要可分为公共资金（包括发达国家公共资金和国内公共资金）、国际和国内碳市场、慈善事业和非政府机构、传统金融市场（包括国际金融市场和国内金融市场），以及企业直接投资（包括国内企业直接投资和外商直接投资）等五个部分。

主要融资工具主要包括财政资金、气候债券、信贷及衍生融资工具、股权融资工具、保险工具及碳金融工具。① 财政资金。财政资金支持应对气候变化常用工具有增款、补贴、奖励，税收优惠，优惠贷款和贴息，股权投资，公共资金支持担保及其他风险缓释工具。② 气候债券。包含国家债券、市政债券和企业债券。其中，企业（公司）债券因发债成本较高，一般适用于成熟度较高领域，以及上市公司或具有规模的企业。③ 信贷及衍生节能减排融资工具。目前主要是国际机构中间信贷，包括四种主导类型的业务和多种融资模式结合使用。按用途划分可分为两类：一是用于CDM项目的，包括碳资产质押授信业务和国际碳保理业务；二是用于技术成熟的节能减排项目、EMC项目、大规模项目的，分别有节能减排固定和流动资产贷款、合同能源管理融资业务、多种融资模式结合等工具。④ 股权融资工具。大致分为两类：一是创业投资和低碳私募股权投资；二是上市融资，分别适用于非成熟阶段的企业和成熟企业。⑤ 保险工具。适应领域包括农业保险、天气指数保险、巨灾保险（财产/人身），减缓领域主要有清洁技术保险等。⑥ 碳金融工具。主要指碳排放权交易等原生碳金融工具。

四、气候投融资实践案例

（一）国外案例

英国绿色投资集团（GIG），由英国政府于 2012 年发起成立，是世界上第一个专门的绿色投资机构，作为清洁能源基础设施的先驱投资者，GIG 立足于全球向绿色经济过度的最前沿。GIG 强调绿色和有赢利两个基本特征，业务领域主要包含海上风电、能效产业、废物处理和生物能源、在岸可再生能源等。有以下四点经验可供借鉴。

第一，强调项目选择标准的绿色性。基于四个核心领域和基础设施开展业务，绿色性必须体现五大绿色目标之一，包括减少温室气体排放、提高自然资源使用效率、保护或改善自然环境、保护或改善生物多样化，以及促进环境的可持续性。

第二，强调实现商业的可持续性。随着技术的发展，越来越多的投资者对低碳资产表现出兴趣，并且更愿意在建设阶段进行投资。据此，GIG 提前进入项目生命周期，在全球范围内投资开发项目、平台和业务。通过帮助构建内部研发能力并为合作伙伴提供服务支持，GIG 为后续投资者提供可持续品质投资机会。同时，随着可再生能源成本日益下降，许多政府不再想通过传统补贴方式维持发展。鉴于对补贴依赖程度不高的项目投资不断增长，为了吸引长期资本，绿色投资集团努力挖掘有价值的融资经验，并投资购电协议管理能力建设，为这类资产提供商业基础。

第三，强调建立现代金融企业制度和最高标准的公司治理结构。建立了董事会并下设 8 个专门委员会，各司其职。强化透明度和信息披露，对外公开发布绿色影响报告标准、迟到原则报告标准、绿色投资政策和责任投资政策等一系列政策。针对不同的金融风险实施分类管理，旗下的金融服务有限公司由金融行为监管局授权经营并受其监管。

第四，强调专业化和人才战略。重视专家队伍建设，专家队伍由投资专家、资产管理人及支持控制人员三类员工组成，组建了投资银行、资本市场和投资战略三个投资专家团队，资产管理人主要包括行业投资专家和金融产品专家。

（二）国内案例

1. 兴业银行

作为我国首家赤道银行和绿色金融的先行者，兴业银行不断完善绿色金融的组织架构和体制机制，着力将绿色金融开展主体从银行扩展至旗下各子公司，并已形成门类齐全、品种丰富，涵盖绿色信贷、绿色租赁、绿色信托、绿色基金、绿色投资和绿色消费等在内的绿色金融集团产品服务体系，致力于“打造一流的绿色金融综合服务提供商、全市场领先的绿色金融集团”，多年来创新层出不穷，如全国首笔落地的排污权抵押贷款、首笔碳资产质押贷款、首张以低碳为主题的信用卡、首笔绿色信贷资产支持证券、手指绿色金融债、首期兴业绿色景气指数（GPI）。

2. 浙江省绿色金融改革试验区

谋划顶层设计，构建绿色企业（项目）识别体系。制定《湖州市绿色项目认定评价方法》《衢州市绿色企业评价方法》《衢州市绿色项目评价方法》《湖州市绿色企业认定评价方法》

《信贷政策支持类再贷款支持绿色信贷管理办法》《银行业金融机构绿色贷款业绩评估实施方案》《衢州市绿色金融发展“十三五”规划》《关于推进绿色金融改革创新试验区建设的实施意见》《关于加快推进国家绿色金融改革试验区建设的若干政策意见》。

打造“绿贷通”在线融资服务平台。通过整合浙江省公共数据管理中心、湖州市大数据管理中心及第三方相关数据，汇总湖州市 35 家银行机构的绿色信贷产品信息，以及相关部门和金融机构的服务资源而建立。

政银企合理构建风险防控体系。江山农商银行科技支行为科润电力等三家企业发放专利权质押贷款各 200 万元，江山市财政统筹安排 1 000 万元科技型企业专利权质押贷款绿色担保基金（由中小企业贷款担保基金管理中心运作）助力企业发展，开辟了政银企三方合作、风险共担新局面。

绿色金融支持传统产业转型升级的巨化模式。巨化集团有限公司是全国最大的氟化工先进制造业基地和浙江省最大的化工基地。衢州市绿色金融持续支持巨化集团，四大国有商业银行向巨化集团发放贷款，各金融机构通过协助配合企业上市、发行公司债、发行企业债、定向增发、产业投资基金、专项建设基金、PPP 项目融资等帮助巨化集团筹措资金。通过开展生态化循环经济改造，形成了以化工新材料为核心的高端制造业产业结构。2 个 HFC-23 分解 CDM 项目被列为 UNFCCC 执行理事会项目，累计减排 6 619 万吨二氧化碳，产生项目收益 34 亿元。

3. 四川省绿色金融试点地区

作为全省 5 个率先开展绿色金融创新试点地区之一，在金融机构的大力支持下，雅安正演绎一场绿色蜕变。在绿色金融创新试点建设上，环环相扣、相互联系，绿色金融试点已成为推进雅安金融改革的“先手棋”和经济转型升级的“强引擎”。截至 2019 年末，全市可再生能源及清洁能源项目的贷款余额 197.03 亿元，绿色贷款余额 209.12 亿元，绿色贷款占比位居全省前列，形成绿色金融发展的雅安品牌、雅安模式。全市金融机构紧跟雅安发展方向，大力支持川西大数据产业园建设，农业发展银行雅安市分行审批贷款 4 亿元，用于支持川西大数据产业园（一期）工程建设。后期还将根据工程建设需求，进一步加大对大数据产业园建设的绿色信贷支持。

探索——政策先行指路护航。形成“政府主导、人行主推、部门协同、合力推动”的绿色金融创新试点工作机制。相继制定发布《雅安市推进绿色金融发展实施意见》《关于积极开展雅安市绿色金融创新试点工作的通知》《雅安市贯彻落实推进“5 + 1”绿色产业金融体系建设的实施方案》等系列政策文件，编印《雅安市绿色金融创新试点工作文件汇编》，为做好绿色金融创新试点工作提供政策依据和工作指引。建立绿色金融企业库和项目库，以便各金融机构精准对接、重点支持全市绿色发展项目，并动态调整、定期发布，有效提升金融机构对接全市绿色项目的精准性和及时性。

实践——金融赋能经济发展。雨城区生活垃圾焚烧项目总投资约 5.5 亿元，项目建成后年处理生活垃圾约 29 万吨，每年可输绿色电力约 7 500 万度。为支持该项目建设，中国工商银行雅安市分行向该项目批复 2.27 亿元项目贷款，截至 2020 年 3 月末，已投放资金 1.84 亿元。天全县国家战略储备林项目估算总投资超 2.5 亿元，项目总面积 1.8 万亩，涉及 1 000 多户群众，建成后将直接带动周边群众就业，以及旅游等相关产业发展。在中国人民银行雅安市中心支行的指导下，农发行雅安分行通过长期政策性贷款资金积极支持项目建设，至2020年3月末，已审批贷款1.875亿元，实际提款785.9万元。雅安农信系统创新推出茶家乐贷、农家乐贷、茶旅融合贷等绿色发展信贷产品，营造绿色经济可持续发展环境。截至2019年末，全市农信系统发放绿色农业开发贷款1.33亿元。邮政储蓄银行雅安分行通过节能环保贷，支持污水处理及再生利用、固体废物处理、再生物资回收与批发、节能产业等节能环保行业发展，共发放节能环保贷3 219万元。此外，其他国有商业银行雅安分行水电贷款均超过其贷款总额的50%以上，能够有效促进全市清洁能源项目发展。

创新——多维发力夯实根基。人行雅安中支积极指导地方法人金融机构，将定向降准释放资金优先支持绿色企业和绿色项目，创新建立“再贷款＋绿色产业＋绿色企业”货币政策工具使用新模式，充分运用支农、支小再贷款引导地方法人金融机构加大绿色信贷投放，降低绿色企业融资成本。截至2019年末，降准释放资金用于支持绿色企业和绿色项目4.39亿元，支农、支小再贷款余额2.87亿元、5.75亿元，贷款加权平均利率下降1.43个百分点。雅安保险机构主动融入环境安全全流程管理，闭环联动，帮助企业进一步降低环境污染风险。太平洋财险、中华财险等8家保险机构在辖内创新推出环境责任保险，从2019年至今，共承保20件，保费收入34.78万元，承担保险保障2 834万元。为推动生态雅安的建设，雅安保险机构还创新开发出针对雅茶、中药材、火龙果、牦牛、育肥猪、猕猴桃、樱桃等多个涉农保险。截至2019年末，参保各项农业保险农户2.44万户、保险金额4 738.87万元。

五、促进气候投融资对策

应对气候变化、推进低碳发展，加快气候投融资体系建设具有重要的现实意义。当前形势下，亟须扩大投融资规模，建立健全投融资体系，创新投融资机制，盘活市场，灵活运用金融工具，提高地方应对气候变化工作能力，增强试点区域信心和决心，四川可以从以下几个方面推动气候投融资工作。

（一）加快构建气候投融资的政策体系

围绕持续积极应对气候变化的国家战略，落实气候变化低碳发展目标，要坚持减缓和适应并重，充分考虑绿色低碳发展的大趋势，强化环境经济政策的引导，加强财政、税收、金融、政策的支持和各类政策的协同，组织、研究和发布气候投融资重点支持项目的目录、技术目标、投融资指引等系列工作。在目前四川省绿色金融开展形势较好的趋势和基础下，生态环境部门需要联合四川省联合环境交易所，并联合人民银行、银保监会、财政部门、发改委等相关部门，制定积极的气候投融资推进政策、法规、标准和制度等。

（二）推动建立气候投融资项目库，助力实现四川碳排放达峰目标

根据中国提出的自主贡献目标，四川省已明确于2030年前实现二氧化碳达峰，并且争取尽早达峰的目标。研究探索建立地区气候投融资项目库，作为气候投融资重要抓手，鼓励和支持重点区域和重点行业开展气候投融资的相关工作，联合相关部门单位，推动金融机构积

极地与地方和行业进行合作，支持碳排放达峰项目的实施。会同相关部门以应对气候变化为投资导向，以科技创新和科技进步为支持重点，以气候效益为评价指标，以精品项目示范为推进的方式，开展与气候投融资相关的产品研究、试点工作，积极创新。

（三）加强气候投融资队伍建设及学术交流

支持省内相关金融机构和科研院所等围绕气候投融资工作，进一步夯实自身的队伍建设，进一步吸引更多的专家参与到气候投融资工作中。积极参加中国环境科学学会气候投融资专业委员会与爱丁堡大学商学院、伦敦大学巴特莱建筑与项目管理学院、北京理工大学管理与经济学院、中国科学院科技战略咨询研究院联合境内外 20 余所知名院校、12 家权威期刊共同举办 2020 气候投融资全球征文活动，打造四川气候投融资试点示范，并加强国内外学术研究和交流，进一步推进工作的快速开展。

（四）不断深化气候投融资的国际合作

加强气候投融资与国内经济发展的协同增效，推动并助力国内经济高质量发展，服务实体经济，尤其是疫情以后，在全国复工复产、高质量复苏的前提下，发挥助推剂的作用，真正地把一些气候友好型的项目、低碳产业培育好、发展好，并进一步深化合作。推动构建多元化的气候投融资体系结构，支持和引导多边金融机构、跨国公司以及其他国际资金参与气候投融资活动。

参考文献

[1] 2012 中国气候融资报告：气候资金流研究[A]. 中央财经大学财经研究院气候与能源金融研究中心，2012.

[2] 钱立华，鲁政委，方琦. 构建气候投融资机制 助推地方碳排放达峰[J]. 环境保护，2019，47（24）：15-19.

[3] 唐人虎，林立身，周洁婷，等. 碳金融在绿色建筑领域的应用现状与前景[J]. 建设科技，2019，379（5）：62-65.

[4] 吴昌华，蔡含多，任姗，等. 气候融资的定义和现状[C]. 中国应对气候变化融资策略，2013.

[5] 创新气候投融资助力开创应对气候变化新局面[J]. 环境保护，2019，47（24）：10.

[6] 路易斯·阿瓦祖·佩雷拉·达席尔瓦. 绿色金融能否应对气候变化？[J]. 金融市场研究，2017（10）：99-104.

[7] 陈诗一. 绿色金融概论[M]. 上海：复旦大学出版社，2019.

第四篇　区 域 篇

川西高原气候变化及对生态环境的影响

周斌　陈超　邓彪　刘佳　李婷婷[①]

【摘　要】川西高原是重要的畜牧业基地和林业基地，更是长江上游重要的生态屏障。1961—2019 年，川西高原年平均气温呈显著升高趋势，升速为每十年 0.23 °C，年降水量呈增加趋势，年平均相对湿度、平均风速、日照时数均呈减小趋势；年积雪日数和平均最大积雪深度呈现先增后减的变化趋势；高温日数显著增多，低温日数显著减少，暴雨日数呈不显著的增多趋势。随着全球气候变化和社会经济发展，川西高原生态环境面临着前所未有的威胁和干扰。1960—2012 年若尔盖水文站年均径流呈下降趋势，秋季减幅最明显；降水量减少是影响径流量下降的主要因子，同时，气候变暖也导致径流量消耗增加；未来 30 年若尔盖生态功能区气温升高、降水量减少，水资源存在进一步短缺的风险。由于气候变暖的驱动作用，1950—2014 年青藏高原 CH_4 排放通量呈显著增加趋势，但由于湿地面积的减少，CH_4 排放总量呈减少趋势，平均气温的升高促进了 CH_4 排放通量的增加；2017—2100 年青藏高原 CH_4 排放通量呈继续增加趋势，气温、降水和 NPP 是导致 CH_4 排放通量增加的主要驱动力。针对以上突出问题，建议积极开展生态环境的有效治理，提高应对气候变化风险的能力；强化保护科技支撑；构建碳汇交易机制。

【关键词】气候变化；水资源；CH_4 排放；措施建议；川西高原

川西高原位于横断山脉东段，地势处于青藏高原与四川盆地之间，包括甘孜藏族自治州和阿坝藏族羌族自治州。区内地形复杂，地势高低悬殊，绝大部分区域海拔在 3 000 米以上，气候立体变化明显，河谷到山脊依次出现亚热带、暖温带、中温带、寒温带、亚寒带、寒带和永冻带。气候总体特征是河谷干暖，山地冷湿，光照丰富，降水量少。区内有中国五大草原之一的若尔盖大草原，面积达 3.56 万平方千米，由草甸草原和沼泽组成，还有面积约 6.7 万平方千米的川西高寒草原，以及 200 万平方千米的森林，是重要的畜牧业基地和林业基地，更是长江上游重要的生态屏障。然而其所处生态环境相对脆弱，加上气候变暖显著和人类活动开发加剧，引发了湿地“三化”现象日趋加重、河流径流量减少和湿地生物多样性下降等一系列生态环境问题。因此，近年来川西高原受到了广泛关注，逐渐成为热门研究区域之一[1-2]。

一、资料来源

观测气象资料为四川省气象探测数据中心收集整理的 156 个气象站点 1961—2019 年的历

① 周斌，四川省气候中心副主任，高级工程师；陈超，中国气象局成都高原气象研究所高级工程师；邓彪，四川省气候中心高级工程师；刘佳，四川省气候中心高级工程师；李婷婷，中国科学院大气物理研究所研究员。

年逐日平均气温、平均最高气温和平均最低气温，降水量、相对湿度、日照时数、风速，以1981—2010年30年的平均值作为基准平均值。年为1~12月，春季为3~5月，夏季为6~8月，秋季为9~11月，冬季为上年12~2月。

选取4个GCM气候模式模拟的未来气候条件作为驱动，模拟CMIP5，RCP2.6，RCP4.5和RCP8.5排放情景下未来青藏高原湿地CH_4排放。本研究选取的4个GCM气候模式，分别来自中国、英国、日本以及德国。由于GCM气候模式的分辨率较为粗糙，本研究采用统计降尺度的方式将气温、降水、云量等气候数据降至 10 km×10 km，用于驱动生态系统模式。

区域地表水资源资料采用了若尔盖地区黑河流域若尔盖水文站 1980—2012 年逐月观测的径流量资料。

二、气候变化观测事实

（一）基本气候要素

1. 平均气温

1961—2019年，川西高原年平均气温呈显著的升高趋势，升速为每十年0.23 °C，自2005年开始连续15年平均气温高于常年值。川西高原四个季节的平均气温均表现为升高趋势，冬季升高速率最快，为每十年0.33 °C；春季升高速率最慢，为每十年0.17 °C。如图1所示。

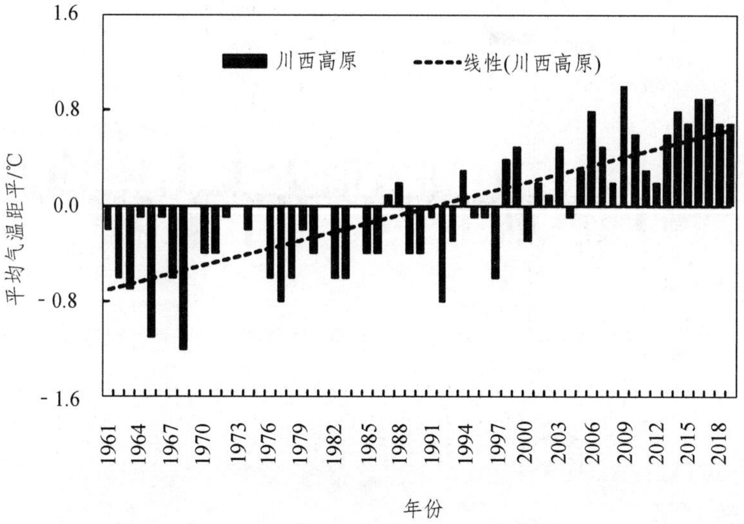

图1 1961—2019年川西高原年平均气温距平变化

2. 降水量

1961—2019年，川西高原年降水量总体呈增加趋势，每十年增加10.4 mm，1987年以前降水量以偏少为主，1987年以后以偏多为主。如图2所示。

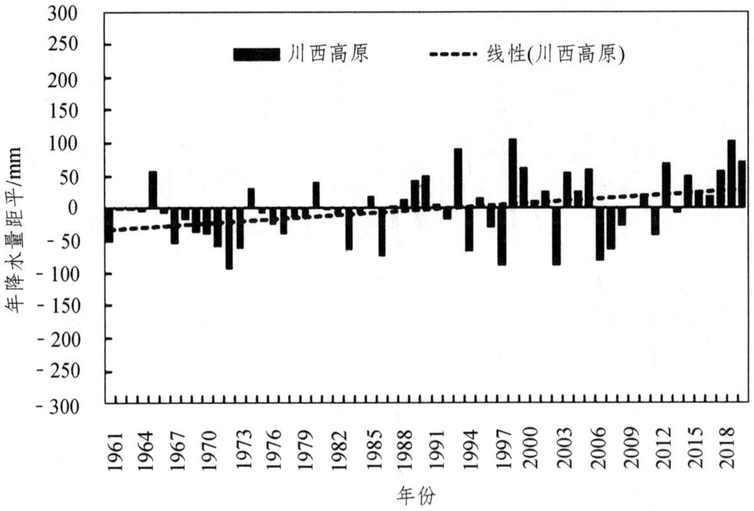

图 2　1961—2019 年川西高原年降水量距平变化

1961—2019 年，川西高原汛期降水量没有明显的线性变化趋势。川西高原 20 世纪 60 年代、20 世纪 80 年代和 21 世纪 10 年代多数年份汛期降水量多于常年，20 世纪 70 年代则多数年份汛期降水量少于常年。如图 3 所示。

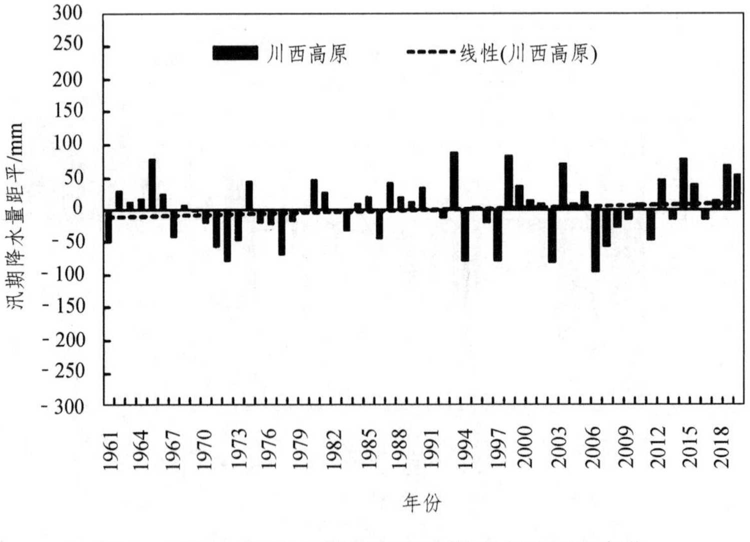

图 3　1961—2018 年川西高原汛期降水量距平变化

3. 相对湿度

1961—2019 年，川西高原年平均相对湿度呈线性减小趋势，每十年减小 0.22%。如图 4 所示。

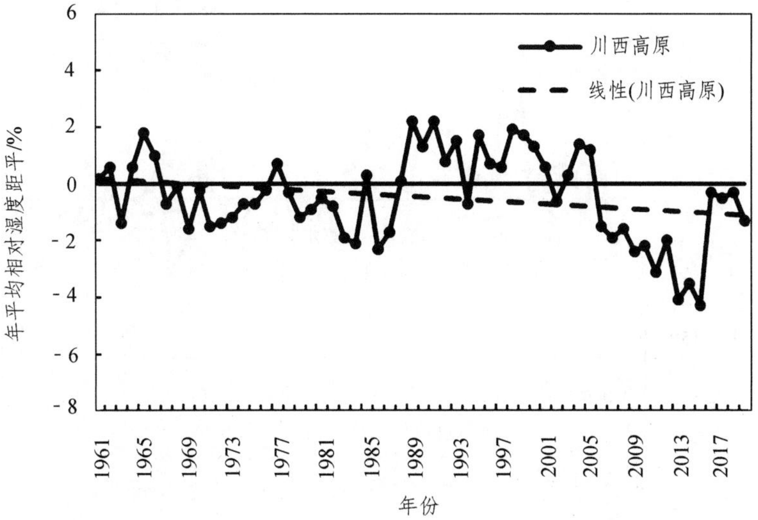

图 4　1961—2019 年川西高原年平均相对湿度距平变化

4. 平均风速

1961—2019 年，川西高原平均风速呈线性减小趋势，每十年减少 0.06 m/s。如图 5 所示。

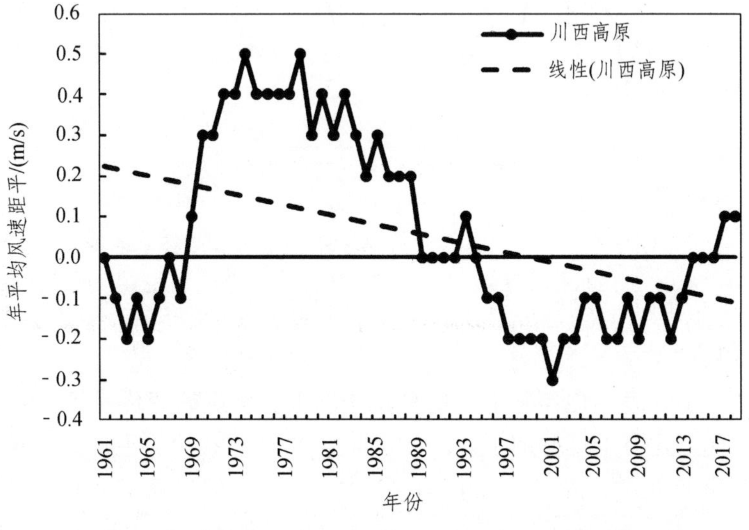

图 5　1961—2019 年川西高原年平均风速距平变化

5. 日照时数

1961—2019 年，川西高原日照时数呈减少趋势，每十年减少 21.9 小时。如图 6 所示。

6. 地面温度

1961—2019 年，川西高原地表温度升温速率为每十年 0.4 °C，2006 年以后地表温度有所回落。如图 7 所示。

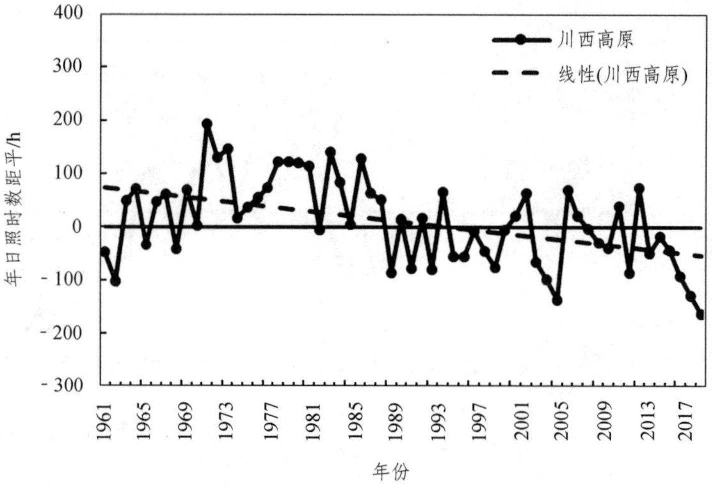

图 6　1961—2019 年川西高原年日照时数距平变化

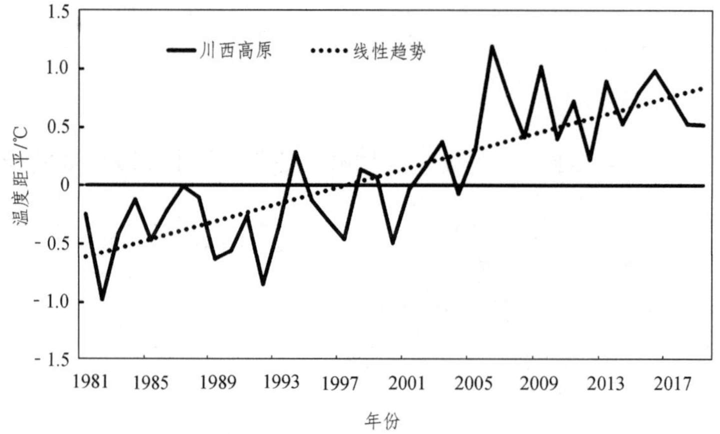

图 7　1981—2019 年川西高原平均地表温度距平变化

7. 积　雪

（1）积雪日数。

1961—2019 年，川西高原年积雪日数呈现先增加后减少的变化趋势。从 20 世纪 60 年代至 20 世纪 80 年代平均每十年增加 1.5 天，20 世纪 90 年代以来，平均每十年减少 6.2 天；与 1981—2010 年常年值比较，20 世纪 60 年代至 21 世纪 10 年代的距平值分别为 – 2.1 天、1.3 天、0.9 天、3.0 天、– 3.3 天、– 9.8 天；1977 年川西高原平均积雪日数最多，比常年偏多 11.2 天。如图 8 所示。

（2）积雪深度。

1961—2019 年，川西高原平均最大积雪深度呈现先增后减的趋势，各年代距平分别为 – 1.1 cm、– 0.2 cm、– 0.2 cm、0.3 cm、– 0.2 cm、– 1.0 cm；20 世纪 90 年代最大积雪深度较常年水平略偏深，21 世纪 10 年代以来积雪略偏浅。1998 年和 2006 年最大积雪深度平均值均达 7.9 cm，较常年值偏深 1.9 cm，为 1961 年以来积雪最深年份；2015 年平均最大积雪深度为 3.1 cm，比常年值偏浅 2.9 cm，为 1961 年以来积雪最浅年份。如图 9 所示。

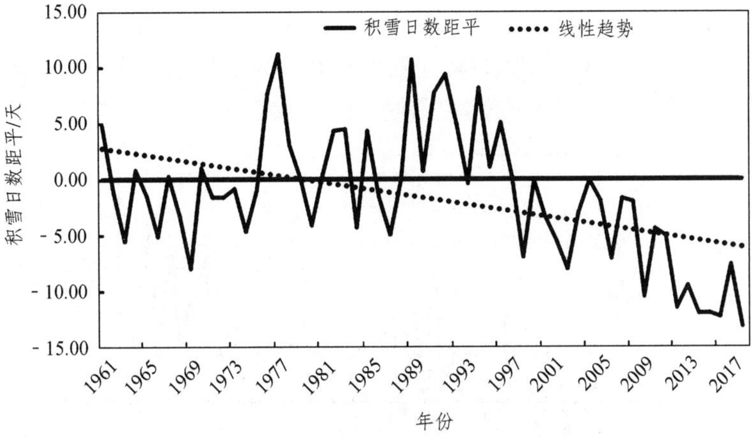

图 8　1961—2019 年川西高原积雪日数距平变化

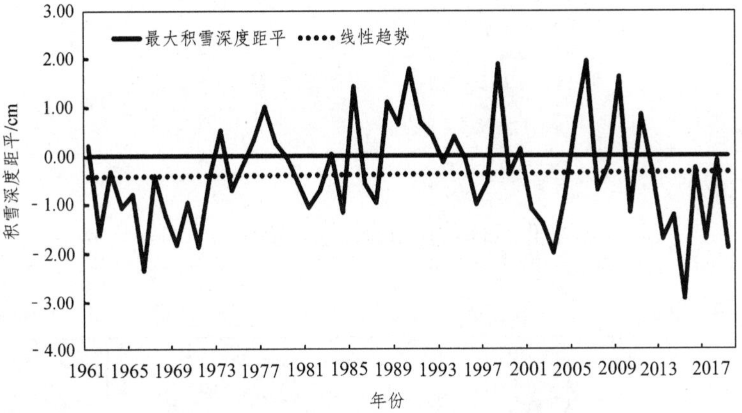

图 9　1961—2019 年川西高原最大积雪深度距平变化

（二）极端气候事件

1. 高温事件

（1）高温日数。

1961—2019 年，川西高原高温日数呈显著增加趋势，平均每十年增多 0.2 天，川西高原在 2000 年之前很少出现高温天气，但进入 21 世纪后明显增多。如图 10 所示。

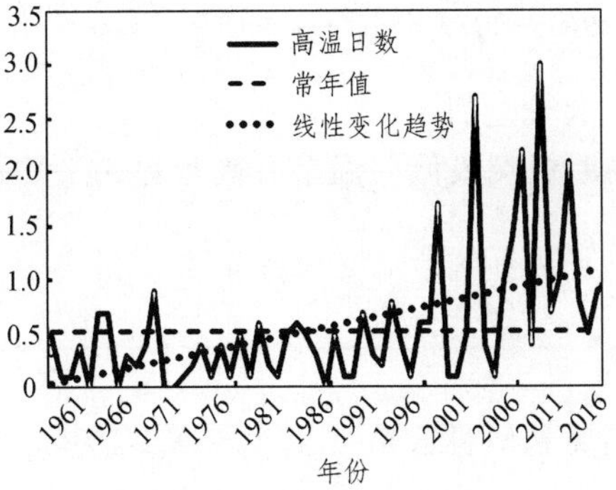

图 10　1961—2019 年川西高原高温（≥35 °C）日数变化

（2）极端最高气温。

1961—2019 年，川西高原极端最高气温呈显著升高趋势，平均每十年升高 0.33 °C。如图 11 所示。

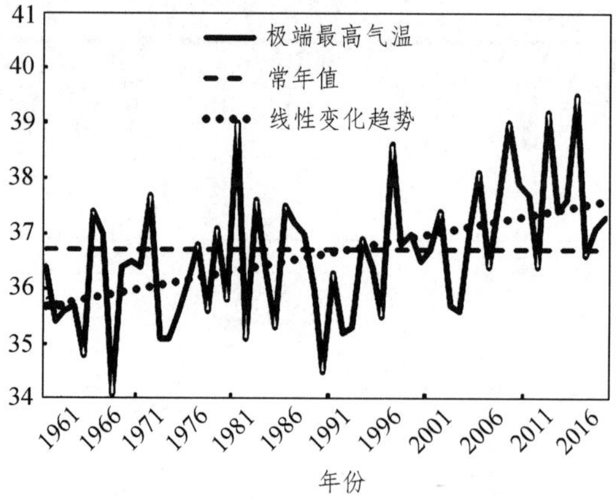

图 11　1961—2019 年川西高原最高气温变化

2. 低温事件

（1）低温日数。

1961—2019 年，川西高原低温日数呈显著减少趋势，平均每十年减少 4.4 天。如图 12 所示。

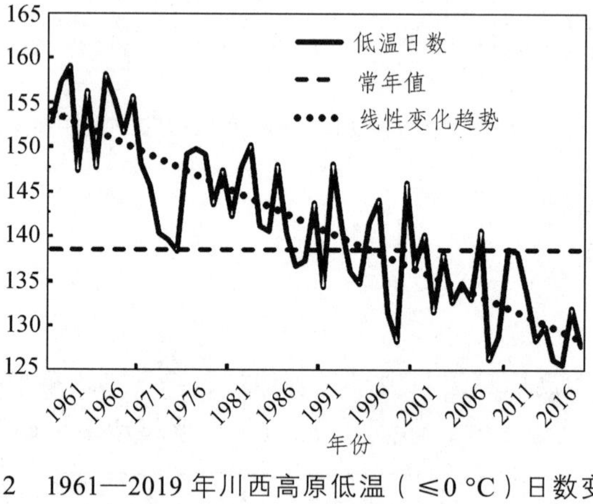

图 12　1961—2019 年川西高原低温（≤0 °C）日数变化

（2）极端最低气温。

1961—2019 年，川西高原极端最低气温呈升高趋势，平均每十年升高 0.87 °C。如图 13 所示。

3. 极端降水事件

（1）暴雨日数。

1961—2019 年，川西高原暴雨日数呈不显著的增多趋势，平均每十年增加 0.07 天。如图 14 所示。

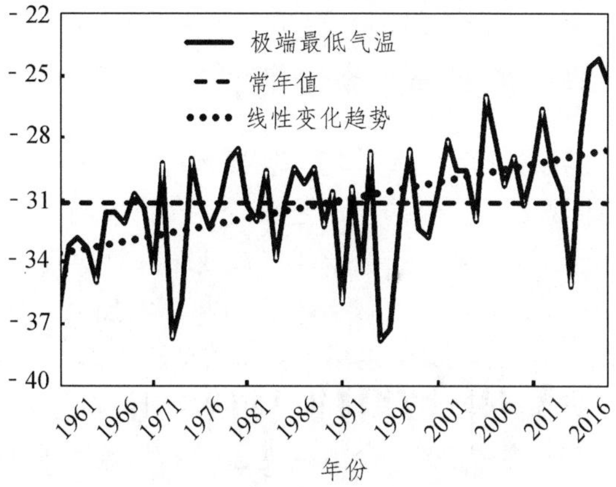

图 13　1961—2019 年川西高原最低气温变化

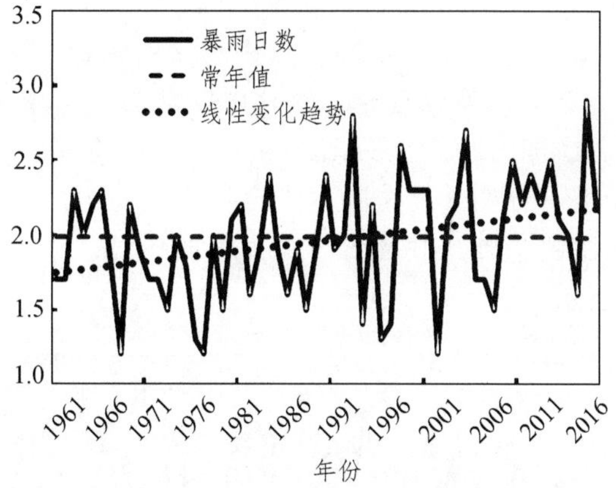

图 14　1961—2019 年川西高原暴雨日数变化

（2）日最大降水。

1961—2019 年，川西高原日最大降水趋势性变化不明显，平均每十年减少 0.3 mm，最大值出现在 1989 年，达 104.2 mm（7 月 24 日茂县）。如图 15 所示。

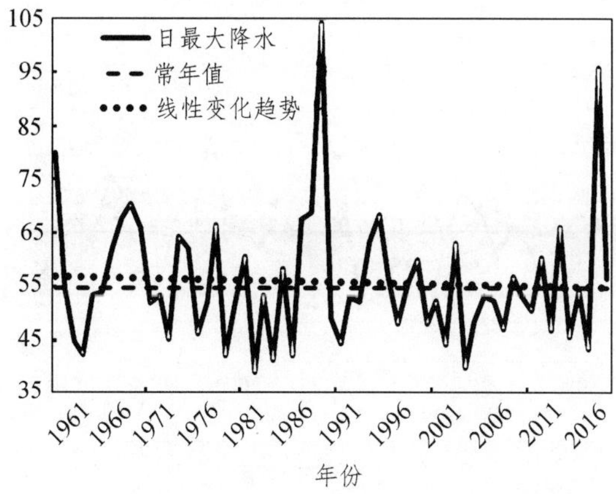

图 15　1961—2019 年川西高原日最大降水变化

三、气候变化对生态环境的影响

（一）气候变化对若尔盖湿地水资源的影响

若尔盖国家级生态功能保护区位于四川省境内的黄河流域区，其主导生态功能是水源涵养，同时具有径流调节、生物多样性保护、水土保持、沙化控制、调节局部区域小气候、环境自净及固碳等辅助生态功能。近年来，随着全球气候变化和社会经济发展，生态系统极为脆弱的湿地面临着前所未有的威胁和干扰。气候变暖，引起蒸发加大，地下水位下降，降水减少，造成湿地面积的减小。自 20 世纪 60 年代以来，若尔盖草原正以每年 11.65%的速度沙漠化[3][4]。

本研究选取若尔盖生态区及周边各方向的气象站观测资料，包括四川省的若尔盖，甘肃省的玛曲以及青海省的久治在内的 20 个台站，涵盖了若尔盖湿地国家级自然保护区[5][6]。

1. 观测到的气候变化对若尔盖湿地水资源的影响

（1）观测到的降水和蒸发变化。

1961—2012 年，若尔盖生态区及周边降水量年际变化显著，线性变化呈弱增加趋势，主要经历了减少——增加——减少的变化过程，年代际波动明显，2000 年以后偏少；年蒸发量在 1970—2012 年呈现显著增加的趋势，变化率为 1.76 mm/10 年，2000 年以后偏多。若尔盖生态区及周边的降水量干湿季分明，夏季降水占全年降水的 50%，并且季节降水年际变化差异较大，除秋季表现为减少趋势外，其他各季均为增加趋势；蒸发量四季均呈现增加趋势，但春季不显著。如图 16 所示。

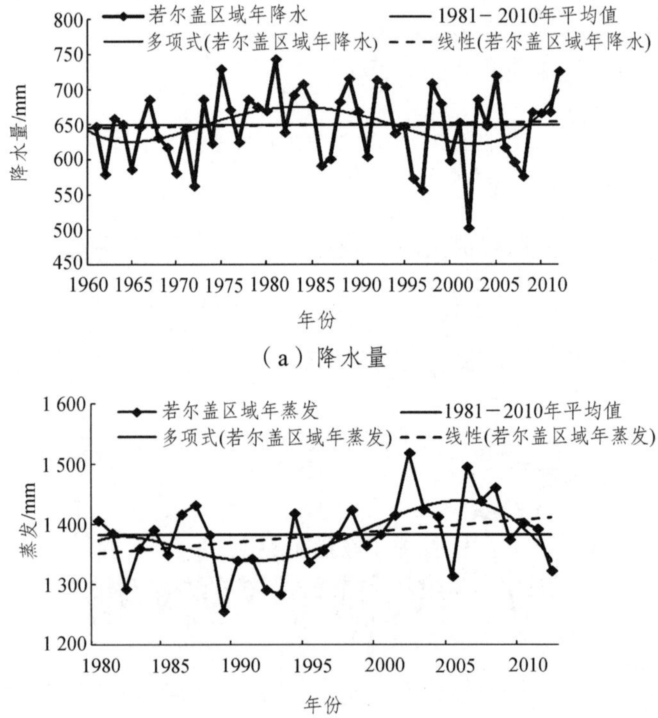

（a）降水量

（b）蒸发量

图 16 1961—2012 年若尔盖生态区及周边降水和蒸发年际变化图

（2）观测到的气温变化。

1961—2012 年若尔盖生态区及周边的年平均气温呈显著增加趋势，线性升温每十年 0.02 °C。从时间序列来看，若尔盖生态区及周边的平均气温年际变化较大，2006 年为历年最高（7.0 °C），1976 年为历年最低（6.1 °C），整体经历了先减少后增加的变化趋势；区内年最高气温与平均气温类似，整体呈现升温趋势，速率为每十年 0.01 °C。20 世纪 70、80 年代偏低，90 年代偏高，尤其是 2000 年后，最高温度升高明显。同期年平均最低气温以每十年 0.03 °C 的速率增温，其中 60 年代到 90 年代偏低，90 年代后期偏高。

各季平均气温均呈上升趋势，其中秋季和冬季升温幅度最大，分别为每十年 0.02 °C 和 0.03 °C。年均最高气温、最低气温的季节差异与年平均气温相似，均呈上升趋势，其中秋季、冬季升温幅度最大，特别是冬季最低气温上升速率达每十年 0.04 °C。由此可见，秋季和冬季温度变化对年际变化起主要作用。如图 17 所示。

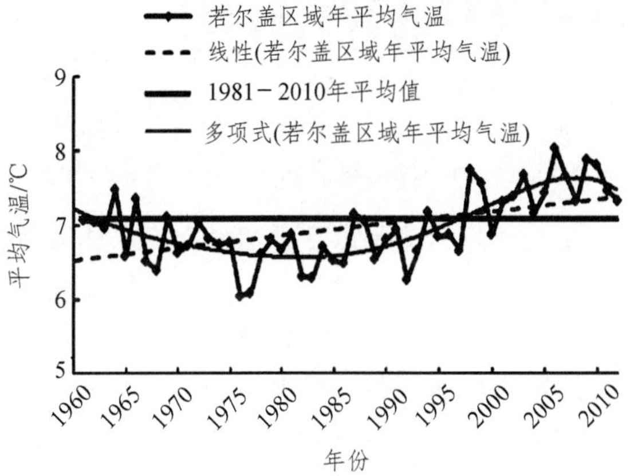

（a）平均气温

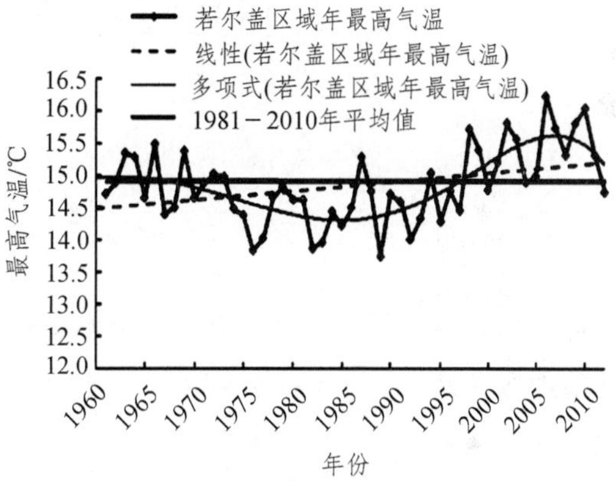

（b）最高气温

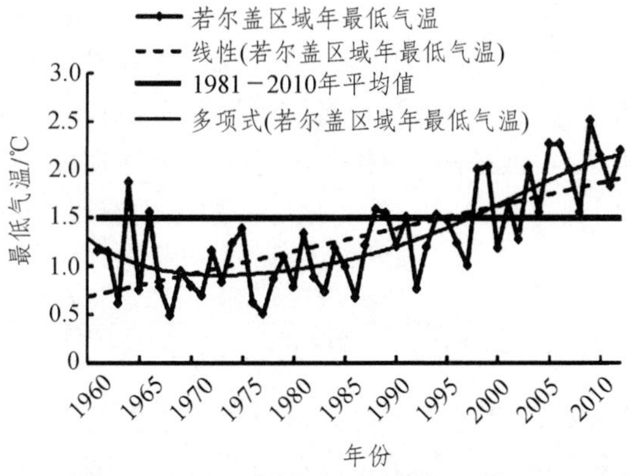

（c）最低气温

图 17　1961　2012 年若尔盖生态区温度年际变化图

（3）观测到的径流变化。

对黑河若尔盖站径流量实测数据统计分析，1980—2012 年该区域年平均流量呈现波动下降趋势，气候倾向率为 1.5 亿立方米/10 年，经历了偏多——偏少——偏多三个阶段变化，其中 90 年代中后期到 2000 年为径流量偏少阶段。年均径流量距平显示，正负距平出现年份分别为 17 年和 16 年，说明流量的变化相对稳定，丰枯转换较平衡。其中 1990 年之前径流量以正距平为主，1990 年后以负距平为主。同时四季平均径流量均呈现下降趋势，其中秋季平均径流量的减幅最明显。如图 18 所示。

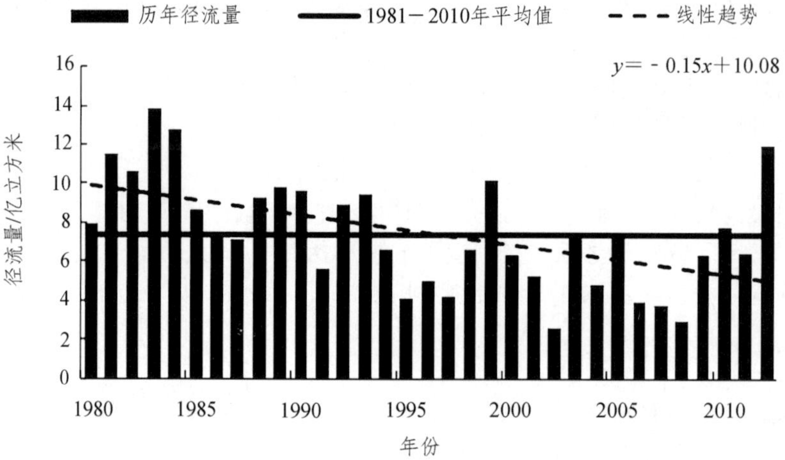

图 18　1980—2012 年若尔盖水文站年平均径流量变化

若尔盖水文站变差系数 Cv 为 0.37，由于若尔盖区域河流是以冰雪消融和降水补给为主的混合型河流，其上游高山冰雪具有多年水资源的调节作用，所以河流的补给来源比较稳定，表现为河水流量年际变化较小，径流量的年际分布比较均匀，Cv 值较小。然而由于气候变暖，蒸发加大，冰雪融水和自然降水量逐年减少，造成河水迅速递减，径流量总体上呈减少的趋势，尤其是 20 世纪 90 年代以来。进一步分析差积曲线，同样发现若尔盖区域年平均流量呈现下降趋势，但 2007 年之后流量有增多趋势。

2. 若尔盖水资源变化的气候归因

若尔盖生态区降水量呈递减趋势，气温明显升高，蒸发量呈增加趋势，导致该地地表水资源量呈现显著减少趋势。主要气象因子均对该区域水资源有一定的影响，但若尔盖生态区地表水资源的变化是受到多气象因子共同作用的结果，为体现以上各因子对该区域径流量的综合影响，利用逐步多元回归方程建立气候变化对若尔盖生态区地表水资源影响的评估模型：

$$Q = -11.951 - 2.113T_{\min} + 1.215P - 0.797E \quad (1)$$

$$q = 11.777 + 0.642\,t_{\min} + 0.207p + 2.373e \quad (2)$$

式（1）、（2）分别为 1980—2012 年若尔盖生态区及周边主要气候因子年平均径流量的原始序列回归方程和标准化序列回归方程。式中：Q 和 q 为年均径流量（107 m^3/s）；$T_{\min}$ 和 $t_{\min}$ 为年均最低气温（°C）；P 和 p 为年降水量（mm）；E 和 e 为年蒸发量（mm）。回归方程复相关系数为 0.73，$F = 21.417$（$> F_{0.01} = 4.5$），说明回归方程及各因子的方程贡献是显著的。根据式（1），建立 1970—2012 年若尔盖生态区域年平均径流量实测值与方程模拟值的拟合曲线，多数年份拟合较好，平均相对误差为 31.7%，表明该方程用于估算若尔盖生态区年均径流量具有较高的可信度，同时表明气候变化是影响该区域水资源变化的最主要因素。由气候变化对若尔盖地表水资源影响的评估模型可得：

若尔盖生态区年均径流量随降水量的增加（减少），蒸发量的减少（增加）以及最低气温的降低（升高）而增加（减少）。在降水量、蒸发量以及最低气温三个因子中，降水量作为地表水资源主要供给项，对径流量的贡献最大，蒸发量作用较小。

1980—2012 年，由于该区域年降水量减少导致径流量减少 1.38 亿立方米，占实际径流量减少的 27.2%；最低气温升高引起的径流量减少 2.81 亿立方米，占实际径流量减少的 55.5%；蒸发量增大引起径流量减少 0.15 亿立方米，占实际径流量减少的 3.0%；累计径流量减少 4.34 亿立方米，该区域实际径流量减少 5.06 亿立方米，实际值较理论值减少 0.73 亿立方米，该减少量可能与人类活动和湿地退化等因素有关。

3. 未来气候变化对若尔盖湿地水资源的可能影响

为了预估未来若尔盖气候变化特征，选用 RegCM3 区域气候模式预估数据，包括高排放（RCP8.5）和中等排放（RCP4.5）两种温室气体排放情景下 2015—2050 年的逐日气温和降水量。在两种排放情景下，2015—2050 年若尔盖年平均气温均呈上升趋势；降水量变化存在差异，RCP8.5 情景下年降水量呈增多趋势，而 RCP4.5 情景下呈减少趋势。未来气温的升高和 RCP4.5 情景下降水量的减少可能导致若尔盖生态区径流量存在进一步减小的风险，这将加剧生态系统的不稳定性，严重影响若尔盖生态系统安全。如图 19 所示。

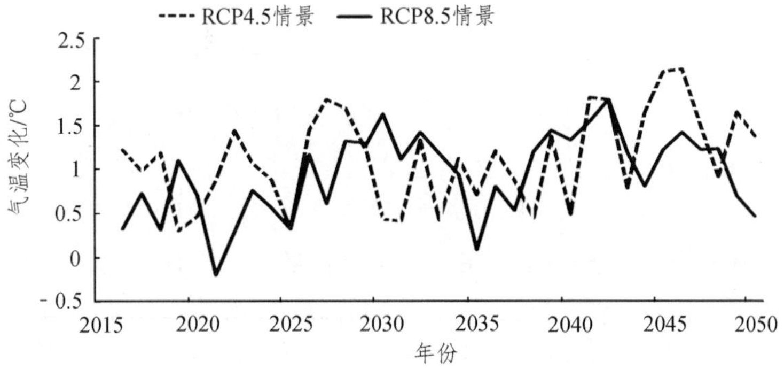

（a）

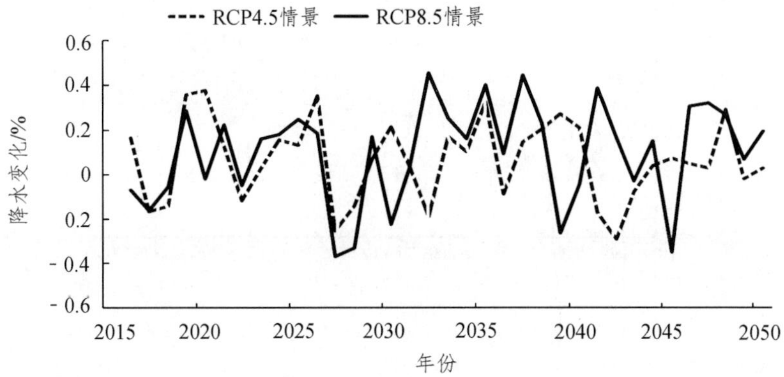

（b）

图 19　两种排放情景下若尔盖平均气温（a）和降水（b）变化曲线（相对于 1971—2005 年）

（二）气候变化对青藏高原 CH_4 排放的影响

中国自然湿地面积约占世界湿地总面积的 10%，其碳储量约占世界湿地碳储量的 1.3%～3.5%，其湿地 CH_4 排放量约占世界湿地 CH_4 排放量的 1.4%～3.2%[7]。中国自然湿地面积（除河流、湖泊外）50%位于青藏高原，属于高海拔多年冻土区，30%位于东北地区，属于高纬度多年冻土与季节性冻土区。由于气候变暖，我国大部分地区的多年冻土退缩趋势明显。研究表明，青藏高原近 40 年来冻土温度升高，导致冻土层普遍减薄 5～7 米，部分区域冻土完全融化，冻土下界上升明显；位于欧亚大陆南界的我国东北地区的冻土退缩强烈，与末次冰期极盛区相比，南界已经北移了 100～150 千米[8]-[10]。

1978—2008 年，中国湿地面积减少了 33%。过去 50 年青藏高原人口数量增加了 2 倍，人为活动导致青藏高原湿地生态系统大面积退化，高寒湿地自 20 世纪 50 年代至今缩减了约 1/3。以青藏高原为核心的世界第三极地区对气候变暖及周边人类活动的影响有敏感响应，同南极和北极一样受到科技界的高度重视。气候变暖和人类活动无疑会对青藏高原高寒湿地 CH_4 排放产生重要的影响，但目前对这一影响却尚未有区域尺度上系统、完整的研究。因此，研究气候变暖对青藏高原湿地 CH_4 排放变化的影响不仅能提高我国湿地碳收支评估的科学性，促进陆地生态系统碳收支科学发展，而且对我国管理温室气体和应对气候变化至关重要[11]。

1. 历史气候变化对青藏高原 CH_4 排放的影响

（1）CH_4 排放通量变化趋势。

由于气候变暖的驱动作用，1950—2014 年青藏高原湿地 CH_4 排放通量呈显著增加趋势，增加速率为每十年 0.16 gm^{-2}。CH_4 排放通量呈现明显的年际和年代际变化特征。其中 CH_4 排放通量最高值出现在 2000—2004 年，达到 7.02 gm^{-2} 年，主要是由高温、高降雨量导致的，最低值出现在 1965—1969 年，为 5.66 gm^{-2} 年，主要是由低温、低降雨量造成的。如图 20 所示。

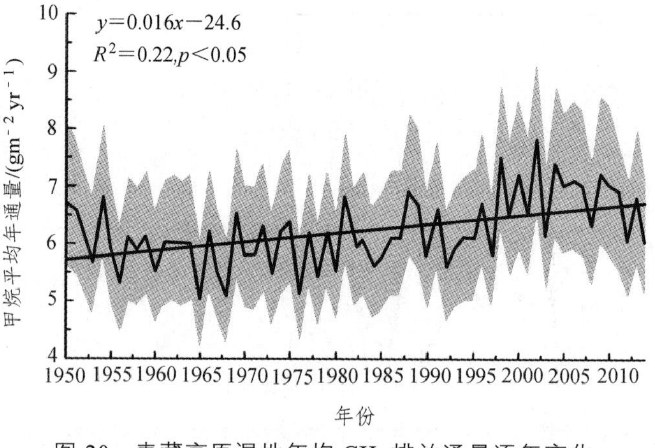

图 20　青藏高原湿地年均 CH_4 排放通量逐年变化

（2）CH_4 排放总量变化趋势。

尽管 CH_4 排放通量呈上升趋势，但是由于湿地面积的减少，青藏高原 CH_4 排放总量呈线性减少趋势。青藏高原湿地面积从 20 世纪 50 年代初期的 4.77 Mha 减少至 21 世纪 10 年代初期的 3.20 Mha，减少了 33%。50 年代初，青藏高原 CH_4 排放总量为 0.29 Tg（0.23 ~ 0.35 Tg），至 2010 年初，CH_4 排放总量为 0.21 Tg（0.17 ~ 0.25 Tg），减少了 0.08 Tg。如图 21 所示。

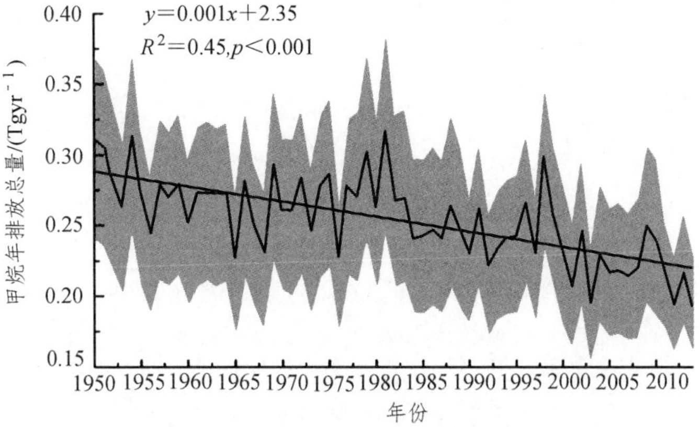

图 21　青藏高原湿地年均 CH_4 排放总量逐年变化

（3）CH_4 排放的综合温室效应变化。

研究结果表明，过去 60 年青藏高原湿地由于 CH_4 排放导致的增温效应达 4 ~ 10 Tg CO_2_ eq/年。1950—2014 年，青藏高原湿地综合 GWP（全球变暖潜力）呈现降低趋势，降低速率为 – 0.02 Tg CO_2_eq/年，这主要是由于 CH_4 排放量的降低造成的。综合来看，GWP 从 1950 年的 7.75 Tg CO_2_eq/年（6.00 ~ 9.25 Tg CO_2_eq/年）降低至 2014 年的 4.82（4.02 ~ 5.72 Tg CO_2_eq/年）。如图 22 所示。

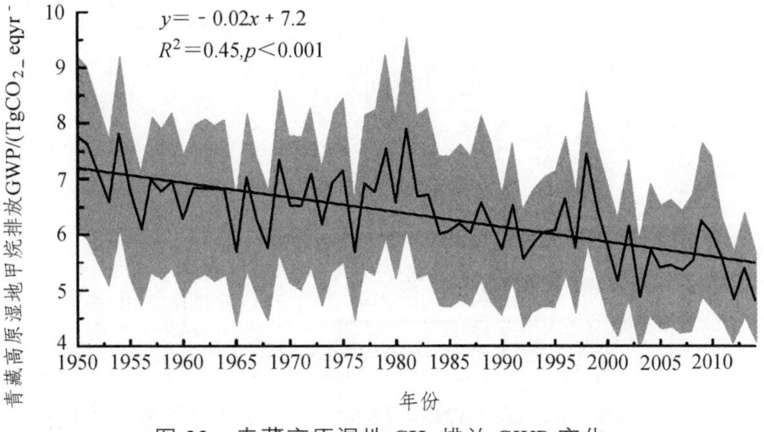

图 22　青藏高原湿地 CH_4 排放 GWP 变化

（4）气温、降水对青藏高原 CH_4 排放通量的影响。

1950—2014 年青藏高原 CH_4 排放通量主要受到气温、降水的影响。CH_4 排放通量的时间变化趋势与年均气温和降水呈显著正相关（$p<0.001$）。年均气温从 1950 年初至 2010 年末升高了 0.93 °C，极大地促进了 CH_4 排放通量的增加。CH_4 排放通量在 20 世纪 60 年代达到最低值，与该时段的低温相对应。21 世纪 00 年代的高降水量是 CH_4 排放通量出现高值的主要因素之一。如图 23 所示。

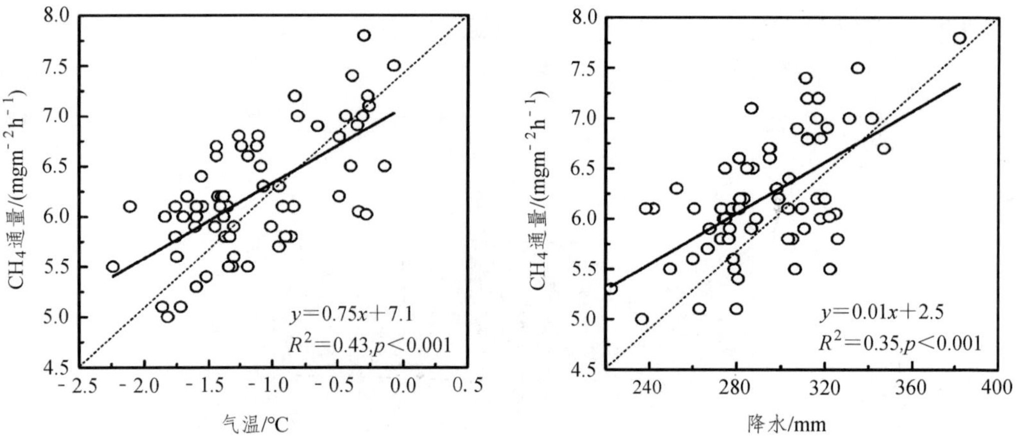

图 23　气温、降水对青藏高原湿地 CH_4 排放通量的影响

2. 未来气候变化对青藏高原 CH_4 排放的可能影响

（1）2017—2100 年青藏高原湿地 CH_4 排放时空变化趋势。

气候模式的模拟结果表明，在 RCP 2.6，RCP 4.5，RCP 8.5 排放情景下，2017—2100 年青藏高原湿地年平均气温呈显著上升趋势。降水量年际间的变化十分显著，干旱年份和湿润年份交替出现；湿地植物净初级生产力呈现显著增加的趋势。

模拟结果表明，由于气候变暖的驱动作用，CH_4 排放通量在三个排放情景下均呈显著增加趋势，在 RCP 2.6，RCP 4.5 和 RCP 8.5 排放情景下，增加速率分别为每十年 0.06 gm^{-2}（$R^2 = 0.31$，$p<0.001$），0.2 gm^{-2}（$R^2 = 0.90$，$p<0.001$）以及 1.0 gm^{-2}（$R^2 = 0.98$，$p<0.001$）。如图 24 所示。

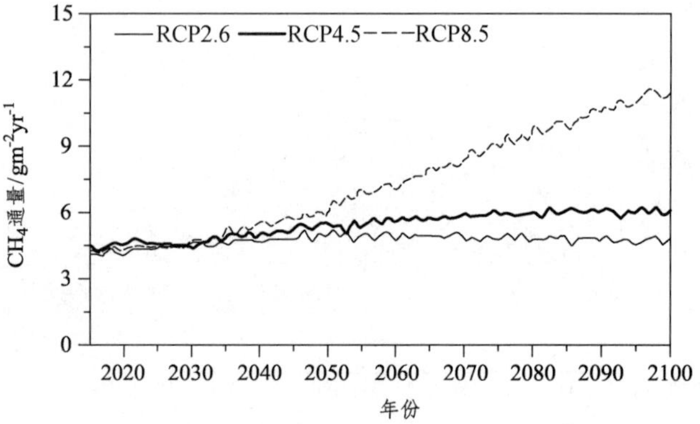

图 24　2017—2100 年青藏高原湿地 CH_4 排放通量逐年变化

注：实线为模式预测的不同排放情景下 CH_4 排放通量，阴影部分代表排放通量±标准误差。

在 RCP 2.6，RCP 4.5 和 RCP 8.5 排放情景下，2017—2100 年甲烷排放分别上升了 0.15 Tg、0.25 Tg 和 0.73 Tg。2017—2100 年，在三个排放情景下，青藏高原累积排放增量为 7.92 Tg、12.57 Tg 和 25.25 Tg。研究结果表明，2017—2100 年，由于 CH_4 排放升高所导致的增温效应达 4.0 ~ 18.8 Tg CO_2。RCP 2.6，RCP 4.5 和 RCP 8.5 排放情景下，过去 85 年，增温效应分别为 4.0 Tg CO_2（3.2 ~ 4.8 Tg CO_2），6.1 Tg CO_2（4.4 ~ 7.7 Tg CO_2），18.8 Tg CO_2（16.5 ~ 21.1 Tg CO_2）。如图 25 所示。

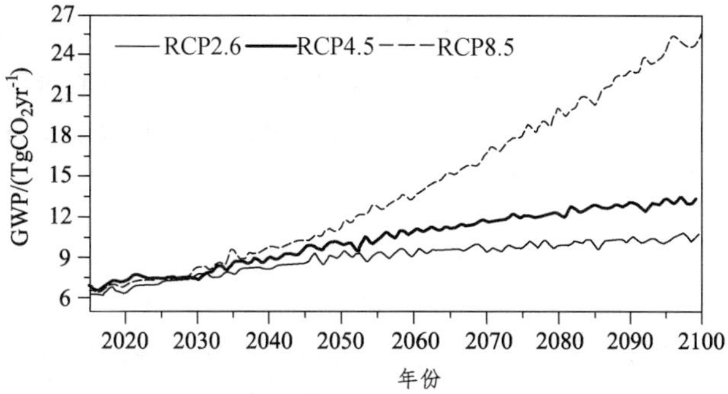

图 25　青藏高原湿地 CH_4 排放 GWP 变化

（2）气温、降水及 NPP 对未来青藏高原 CH_4 排放通量的影响。

在 RCP 2.6，RCP 4.5 和 RCP 8.5 排放情景下，对青藏高原湿地年均气温、降水与 NPP 作线性回归分析发现，气温、降水和 NPP 是导致青藏高原 CH_4 排放通量增加的主要驱动力。CH_4 排放通量的时间变化趋势与年均气温、降水和 NPP 显著正相关（$p<0.001$）。在 RCP 2.6，RCP 4.5 和 RCP 8.5 排放情景下，气温自 – 6 °C 分别上升至 – 4 °C、– 2 °C 和 – 1 °C，CH_4 排放通量从 – 3.5 gm^{-2}/年分别上升至 5.5 gm^{-2}/年、6.5 gm^{-2}/年和 12 gm^{-2}/年。在三个排放情景下，降水量的增加也明显促进了 CH_4 排放通量的升高，降水量每增加 10 mm，CH_4 年排放通量分别增加 0.1 gm^{-2}、0.3 gm^{-2} 和 1.1 gm^{-2}。预测的 CH_4 排放通量与 NPP 亦呈现明显的正相关（$p<0.001$），在 RCP 2.6，RCP 4.5 和 RCP 8.5 排放情景下，NPP 升高 10 g C m^{-2}，CH_4 年排放通量分别增加 0.5 gm^{-2}、0.6 gm^{-2} 和 0.8 gm^{-2}。

四、措施建议

1. 积极开展生态环境的有效治理，提高应对气候变化风险的能力

气候变化可能会引起现有气候资源分布格局的改变，进而导致现有农牧业格局的变化。为了适应气候的波动和变化、大气成分的改变、陆地覆被和生态系统的演变等不利影响，应加强有关提高青藏高原湿地植被、农牧业对气候变化的适应性、抗御病虫害蔓延、治理环境污染以及调整农牧业结构等问题的研究。调整农业结构，坚持以市场需求为导向，从实际出发，发展特色农业和生态农业。选择有代表性的退化湿地，建设退化湿地恢复、重建示范区；通过疏挖河道、修建与扩深池塘，营造良好的生态环境，恢复原有的地质环境；对于部分环境已经发生根本改变的地点，可以从其他湿地搬运湿地土壤来恢复其土壤基质，通过本地植物的移植加快植被的形成与恢复过程。在湿地保护实验区，改变原有的以高强度物质输出、土地开垦为主的开发利用方式，代之以输出生态系统服务为主的绿色产业、生态产业，发展生态旅游、生态农业等，同时在开发利用中针对区域特点，采取因地制宜的开发措施。

2. 强化湿地保护的科技支撑

建立湿地生态系统定位研究机构，对重要湿地要设立监测站点，系统探索湿地能量循环、养分循环、水分循环规律，及时掌握湿地生态功能变化趋势。强化湿地演化机制与恢复、湿地对环境变化影响与反馈、湿地评价和湿地动态监测等方面的研究，为湿地生态的保护管理提供理论指导。制定湿地监测标准体系和评价指标体系，建立湿地资源信息数据库，增强湿

地研究持续发展的能力，满足湿地保护管理的需要。大力支持湿地保护和恢复关键技术研究，突破技术瓶颈；整合科研部门和高校力量，培养一批高素质的湿地保护和科研人才，建立有效机制，整合气象、林业、水利、环保等有关部门的资金、技术、设备和管理资源，完善综合的湿地资源动态监测体系，实现数据共享为科学决策服务。

3. 构建碳汇交易机制

尝试从碳汇理顺湿地生态环境的利益相关方——政府、企业、牧民三者之间的关系，为湿地生态环境的治理提供新的出路。基于碳汇视角的湿地生态环境治理模式可以更充分地利用湿地的生态价值，从中获得经济效益，从而拓宽湿地生态建设的融资渠道，改变生态建设资金主要依靠财政支持的单一融资渠道模式；改善湿地生态环境建设，增加牧民收入，达到转变牧区增长方式，推进生态文明建设的目的，最终实现多赢的局面。紧密结合其他政府部门的相关重点项目共同推进。在开展碳排放权交易试点工作时，要了解并紧密结合其他有关部门的重点工作同时进行。显然，碳排放权交易与节能目标、可再生能源目标密切相关。碳减排有很强的减少其他污染物排放的协同效应，碳排放权也可以与硫化物、氮化物，颗粒物等污染物减排挂钩，提升碳排放权交易价值，达到共同减排的效果。

参考文献

[1] 张虹娇. 川西北高原气候变化特征研究[J]. 西南大学学报（自然科学版），2014，36（12）：148-156.

[2] 陈超，李秋月，郭斌，等. CENTURY 模型在川西北高原草原的适用性研究[J]. 草地学报，2019，27（3）：711-718.

[3] 张秋劲. 若尔盖国家级生态功能保护区可持续发展研究[D]. 成都：四川大学，2004.

[4] Xiang S，Guo R Q，Wu N，et al.Current status and future prospects of Zoige marsh in Eastern Qing-hai-Tibet Plateau[J]. Ecological Engineering，2009，35（4）：553-562.

[5] 刘佳，陈超，秦宁生，等. 青藏高原若尔盖生态区水资源对气候变化的响应[J]. 冰川冻土，2016，38（2）：498-508.

[6] 刘佳，马振峰，陈超，等. 若尔盖生态区及周边地区气候资源时空特征分析[J]. 西南大学学报（自然科学版），2016，38（12）：95-101.

[7] Chen H，Zhu Q，Peng C H，et al.Methane emissions from rice paddies natural wetlands，and lakes in China：synthesis and new estimate[J]. Global Change Biology，2013，19（1）：19-32.

[8] Ding W X，Cai Z C，Wang D. XPreliminary budget of methane emissions from natural wetlands in China[J]. Atmospheric Environment，2004，38（5）：751-759.

[9] Niu Z G，Zhang H Y，Wang X W，et al. Mapping wetland changes in China between 1978 and 2008[J]. Chinese Science Bulletin，2012，57（22）：2813-2823.

[10] 王会军，李述训，王绍令，等. 气候变化对中国多年冻土和寒区环境的影响[J]. 地理学报，2000，55（2）：161-173.

[11] Li T T，Zhang W，Zhang Q，et al.Impacts of climate and reclamation on temporal variations in CH4 emissions from different wetlands in China：from 1950 to 2010[J]. Biogeosciences，2015，12（23）：6853-6868.

广元市低碳城市发展经验

白卫国[①]

【摘　要】2008 年“5·12”汶川特大地震灾害后，广元市提出“低碳重建、低碳发展”的理念，努力探索后发地区低碳发展路径。2012 年广元市作为西部欠发达城市代表，入选第二批低碳试点城市，是四川省第一个入选的低碳试点城市。而后，广元市全面科学系统地推进低碳建设，低碳发展进入快速发展阶段，低碳发展在全省名列前茅，主要在产业结构、能源结构、能效和节能水平、碳汇及碳交易、低碳发展，以及温室气体排放统计、监测和考核制度成效突出。广元市将生态优先、低碳发展理念，融入加快转变经济发展方式、开拓创新发展模式、积极践行金山银山和绿水青山并重的低碳绿色发展之路，经验可总结为组织领导得力、智库支撑有力、政策规划引力、优势突出着力、试点示范发力和多方位发展合力。

【关键词】低碳发展；低碳试点；广元市

一、背景及意义

全球气候变暖，引起极端气候事件发生的强度变大和频率增多，深刻影响着人类生存和发展，成为当今世界面临的最为重要的公共问题之一。随着人类对气候变化的持续探索研究，积极应对气候变化已成为世界主要国家的共识。我国一直致力于推动低碳发展，积极参与全球气候治理。2009 年中国政府向世界承诺“到 2020 年，单位国内生产总值（GDP）二氧化碳排放比 2005 年下降 40%～50%”的目标。2015 年《巴黎协定》的“国家自主贡献”中提出“将于 2030 年左右使二氧化碳排放达到峰值并争取尽早实现，2030 年单位国内生产总值（GDP）二氧化碳排放比 2005 年下降 60%～65%”的目标。我国政府制定科学合理的控制温室气体路线图，将单位 GDP 二氧化碳排放作为约束性指标纳入国民经济和社会发展中长期规划，逐步落实在“十二五”规划和“十三五”规划中。通过产业结构调整、能源结构优化、节能及提高能效、增加碳汇等，我国取得 2017 年单位 GDP 二氧化碳排放比 2005 年下降约 46%[1]，已超过 2020 年下降 40%～45%的目标，提前 3 年完成承诺目标。2019 年联合国秘书长古特雷斯表示“中国正提前兑现在《巴黎协定》中所做的承诺”[2]。我国低碳发展目标的顺利实现与低碳试点工作开展有很大关联。研究表明低碳试点工作取得积极成效[3]，低碳试点实施激发了试点地区在技术节能、优化能源结构、提高能源利用效率、减排技术投入以及低碳生活方式等领域的内生动力，各试点地区积极探索适应本地的低碳发展模式，推动了全国碳减排以及绿色发展进程[4]。

我国低碳试点探索始于 2008 年起的低碳试点城市，自 2010 年 7 月 19 日国家发改委发布

---

① 白卫国，中国城市经济学会产业绿色发展研究部主任，博士，副研究员，主要从事绿色低碳研究。

《关于开展低碳省区和低碳城市试点工作的通知》，开展第一批国家低碳试点开始至今，已发布三批，共计 87 个[①]低碳试点地区。其中，低碳试点城市为试点主体，数量上约占 86.21%，表明中国高度重视发挥城市在落实气候行动目标中的积极性和创造性，以顶层设计与试点示范相结合的方式，推动和引领城市低碳转型[5]。低碳试点城市包括直辖市、地级市和县级市，基本涵盖东中西部地区不同的自然条件、资源禀赋和经济发展阶段的城市。国家要求低碳试点城市以加快推进生态文明建设、绿色发展、积极应对气候变化为目标，立足自身，科学安排，统筹兼顾，通过建立健全制度体系、优化能源利用、打造低碳产业体系、加快低碳技术研发与应用、推动低碳生活方式和消费模式，分阶段分步骤逐步控制碳排放总量，实现碳排放峰值目标，引领和示范全国低碳发展。四川省广元市作为西部欠发达城市代表，于 2012 年入选第二批低碳试点城市，是四川省第一个入选的低碳试点城市。广元市地处四川北部、秦岭南麓，毗邻陕甘两省，是嘉陵江上游重要的生态屏障、国家秦巴生物多样性生态功能区，是全国、全省生态环境建设的重点地区，素有“川北门户、蜀道咽喉”之称和“千里嘉陵第一城”之誉。2012 年广元市实现地区生产总值 468.66 亿元，省内排名第 17 位。广元市三次产业结构为 19.6∶47.0∶33.4，城镇化率为 36.42%[6]，步入工业化中期阶段，正处于经济欠发达但增速明显的发展阶段。在西部 12 省份中，四川省地区生产总值位居第一，远超第二位的内蒙古自治区，于此可见在西部地区城市中，广元市总体发展水平位居中游。

2008 年“5・12”汶川特大地震灾害后，广元市委确立“低碳重建、低碳发展”的战略，努力探索后发地区低碳发展路径，先后获得“低碳中国贡献城市”“低碳发展突出贡献城市”和“低碳生态先进城市”等荣誉。广元市低碳发展特征突出，入选国家低碳试点城市，对于探索西部地区低碳发展具有重要现实意义。其主要体现为以下四点：一是广元市具有自然资源丰富和经济发展不足的西部欠发达城市特征。广元市按照低碳试点要求，依托自身实际，科学统筹，大力推动经济低碳转型、构建低碳产业体系、倡导低碳生活消费等，促进实现能源结构低碳化、产业结构低碳化、生活方式低碳化的低碳发展路径，对于西部欠发达城市低碳发展具有重要的示范意义。二是广元市处于工业化中期，相对而言经济发展模式可塑性强，发挥后发优势。通过学习、借鉴和吸收先进地区经济社会发展过程中的经验教训，以低碳发展理念，走新型工业化、新型城镇化道路，切实贯彻生态优先、绿色发展的发展原则，推动现代经济体系建设，促进经济高质量发展。三是广元市是国家“秦巴山片区区域发展扶贫攻坚规划（2011—2020）”的重要区域。秦巴山片区包括河南、湖北、重庆、四川、陕西、甘肃六省市的 80 个县（市、区），有革命老区、大型水库库区和自然灾害易发多发区等。广元市践行低碳发展，可为区域扶贫攻坚开辟新的路径，引领和带动地区低碳建设，为全面建成小康社会奠定基础。四是广元市地处嘉陵江上游，是重要的生态功能区，以主体功能定位为准则，推动低碳、绿色、循环发展，推进地区经济结构调整、产业转型升级和优化布局，是实现本地可持续发展、构筑坚实的生态屏障、保障生态安全的客观要求。

二、低碳发展成效

广元市入选国家低碳试点城市后，按照要求，全面科学系统推进低碳建设，低碳发展进

---

① 网上公开资料整理。

入快速发展阶段，成效显著。2015 年，广元全市单位地区生产总值（GDP）二氧化碳排放比 2010 年下降 35.9%[7]，超额完成“十二五”低碳规划预期目标，顺利完成《广元市国家低碳城市试点工作实施方案（2013—2016 年）》预定目标。2016—2018 年度四川省各市州人民政府控制温室气体排放目标责任考核结果①中，广元市 2016 年为良好等级，2017 年为优秀等级，2018 年为超额完成等级，均名列前茅。具体而言，广元市主要在产业结构、能源结构、能效和节能水平、碳汇及碳交易、低碳发展，以及温室气体排放统计、监测和考核制度等方面有突出业绩。

（一）产业结构优化升级

广元市立足实际，科学统筹，逐步推进产业结构优化升级。三次产业结构比重由 2012 年的 19.6∶47∶33.4 调整为 2019 年的 16.2∶41.4∶42.4，第一和第二产业出现下降态势，第三产业稳步增长，产业结构持续优化。在农业领域，绿色低碳发展势头良好，节水灌溉面积和综合治理水土流失面积在增加，农机总动力逐年增长，而化肥施用量呈现下降态势。全市以低碳农业园区建设为着力点，大力发展“6 + 3”特色林业和绿色农业，以标准化和规范化促规模化推动农业发展，成为全省首个农产品质量安全监管示范市，全国唯一拥有 2 个国家有机产品认证示范县的地级市。在工业领域，以园区为载体，以战略性新兴产业为新的增长点，对传统产业进行优化升级，开展工业园区循环化改造。“十三五”时期，战略性新兴产业发展势头迅猛，尤其新能源行业、节能环保行业和新一代信息技术行业等，均超过同期规模以上工业增加值增速，而电解铝、水泥、炼焦等高耗能行业所占增加值比重逐年下降。在服务业领域，以生态旅游为重点，推动景区建设和游客低碳出行，创建国家级生态旅游示范区 1 个，率先制定低碳景区建设标准，并且将城市出租车和公交车全部“油改气”，减少公共交通温室气体排放。

（二）能源结构优化

广元市能源资源具有“多煤、富气、无油、可再生能源资源多样”的基本特征，可再生能源主要有水能、太阳能、风能、生物质能和地热等。广元市积极响应四川省建成全国优质清洁能源基地和国家清洁能源示范省的号召。2013 年广元市申报创建国家级新能源示范城市，正式获得国家能源局批复，新能源开发利用得到长足发展，已形成低碳为导向的清洁能源开发和利用体系。丰富的天然气资源和沼气的开发利用为“气化广元”项目持续推进，为提升城市用气普及率，汽车“油改气”，工业企业“煤改气”及部分化工原料用气等，提供了有力支撑。境内河流众多，径流丰沛，相对落差较大，水能资源较为丰富，经过多年的科学开发，水电资源得到充分开发利用，已达到 95.53%，包括装机容量 70 万千瓦的宝珠寺电站、装机容量 110 万千瓦的嘉陵江亭子口水利枢纽工程、装机容量 6 万千瓦的白龙江昭化电站和装机容量 6.6 万千瓦的嘉陵江苍溪航电枢纽工程等，水电已成为广元市主要电力来源。另外还有，装机容量 3 万千瓦的大唐广元芳地坪风电场一期工程并网发电，以及装机容量 0.21 万千瓦的旺苍七一光伏电站投入运营等。

① 网上公开资料整理。

（三）能效和节能水平稳步提升

广元市按照四川省下达的单位 GDP 能源消耗和单位 GDP 二氧化碳排放的约束性指标，坚持生态立市、低碳发展战略，逐年落实约束性指标。单位 GDP 能源消耗呈现数值低且下降趋缓，主要为欠发达地区，起点低，而且发展过程严守“三线一单”。相对而言，单位工业增加值能源消耗较高（见图 1），主要为早期高耗能企业发展的锁定效应所致。通过以工业园区为主，开展电解铝、水泥、炼焦等高耗能企业的节能技术改造，园区整体循环化改造，促进工业循环化发展，有效提升了能效和节能水平。

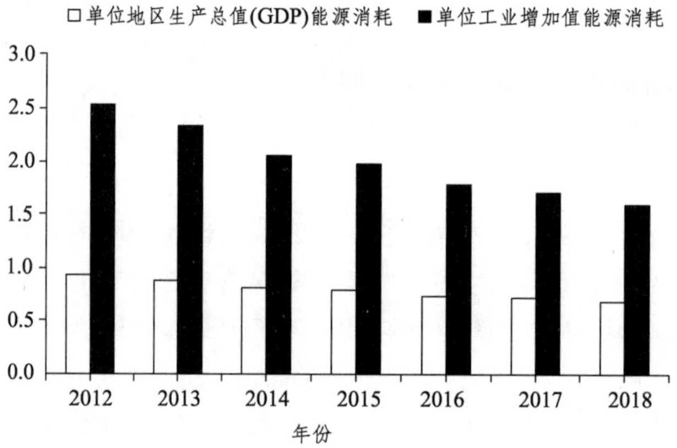

图 1　2012—2018 年单位 GDP 能源消耗和单位工业增加值能源能耗

（四）碳汇增加助力碳交易

广元市林业资源丰富，森林覆盖率高，不断落实生态保护和低碳发展，每年新增营造林面积，森林覆盖率从 2012 年的 54%逐年上升到 2019 年的 57.22%（见图 2），增加了碳汇，促进了碳交易。广元市积极探索碳交易，早期在 2008 年与美国环保协会合作开展的农村测土配方施肥温室气体减排及交易项目为国内首例成功实施的国际合作农村温室气体减排及交易项目，2010 年与世博会合作开展了“绿色出行”碳中和项目，推出全球首款世博绿色出行低碳交通卡，以及“中国四川西北部退化土地造林再造林”碳交易项目等。

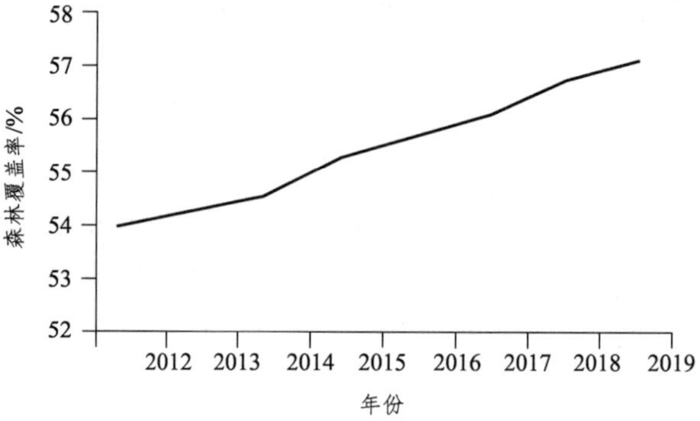

图 2　2012—2019 年森林覆盖率

（五）低碳发展理念深入人心

广元市坚决贯彻提出的“低碳重建”“低碳发展”理念，在全国率先成立了正县级的市低碳发展局，在全省率先成立低碳经济发展研究会，举办了西部地区首次“低碳重建与企业发展（中国·广元）国际论坛”，形成了《低碳重建与企业发展国际论坛广元共识》。而且广元市以培育“低碳文化”为路径，着力于城乡低碳社区建设（已建成37个低碳示范社区），在全国率先设立“低碳日”，加强《美丽广元、幸福家园——广元市低碳发展纪实》等宣传，不断提高低碳发展的全民参与度，低碳发展理念深入人心，有力地促进了低碳生活方式转变。

（六）建立健全温室气体排放统计、监测和考核制度

广元市大力开展明晰政府低碳职能部门职责分工和工作流程，建立健全温室气体排放统计、监测和考核制度。广元市以2010年完成的全市温室气体清单为基础，逐步启动后续年度的全市和县区温室气体清单编制工作，以《广元市碳排放指标分解和考核体系研究》为决策参考，明确年度低碳工作考核评价细则，并推动执行。同时，广元市着力开展重点企事业单位温室气体报送专题培训，推进开展重点企业温室气体清单报送工作，而且组织第三方核查机构开展全市重点单位温室气体排放数据的核查工作。

三、低碳发展经验

广元市将生态优先、低碳发展理念，融入加快转变经济发展方式，开拓创新发展模式，通过协调经济发展与环境保护，践行金山银山和绿水青山并重的低碳绿色发展之路。实践证明，广元市经济社会发展与低碳发展都保持较快增长，发展方式符合生态文明建设理念，探索出一条后发优势和低碳先行的发展之路，为西部欠发达城市低碳发展可提供借鉴。

广元市低碳城市发展经验主要有以下六点。

（一）组织领导得力

确立“灾后重建·低碳发展”战略后，广元市立即成立市委、市政府主要领导为组长的市低碳发展领导小组，小组成员涵盖市行政职能和个区县主要领导等，建立低碳发展跨部门跨区县的联系制度，协调解决低碳发展中的重大问题。2011年设立全国首个正县级的市低碳发展局（与市发改委合署办公）、配备专职副局长，下设低碳发展科，用于具体组织落实全市低碳发展的各项工作，并且各区县成立相应组织机构。逐步建立健全温室气体排放统计、监测和考核制度，将温室气体排放统计核算科学化、规范化和具体化，将低碳发展目标纳入市、区县和市级各部门的年度综合绩效考核，低碳发展逐级分解落实，建立科学系统的目标责任体系。广元市组织领导得力，将低碳发展切实贯彻到实际工作中，而且量化考核约束各区县发展目标任务，聚焦低碳建设。

（二）智库支撑有力

广元市为提高决策科学性和专业性，与中国社科院城市发展与环境研究所、中国石油大

学、四川省社会科学院等院校签订了低碳发展的战略合作框架协议，并以此展开研究，形成《广元市低碳发展路线图研究报告》《广元市低碳适用技术需求评估报告》《广元市碳排放指标分解和考核体系研究》《利州曙光低碳农业园区建设实施方案》等研究成果。大力开展低碳培训。广元市邀请中国社科院、中国建筑研究设计院、世界自然基金会（WWF）专家学者对全市市、县（区）级行政职能部门工作人员开展低碳业务培训，并且与吉林大学举办了“四川广元低碳发展专题研讨班”，另外在市委党校、市行政学院开设生态立市和低碳发展专题培训班。多层次智库以多种形式给予广元市低碳发展提供决策参考和指导，强有力地支撑了广元市低碳发展决策。

（三）政策规划引力

为立足实际，科学统筹，强化顶层设计，广元市分步骤分阶段连续出台相关政策规划，引导落实低碳发展。政策规划主要有《广元市“十二五”低碳发展规划》《广元市“十二五”能源发展规划》《广元市低碳试点实施方案（2013—2016 年）》《国家级广元经济技术开发区低碳园区实施方案》《广元市“十三五”低碳发展规划》《广元市“十三五”能源发展规划》《关于推广清洁能源和建设循环经济产业园区实现低碳发展的意见》《关于加快推进生态立市的意见》《创建国家生态文明先行示范区实施方案》《广元市重点流域水环境生态补偿办法（试行）》《广元市加强水资源节约利用推进水生态文明建设》《中共广元市委关于深化供给侧结构性改革加快产业发展的决定》等。

（四）优势突出着力

广元市正处于经济发展方式转型关键期，立足自然资源、资源禀赋和经济条件，融入低碳发展理念，避免传统粗放式发展方式带来的“先污染、后治理”的发展路径，有效应对资源开发与生态保护、经济发展与环境治理的矛盾，主要着力于低碳农业、传统工业升级、新能源产业和生态旅游。一是建设低碳农业园区，推广农业低碳技术，推进低碳农业示范园区工作开展。二是加快工业园区循环化改造，推动重点高耗能能效和节能水平的提升。三是以创建国家新能源示范市为指导，充分发挥新能源资源优势，优化能源结构，大力开发水能、生物质能、太阳能、风能、地热能等新能源生产和利用，做大做强新能源产业。四是立足自然景观，促进文化和旅游深度融合，以生态文化旅游园区为载体，大力发展生态旅游产业。

（五）试点示范发力

广元市作为低碳试点城市，以加快推进生态文明建设、绿色发展、积极应对气候变化为目标，立足实际，科学全面推动低碳发展，有力地促进了低碳快速发展。其主要有以下四点。一是根据广元市西部欠发达城市特征，加快建立低碳农业、生态旅游，以及发展新能源产业等的低碳产业体系。二是编制《广元市“十二五”低碳发展规划》和《广元市“十三五”低碳发展规划》，科学合理制定碳排放峰值目标，将低碳发展纳入国民经济社会发展中，按照既定目标，有序推进目标任务。三是建立碳排放指标分解和考核制度，将责任层层落实，而且对各考核责任主体的减排任务完成情况开展跟踪评估和考核。四是建立健全低碳发展组织机构和工作协调机制，完善温室气体排放数据的统计、监测与核算体系，加强人才队伍建设。

（六）多方位发展合力

随着低碳发展逐步深入，广元市及各区县纷纷投入到低碳建设中，低碳发展呈现多层次多方位，形成合力，有力地促进了低碳发展的科学性和系统性，整体提升了低碳发展质量。从低碳发展内涵来讲，广元市从生态、绿色和循环多角度逐步丰富低碳发展内涵，而且落实到实际工作中。从三次产业低碳化来讲，积极推动低碳农业发展，大力发展工业循环经济和绿色建筑。从空间布局来讲，推进低碳农业园区、工业园区循环化改造和生态文化旅游园区建设；积极探索低碳社区建设，在全省率先出台低碳示范社区创建指导意见，将低碳理念贯穿社区规划、建设、运营管理和居民生活全过程，已创建低碳示范社区 37 个；出台“广元市绿色低碳小城镇建设发展思路和实施方案”，推进绿色小城镇建设。

参考文献

[1] 生态环境部. 中国应对气候变化的政策与行动 2018 年度报告[R]. 2018.

[2] 人民网—人民日报. 中国正提前兑现在《巴黎协定》中所作承诺[EB/OL]. [2019-9-22]. http：//world.people.com.cn/n1/2019/0922/c1002-31365893.html.

[3] 陈楠，庄贵阳. 中国低碳试点城市成效评估[J]. 城市发展研究，2018（10）：88-95.

[4] 任亚运，程芳芳，傅京燕. 中国低碳试点政策实施效果评估[J]. 环境经济研究，2020（1）：21-35.

[5] 庄贵阳. 以低碳城市建设引领低碳发展[EB/OL]. [2016-11-04]. http：//ex.cssn.cn/skjj/skjjjjgl/ skjjxmcg/201611/t20161104_3264697_1.shtml.

[6] 广元市统计局. 广元市 2012 年国民经济和社会发展统计公报[R]. 2013.

[7] 广元市发改委. 广元市国家低碳城市试点工作自评报告[R]. 2016.

都江堰灌区水资源市场化、多元化的生态补偿机制研究

唐宏　魏强[①]

【摘　要】开展水资源生态补偿，有助于保护区域水生态环境，促进水资源合理开发利用，协调各方用水主体的经济利益。本文结合都江堰灌区的相关情况，梳理灌区水资源生态补偿现状，分析灌区现有生态补偿政策环境和存在的主要问题，立足都江堰灌区实际，初步构建灌区水资源生态补偿机制框架，提出了灌区水资源生态补偿的主客体、补偿标准和补偿方式，并提出促进灌区水资源生态补偿政策实施的对策建议，为灌区水资源生态补偿实施提供一定的参考。

【关键词】水资源；生态补偿；市场化；多元化；都江堰灌区

一、引　言

都江堰灌区位于四川成都平原和龙泉山以东丘陵地区，其渠首是闻名中外的都江堰水利工程，岷江、沱江、涪江流经灌区，是灌区的重要水源。灌区灌溉面积约为 71 万 hm^2，供水区范围涵盖成都市在内的 7 市 38 县（市、区），供水功能包括生活、生产和生态供水的全方位服务。进入 21 世纪以来，灌区水利工程标准进一步提高，为保障四川粮食安全、经济发展、生态健康和社会稳定发挥着重要作用。然而，长期以来的粗放型发展模式导致灌区水资源的过度消耗和水环境日益恶化，为灌区经济社会的可持续发展埋下隐患。

水资源生态补偿是缓解水资源污染和过度使用的有益探索与有效途径，它能较好地协调灌区内各利益主体间的经济发展和生态保护之间的矛盾。党的十九大报告提出“建立市场化、多元化生态补偿机制”，同时将其列为加快生态文明体制改革的重要任务之一。将生态补偿应用到流域水资源保护领域在国际上已达成普遍共识，认为可以通过构建流域生态补偿机制来解决日益严峻的水资源生态问题。因此，立足水资源利用现状，加快构建水资源生态补偿机制，提出切实可行的生态补偿对策，协调灌区经济与生态利益，是都江堰灌区乃至四川省绿色经济发展过程中十分必要的理论和现实问题。

二、国内外研究进展

（一）国内外水资源生态补偿相关理论研究

生态补偿是近年来环境保护相关学科研究的热点，将资源环境作为关注对象，希望通过

① 唐宏，四川农业大学管理学院、四川省农村发展研究中心办公室主任、硕士生导师，博士，主要从事农业区域发展、资源经济与土地管理相关研究；魏强，四川农业大学管理学院硕士研究生，主要从事水土资源与区域发展相关研究。

相关研究和管理实现对环境的保护与可持续利用，其本质是对生态环境服务的付费行为（袁伟彦和周小柯，2014）。生态补偿最初主要用以抑制负的环境外部性，依据污染者付费原则（Polluter Pays Principle，PPP）向行为主体征收税费，逐渐由惩治负外部性行为转向激励正外部性行为（Cowell，1997；Merlo，2000；Murray，2001）。经济合作与发展组织（OECD）提出了“谁保护，谁受益”原则（Provider Gets Principle，PGP）。随着生态问题的日益严峻，逐渐有了为生态服务付费的意识，这就是生态补偿的另一基本原则——“谁受益，谁补偿”原则（Beneficiary Pays Principle，BPP）。通过多个国家的实地调查，Hanley（1995）发现 PGP 在一些地区已付诸实践，而 BPP 却很少被采用，虽然随着生态意识的不断加强，人们的支付意愿逐渐增强（Landell-Mills and Porras，2002），但要使生态补偿变为一种主动行为并将其制度化仍存在很多困难。真正实现 BPP 原则是完善生态补偿机制尚待解决的主要问题之一（杨熠等，2017）。

在国外，许多流域尺度的补偿计划已付诸实施，主要集中在拉丁美洲（Landell-Mills and Porras，2002；Mayrand and Paquin，2004；Rosa et al.，2004；Warner et al.，2004），但是基于市场手段来管理自然资源才刚起步（Nicolas，2006）。Pagiola（2005）提供了一种以土地使用者的净私人收益为横轴，以对其他人产生的净生态服务功能价值为纵轴的生态补偿有效性框架分析方法。Zbinden S.（2005）等以哥斯达黎加为例，对自 1997 年起实施的生态补偿计划（Pagos de Servicios Ambientales，PSA）已经提供的支付给超过 4 400 户农民及森林所有者关于造林、森林保护及可持续的林业管理等三方面的补偿，运用计量经济学方法对农民及森林所有者，包括 PSA 计划的参与者和非参与者进行调查与分析，结果表明较大型的农场主致力于劳动密集和土地密集型农业活动，土地使用权和土地所有权对于参与是至关重要的。Zbinden S.指出了 PSA 计划由于支付不平等，不能达到森林法制定的目标而受到批评，PSA 计划支付趋向于受过良好教育的富裕农民，虽然提高了效率，但降低了公平，因此政策制定者应当最大限度地对多目标进行平衡优化。Owusu（2006）等针对森林保护区在饮用水保护的重要性进行研究，认为政府财政在鼓励流域保护和流域生态服务市场化方面具有很大潜力。

建立生态补偿制度，是大力推进生态文明建设的重要举措。2015 年中共中央、国务院印发的《关于加快推进生态文明建设的意见》和《生态文明体制改革总体方案》都将生态补偿机制作为生态文明建设的重要保障措施，并提出“要探索建立多元化的生态补偿机制，加快形成受益者付费、保护者得到合理补偿的运行机制”。党的十九大报告将“建立市场化、多元化生态补偿机制”列为“加快生态文明体制改革，建设美丽中国”的内容之一。生态补偿是“绿水青山”保护者与“金山银山”受益者之间的利益调配机制，它是一种生态资源环境价值“市场化”的公共制度安排，通过对生态利益的重新分配，协调社会经济发展和环境资源保护之间的矛盾。其中，水生态补偿机制是国家生态补偿制度的重要组成，建立水生态补偿机制是贯彻落实党的十八大精神和 2011 年中央一号文件的重要任务。按照国家有关部署，水利部高度重视并积极推进水生态补偿机制建设。

从 20 世纪 90 年代以来，我国学者就将生态补偿问题的研究作为可持续发展的重要内容，从社会公正、法律、制度、补偿资金来源、财税等多个视角出发，对如何建立符合我国国情的生态补偿机制进行了有益探索，其中以流域内部生态补偿研究最多。钱水苗、王怀章（2005）认为可以从制度和市场两条道路构建社会公正视角下的流域生态补偿机制，其目的是实现社会公正。朱桂香（2008）指出在建立流域生态补偿机制的过程中，必须始终遵循 “谁开发，谁保护；谁受益，谁补偿”的原则。从具体运行状况看，毛涛（2009）探讨了流域生态补偿的运作机制及其法制问题的完善，从制度层面提出了多种保障性措施，比如建立完善的流域管理体制、流域环境权交易市场和流域财政收支制度等。如何完善补偿机制，也是学者们重点关注的。王彤等（2010）基于供给需求理论，以水库流域为研究对象，探索建立了流域生态补偿标准测算体系。李云驹（2011）在对松华坝水源区内不同生态补偿措施和标准进行比较研究时，通过机会成本法、意愿调查法和生态服务功能价值法，测算了水源区各种类型生态服务功能的大小，明确了生态补偿的标准，并评估了生态补偿措施的实际绩效。张兴国等（2011）从实物期权理论的视角，探讨了流域生态补偿标准中机会成本的核算问题。卢艳等（2011）以海河流域为研究对象，构建了水质和污染物总量的生态补偿标准测算模型。王军锋、侯超波（2013）对于构建适合我国的流域生态补偿机制提出了不同的完善思路与改进建议，主要从法律制度和协调机构两个方面提出了系统的意见，尤其对建立跨层级、跨行政区的流域生态补偿管理协调机构进行了深入的分析与总结。聂倩（2014）提出，在生态补偿机制中要注重市场机制的调节作用，并充分重视对中介机构的培养，从而发挥多重效果。

（二）国内外水资源生态补偿相关实践研究

国外生态补偿实践始于 20 世纪 80 年代，主要集中在哥斯达黎加、哥伦比亚、厄瓜多尔和墨西哥等拉丁美洲地区（Pagiola et al.，2004）。美国纽约市在 Catskill 流域尝试开展生态补偿，通过对流域上游进行投入，改善流域内的土地利用生产方式，使水质达到美国清洁法标准，而免去投资 50 亿美元建设水净化处理厂和每年 2.5 亿美元的运转费。哥斯达黎加《森林法》规定，森林的生态环境服务应当付费，政府设立森林生态环境效益基金（FONAFIFO），水电公司通过该基金对上游私有土地主进行造林及保护有林地进行补偿。厄瓜多尔 1998 年成立了流域水保基金，基金的资金主要来自水费，基金用于保护上游 40 万公顷的水土及生态保护区，流域基金独立于政府，但和政府的生态环境保护项目配合，基金交由专业机构去实施，运用参与式方法运作（Landell-Mills and Poras，2002）。由于地下水位升高，澳大利亚新南威尔士州土地盐化加剧，为应对这一生态环境问题，政府建立河水出境盐度总量控制计划，实施排盐许可证交易制度，成立了环境服务投资基金会来管理减盐信用交易（Landell-Mills and Poras，2002）。

在国内，冉光和等（2009）通过对长江流域生态经济特点的具体分析，探索在长江流域建立生态补偿机制的路径，即加强中央政府的垂直补偿，探索流域区际政府的平行补偿方式，完善水资源储各政策法规体系，发展水资源储备的科技保障体系，建立以政府投入为主的资金保障机制。吴菁（2010）通过对东江流域生态补偿研究实践中存在问题的分析，审视流域生态系统的连贯性与政治结构分割间的矛盾，提出通过构建流域“生态共同体”的理念，运行“政府主导、市场运作”的策略，从而打破流域行政区界的限制。麻智辉等（2013）通过对新安江流域的实证研究，分析了作为国家首个跨省流域生态补偿机制试点在实际运行中遇到的难点与问题，在此基础上提出了在跨省层面构建流域生态补偿机制的政策建议和新的体系框架。其他省（区、市）也相继开展流域生态补偿实践，北京、天津等南水北调中线工程受水区与湖北、河南、陕西等水源区开展对口协作，陕西省政府印发《渭河流域水污染补偿实施方案》，并与上游甘肃省定西市、天水市实行生态补偿，河南省对省内重点流域实行“超标罚款”和“达标奖励”相结合的双向补偿机制（李干杰，2016）。

三、都江堰灌区水资源生态补偿现状与问题

（一）灌区水资源生态补偿相关法律与政策

目前，我国尚未建立系统的水资源生态补偿制度，仅有部分相关规定。《中华人民共和国水土保持法》《中华人民共和国环境保护法》和《中华人民共和国水污染防治法》《中华人民共和国水土保持法》规定：国家加强江河源头区、饮用水水源保护区和水源涵养区水土流失的预防和治理工作，多渠道筹集资金，将水土保持生态效益补偿纳入国家建立的生态效益补偿制度。《中华人民共和国环境保护法》第三十一条规定：国家建立、健全生态保护补偿制度，加大对生态保护地区的财政转移支付力度。有关地方人民政府应当落实生态保护补偿资金，确保其用于生态保护补偿。国家指导受益地区和生态保护地区人民政府通过协商或者按照市场规则进行生态保护补偿。《中华人民共和国水污染防治法》第一章第七条规定：国家通过财政转移支付等方式，建立健全对位于饮用水水源保护区区域和江河、湖泊、水库上游地区的水环境生态保护补偿机制。

水资源是都江堰灌区的核心自然资源，四川省为贯彻落实《国务院办公厅关于健全生态保护补偿机制的意见》（国办发〔2016〕31 号）精神，进一步健全生态保护补偿机制，推进绿色发展，构建长江上游生态屏障，颁发了《关于健全生态保护补偿机制的实施意见》（简称《意见》）。《意见》指出，水资源生态补偿是健全生态保护补偿机制的一项重点任务，要“探索开展水利风景区生态补偿试点，建立以市场和社会投入为主的多元化补偿机制。健全集中式饮用水水源保护责任机制和生态补偿机制，编制生态环境保护方案，清理整治饮用水水源保护区内违法排污设施”。2019 年四川省批准通过《成都市都江堰灌区保护条例》（简称《条例》）。《条例》第三条指出，“市和区（市）县人民政府应当建立完善灌区保护的奖励、补偿和考核评估机制，促进都江堰灌区经济与社会绿色、生态、可持续发展”。同年，四川省人民政府印发实施《四川省流域横向生态保护补偿奖励政策实施方案》，提出充分发挥资金引领作用，通过资金奖励，引导激励市州共建流域横向生态保护补偿机制，形成竞相提升生态环境质量的局面。奖励措施主要包括两个方面：一是对四川省与相关省（市）签订补偿协议、建立跨省流域横向生态保护补偿机制，承担责任的相关市州给予奖励；二是对省内同一流域上下游所有市州协商签订补偿协议、建立起流域横向生态保护补偿机制的给予奖励。

（二）灌区水资源生态补偿现状

通过前文对都江堰灌区水资源生态补偿相关法律与政策的梳理，可以对都江堰灌区水资源生态补偿现状进行分析，从而在整体上把握当前灌区水资源生态补偿的进展与方向，为都江堰灌区水资源生态补偿机制的构建提供政策建议和决策参考。

国家层面，《中华人民共和国水土保持法》《中华人民共和国环境保护法》和《中华人民

共和国水污染防治法》这三部国家重要法律均对生态补偿提出了相应要求。全党、全国的重要会议均提出要实行资源有偿使用制度和生态补偿制度，建立健全生态补偿机制。生态补偿作为一种保护生态环境的重要手段已得到广泛认可，构建都江堰灌区水资源生态补偿机制已具备了基本的法律基础和政策支持，但是这些政策条例多以“意见”形式对健全生态补偿机制提出建议，提出要完善生态补偿机制，而缺乏来自国家层面的具体指导和详细要求。

地方层面，四川省于 2016 年正式实施《四川省“三江”流域水环境生态补偿办法（试行）》（简称《办法》），“三江（岷江、沱江、嘉陵江）”流域是四川经济发展和人口居住集中地区，也是水污染相对集中地区。《办法》提出建立上下游横向生态补偿机制，依据水质监测结果在监测断面的上下游市（县）人民政府之间实行水环境生态补偿的横向转移支付，每年由省级财政与市、县财政结算。

灌区所涉及的包含成都市在内的 7 市均有相应的生态保护补偿机制实施方案，例如：遂宁市 2017 年出台《遂宁市水环境生态补偿方法（试行）》，开始实施水环境生态补偿制度，按照“超标者赔偿、改善者受益”的原则，以完善遂宁市重点流域水环境生态补偿制度，实现区域水环境质量的根本好转；成都市 2018 年制定的《关于健全生态保护补偿机制的实施意见》，明确了积极探索建立多元化、市场化生态补偿机制的改革方向，聚焦固体废物处置、湿地和重点生态区域保护等关键领域，进一步健全生态保护补偿的重点任务，提出创新生态价值转化机制，推动“输血式”补偿到“造血式”补偿转变；资阳市 2018 年制定的《四川省探索建立生态补偿机制实施方案》对接方案，明确了生态保护者与受益者权利义务，建立生态补偿标准体系和生态补偿资金稳定增长机制，逐步形成生态损害者赔偿、受益者付费、保护者得到合理补偿的运行机制。

（三）灌区水资源生态补偿存在的问题与不足

都江堰灌区水资源生态补偿目前尚处于补偿初期的研究和探索阶段，虽然已具备进行灌区水资源生态补偿的相关条例和政策文件，但缺乏整体性开展补偿的具体指导与详细要求，灌区进行的水资源生态补偿探索与实践还需不断完善，当然也存在一些问题与不足。

一是补偿标准难以量化，补偿资金来源单一。灌区内各市出台的水资源生态补偿相关政策没有关于补偿标准计算的详细内容，极大地限制了都江堰灌区水资源生态补偿机制的构建。此外，补偿资金来源过于单一，灌区内主要以财政转移支付的方式提供补偿资金，形成了依靠政府“输血式”资金投入来推动灌区水资源生态补偿的习惯和倾向，而没有主动探索、培育和发展“造血式”资金来源渠道的理念和工作思路，极大地限制了灌区水资源生态补偿的长远发展。

二是法律体系不健全。我国对生态补偿的立法工作十分重视，但是还尚未出台国家层面的“生态补偿条例”，这种上位法的缺失大大增强了地方生态补偿立法的难度。就都江堰灌区而言，指导生态补偿实施的多为政策性文件、相关通知、条例等，但相关规章的效力远低于法律条文。

三是生态补偿参与者不足，企业及公众缺位。目前都江堰灌区生态补偿的组织、设计、运行、保障乃至利益相关方均是各级政府，缺乏市场主体、相关社会组织和公民的参与，而在水资源生态补偿中各利益相关主体的参与缺失，不利于都江堰灌区实现水资源生态补偿的市场化多元化发展。生态系统的保护和可持续发展不仅仅是政府的责任，应在政府主导的基础上，引导多元主体参与水资源生态补偿。

四、都江堰灌区水资源生态补偿机制构建

市场化多元化生态补偿机制的有效建立，首先要明确谁补偿谁、补偿多少及如何补偿三个基本问题。要解决这三个基本问题，构建灌区水资源市场化多元化的生态补偿机制，必须做好以下工作。

（一）灌区水资源生态补偿主客体界定

灌区水资源生态补偿主客体的界定是构建灌区水资源生态补偿机制需要解决的首个关键问题。其中最重要的任务是对灌区水资源生态补偿利益相关方进行界定，判断在灌区水资源生态补偿中哪些利益相关方是补偿主体，哪些利益相关方是补偿客体。

首先需要界定补偿主体，即谁来补偿。根据市场化多元化生态补偿机制应遵循的原则，主要由三类主体承担。一是受益主体，即享受水环境治理成果的群体，受益者应该对水生态环境保护者支付相应的费用。二是水资源使用者，水资源具有稀缺性，水资源占用者应向国家或公众利益代表支付费用。三是污染主体，即在生产生活中向水生态环境排放污染物而导致水生态环境破坏的群体。

其次需要界定补偿客体，即向谁补偿。补偿对象一般包括两类：一类是生态保护者和建设者。对水生态建设和水生态保护做出贡献的集体和个人，应综合考虑其投入的直接成本和丧失的机会成本给予补偿与奖励；另一类是水生态环境破坏的受损群体，如水利工程建设过程中搬迁的企业、居民等。

（二）灌区水资源生态补偿标准的确定

确定灌区水资源生态补偿标准，即补偿多少的问题，是构建水资源生态补偿机制过程中需要解决的第二个关键问题。要确定灌区水资源生态补偿数量，首先要建立科学的生态资源价值评估体系。目前对生态资源价值进行评估的方法不多，建议应用以下方法开展生态资源价值评估：一是生态损益法，即从生态环境资源效益的损失角度来评价其效益，以此作为水资源生态补偿标准的重要参考。二是水足迹法，通过计算区域的水资源使用量，然后把使用的水资源量的经济价值作为水资源生态补偿标准的重要参考。三是机会成本法，位于灌区水资源生态系统服务区的政府通常会为了保护水资源生态环境而限制环境不友好企业的进入与发展，在一定程度上会限制灌区经济发展。因此，在对该区域进行生态补偿时，灌区损失的机会成本将成为计算灌区生态补偿标准的重要依据。四是支付意愿法，通过访谈和问卷调研了解企业、居民的最大愿意支付量，从而推算出其经济价值。在确定补偿标准实践中，往往需要综合多种方法来确定水资源的价值，以直接成本和机会成本为基础，结合灌区生态损益和居民支付意愿，从而确定出科学的补偿金额。

（三）灌区水资源生态补偿方式选择

水资源生态补偿方式的选择，即如何补偿的问题，是构建灌区水资源生态补偿机制过程中需要解决的第三个关键问题。无论是在实践探索还是理论分析中，水资源生态补偿方式选择都引起社会各界的高度重视和广泛关注。

1. 资金补偿

资金补偿是一种常见的政府补偿方式,它通过直接支付资金的方式对补偿客体进行补偿。资金补偿有多种实现方法，其中应用最广泛的就是财政转移支付，即把国家财政收入的一部分无偿让渡给地方政府或其他经济主体，包括中央财政转移给地方的纵向财政转移支付和地方政府之间的横向财政转移支付。在构建都江堰灌区水资源生态补偿机制的过程中，需要结合灌区实际，逐步完善横向财政转移支付机制，使转移支付体系与水资源生态补偿机制有效衔接。同时，要推进补偿资金来源渠道多元化，充分发挥银行、证券等金融机构和金融市场的作用，促进灌区水资源生态补偿的顺利运行。

2. 政策补偿

进一步加大对灌区内小型农田水利设施建设的支持力度；继续加大对城市防洪工程、水利骨干工程的支持力度；加大水环境、水生态治理与保护的投资力度。进行都江堰灌区水资源生态保护和水资源合理开发利用在一定程度上会限制灌区内各市社会经济的发展，而通过政策优惠补偿，可以提升灌区经济社会发展的动力。

3. 产业补偿

产业补偿方式是一种政府市场综合补偿方式，它需要综合运用政府手段和市场手段才能发挥作用。在灌区水资源生态补偿中，可以通过产业补偿方式把对补偿区域的补偿落实到具体产业上，通过培育与发展补偿区域相关产业，增强其自身的造血功能。被补偿区域在产业发展中要搭建好产业转移承接平台，并且接纳和汇聚流域范围内高技术低污染型产业，形成产业集群。产业补偿不是一项孤立的补偿方式，而是一种综合性的补偿系统，需要政策、资金、市场、技术等各方面的有力配合。

都江堰灌区水资源生态补偿方式应采用资金补偿、政策补偿和产业补偿相结合的方式。其中，资金补偿和政策补偿为灌区水资源生态补偿的长远发展提供了坚实的基础支撑，产业补偿则为灌区水资源生态补偿的长远发展起到持续的保障促进作用,各种补偿方式互相配合、互相补充，共同构成了完整的灌区水资源生态补偿方式。

五、都江堰灌区水资源生态补偿政策建议

（一）加大补偿资金投入，促进资金来源渠道多元化

目前都江堰灌区水资源生态补偿资金主要来源于国家和四川财政专项资金，要继续加大国家和四川对灌区水资源生态补偿的专项投入，同时整合灌区内各市级政府专项资金。除此之外，要鼓励多元主体进入环保市场，通过各种方式，吸引社会资本、企业、相关单位共同参与投入，形成资金合力，创新资金使用方式。

（二）建立健全灌区水资源生态补偿法律体系

当前都江堰灌区水资源生态补偿的开展虽已具备一定的法律基础，但是整体上并没有形成一个完整的法律体系。水资源生态补偿是一项系统性的环保工程，灌区水资源生态补偿相关工作的顺利推进必须依赖于完备的法律体系，这样才能对灌区水资源生态补偿的各个环节进行法律约束。因此，相关政府部门和立法机构要多做有益的尝试，明确立法原则，在水资源保护相关法律的基础上，针对灌区水资源保护和补偿立法，推动立法工作的开展和相关法律规章的落地。

（三）探索补偿方式多样性

目前都江堰灌区水资源生态补偿方式是政府主导的以财政转移支付和项目为主的资金补偿和政策补偿，补偿方式过于单一。可考虑构建政府补偿为主，市场补偿、非政府组织补偿为辅的多元补偿方式。在政府引导的基础上，进一步发挥市场机制的作用，如探索发行灌区绿色债券、建立灌区生态银行，或者引入大型企业，吸引更多社会资本参与到生态保护工作中，为灌区生态补偿提质增效。

参考文献

[1] Cowell R. Stretching the Limits：Environmental Compensation，Habitat Creation and Sustainable Development[J]. Transactions of the Institute of British Geographers，1997，22（3）：292-306.

[2] Hanley N, Kirkpatrick H, Simpson I, et al. Principles for the provision of public goods from agriculture：Modeling moorland conservation in Scotland[J]. Land Economics，1995，74（1）：102-113.

[3] Landell-Mills N，Porras I. Silver bullet or fools' gold？A global review of markets for forest environmental services and their impact on the poor[D]. London，UK：International Institute for Environment and Development（IIED），2002.

[4] 李干杰. 加快推进生态补偿机制建设共享发展成果和优质生态产品[J]. 环境保护，2016，44（10）：10-13.

[5] 李云驹，许建初，潘剑君. 松华坝流域生态补偿标准和效率研究[J]. 资源科学，2011，33（12）：2370-2375.

[6] 卢艳，王燕鹏，蒙志良，等. 流域生态补偿标准研究——以河南省海河流域为例[J]. 信阳师范学院学报（自然科学版），2011，24（2）：228-233.

[7] 麻智辉，高玫. 跨省流域生态补偿试点研究　以新安江流域为例[J]. 企业经济，2013，32（7）：145-149.

[8] 毛涛. 流域生态补偿主体的法律分析[J]. 人民黄河，2009，31（9）：7-8，13.

[9] Mayrand K，Paquin M. Payment for Environmental Services：a survey and assessment of current schemes [J]. Journal of helminthology，2004，1（2）：77-80.

[10] Merlo M，Briales E R. Public goods and externalities linked to Mediterranean forests：Economic nature and policy[J]. Land Use Policy，2000，17（3）：197-208.

[11] Murray B C，Abt R C. Estimating price compensation requirements for eco-certified forestry[J]. Ecological Economics，2001，36（1）：149-163.

[12] Nicolas Kosoy，Miguel Martinez-Tuna，Roldan Muradian，et al. Payments for environmental services in watersheds：Insights from a comparative study of three cases in Central America[J]. Ecological Economics，2006，61（2）：446-455.

[13] 聂倩. 国外生态补偿实践的比较及政策启示[J]. 生态经济，2014，30（7）：156-160.

[14] Pagiola S，Arcenas A，Platais G. Can Payments for Environmental Services Help Reduce Poverty? An Exploration of the Issues and the Evidence to Date from Latin America [J]. World Development，2004，33（2）：237-253.

[15] 钱水苗，王怀章. 论流域生态补偿的制度构建——从社会公正的视角[J]. 中国地质大学学报（社会科学版），2005（5）：80-84.

[16] 冉光和，徐继龙，于法稳. 政府主导型的长江流域生态补偿机制研究[J]. 生态经济（学术版），2009（2）：372-374，381.

[17] Rosa H，Kandel S，Dimas L. Compensation for environ-mental services and rural communities：Lessons from the Americas. International Forestry Review，2004，61（2）：187-194.

[18] 王军锋，侯超波. 中国流域生态补偿机制实施框架与补偿模式研究——基于补偿资金来源的视角[J]. 中国人口・资源与环境，2013，23（2）：23-29.

[19] 王彤，王留锁，姜曼. 水库流域生态补偿标准测算体系研究——以大伙房水库流域为例[J]. 生态环境学报，2010，19（6）：1439-1444.

[20] 吴箐，汪金武. 完善我国流域生态补偿制度的思考——以东江流域为例[J]. 生态环境学报，2010，19（3）：751-756.

[21] 杨熠，张沁琳，胡玉明. 生态补偿机制效果研究述评——兼论微观效果研究框架的构建[J]. 厦门大学学报（哲学社会科学版），2017（1）：33-40.

[22] 袁伟彦，周小柯. 生态补偿问题国外研究进展综述[J]. 中国人口资源与环境，2014，24（11）：76-82.

[23] Zbinden S，Lee D R. Paying for Environmental Services：An Analysis of Participation in Costa Rica's PSA Program[J]. World Development，2005，33（2）：255-272.

[24] 张兴国，张婕，杨柳娜. 流域生态补偿标准中机会成本核算研究[J]. 北方经贸，2011（10）：58-59.

[25] 朱桂香. 国外流域生态补偿的实践模式及对我国的启示[J]. 中州学刊，2008（5）：69-71.

成都市农业碳排放影响因素与低碳发展模式研究

魏雅丽　李世香　羊雨　李欢①

【摘　要】我国的经济体量位居全球第二，碳排放总量居世界第一，继工业碳减排之后，农业成为国内节能减排的重点领域。当前我国正处于农业经济发展转型阶段，亟须将低碳农业作为农业可持续发展的主要内容。本文以成都市为例，通过碳排放系数法测算2007—2018年的农业碳排放量及排放强度，对其农业碳排放结构和农业碳排放等级进行了分析评价。基于对测算结果的动态分析，运用Kaya恒等扩展式与LMDI指数分解方法揭示了成都市农业碳排放的驱动及抑制因素，并提出成都市低碳农业发展模式，以期为现代都市低碳农业发展提供参考。

【关键词】农业碳排放；影响因素；LMDI模型；低碳农业发展模式

一、国内外低碳农业研究进展

（一）发展动态

2019年12月，联合国气候变化大会在马德里召开，全球气候变暖、气候风险再次成为各界关注焦点。联合国政府间气候变化专门委员会（IPCC）在第五次评估报告（AR5）中称，在95%的置信水平下可以认为是人类活动所排放的温室气体导致了气候变化[1]。气候变化将导致全球生态系统受到严重损害，对全球经济造成无法想象的冲击，而农业作为民生之基，也排放了大量的温室气体。据联合国粮食及农业组织（FAO）在2014年公布的数据称，全球农业温室气体排放在过去五十年里几乎翻了一番，到2050年或将再增加30%。刊登在《世界观察》上的《畜牧与气候变化》的报告中更是指出，畜牧及副产品所排放的温室气体占比远超FAO先前所估计的18%，达到了世界总排放的51%[2]，因此农业碳排放也日益受到社会各界的关注。

2010年农业部（现为农业农村部）在京召开了低碳农业研讨会，为应对气候变化对农业生产与国民经济的影响，一场为建立健全国家低碳农业生态补偿体系、全面建设现代化农业的“旷世之战”拉开序幕。2016年国务院印发了《“十三五”控制温室气体排放工作方案》，其中将“大力发展低碳农业，增加生态系统碳汇”列为重点任务，此后每年的国家一号文件中都强调采用低碳型、环境友好型以及绿色生态循环农业体系，推动农业农村绿色可持续发展。四川地处西南腹地，正积极制定从农业大省向农业强省跨越的行动方针，其“十三五”

① 魏雅丽，四川农业大学资源学院、副教授，博士，主要从事低碳农业与城乡规划研究；李世香，四川农业大学资源学院硕士研究生，主要从事都市低碳农业研究的模型与方法；羊雨，四川农业大学资源学院硕士研究生，主要从事都市农业发展的低碳模式特点和类型研究；李欢，四川农业大学资源学院硕士研究生，主要从事都市农业发展与碳排放研究。

规划和《四川省节能减排综合工作方案（2017—2020）》中皆强调践行“绿色、循环、低碳发展，加快推进生态文明建设”，并提出“切实加强农业农村节能”的低碳发展要求。2018 年四川省委一号文件中更强调建立绿色循环低碳农业生产制度，2019 年 9 月通过的《中共四川省委关于推进绿色发展建设美丽四川的决定》中将“构建绿色低碳产业体系，发展低碳农业模式”提上日程。成都市在制定“两区”建设目标时，也强调重点推进绿色低碳农业发展，落实“一控两减”和农业废弃物资源化循环利用策略，以实现成都可持续健康发展。因此，研究成都市农业碳排放影响因素与低碳发展模式有助于进一步理清成都市农业碳排放发展现状，为成都市节能减排行动和生态文明建设提供理论支撑。

（二）发展模式

各国为应对全球气候变化，因地制宜地开展了低碳农业发展模式探索：英国因缺乏土地资源广泛采用“永久型农业”发展模式[3]；美国则依靠农业信息系统与“3S”技术开展“精准农业”[4]；德国广泛采用“绿色能源农业”发展模式；日本则实施“环保型农业”模式[5]以践行低碳绿色农业理念。在国内，针对丘陵山区，学者们提出推广丘陵立体利用型[6]、山区农业生态综合开发型[7]、“猪 + 沼 + 果”循环农业型[8]、立体种植型[9]、以沼气为核心的庭院循环经济型[10]、低碳农旅结合型[11]、产业园区 + 新村互动型[12]等农业生产模式；针对平原区，学者们则提出“农—林—牧—副”与城郊农业休闲观光结合型[7]、种养复合循环型、设施有机型、旱区节水型、设施养殖循环型[13]、特色低碳农业品牌引领型[14]、农菌结合型[15]等低碳农业发展模式；而在沿海地区，有学者提出“生态养殖、海洋牧业、技术革新和推行渔业碳汇交易中心”的发展策略[16]。

二、成都市低碳农业发展分析

（一）农业产业基础

1. 自然资源条件

成都市地处四川盆地，地势西北高东南低，平均海拔 500 米，最高海拔达 5 364 米，市域内平原、丘陵、高山三大地貌类型平分，其中平原占比 36.4%[17]。自然禀赋得天独厚的成都市，属于亚热带季风气候，年平均气温 16 °C 左右，大于 10 °C 的年平均活动积温为 4 700 ~ 5 300 °C，日照时数达 1 156.7 时，年降雨量 1 000 毫米左右。另外，成都平原为冲积平原，土壤养分充足，土层深厚，质地适中，有水稻土、潮土、紫色土等 11 个土壤类，20 个亚类，56 个土属，150 个土种。平原内拥有丰富的水资源，地下水储量共达 33.74 亿立方米，岷江及沱江干流穿越市境，水质水量优越，有都江堰水利工程、东风渠等农业灌溉水利工程提供水源支撑。作为“天府之国”的成都，区域内农业生产的自然条件优越，具有适宜低碳农业发展的良好基础。

2. 社会经济基础

成都市 2018 年末户籍人口总数为 1 476.05 万人，常住人口为 1 633 万人，常住乡村人口

438.95 万人，常住城镇人口 1 194.05 万人，城镇化率达 73.12%。其中，第一产业从业人数为 14 万人，占总从业人数的 15%，较上年减少 0.6%。

截至 2018 年，成都市实现地区生产总值（GDP）15 342.77 亿元，按可比价格计算，比上年增长 8.0%。第一产业增加值 522.59 亿元，比上年增长 3.6%；第二产业增加值 6 516.19 亿元，比上年增长 7.0%；第三产业增加值 8 303.99 亿元，比上年增长 9.0%。从 2007 年至 2018 年，三次产业结构由 6.6：44.0：49.4 转变为 3.4：42.5：54.1，产业结构得到调整和优化，三次产业对经济增长贡献率分别为 1.6%、37.1%、61.3%，由图 1 可知，目前成都市主要经济增长源于第三产业。

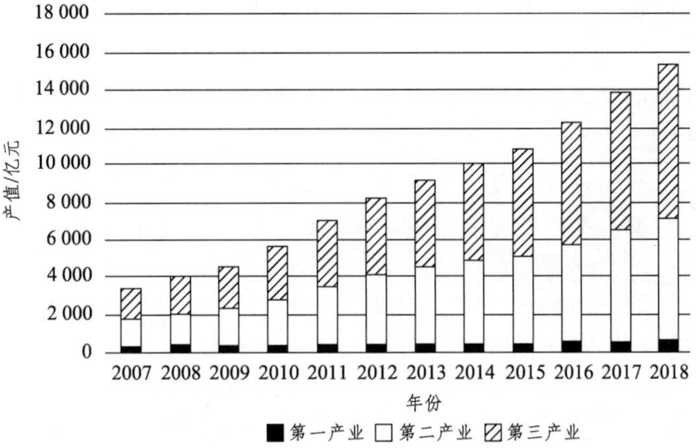

图 1　2007—2018 年成都市地区生产总值趋势图

截至 2018 年，成都市实现农林牧渔业总产值 909.3 亿元，按可比价格计算，比上年增长 3.4%。其中，种植业 577.0 亿元，比上年增长 4.8%；林业 20.6 亿元，比上年增长 6.5%；畜牧业 254.2 亿元，比上年增长 1.1%；渔业 32.0 亿元，比上年增长 6.0%。据图 2 可知，种植业占农林牧渔业总产值比例最大且呈逐年增长趋势。

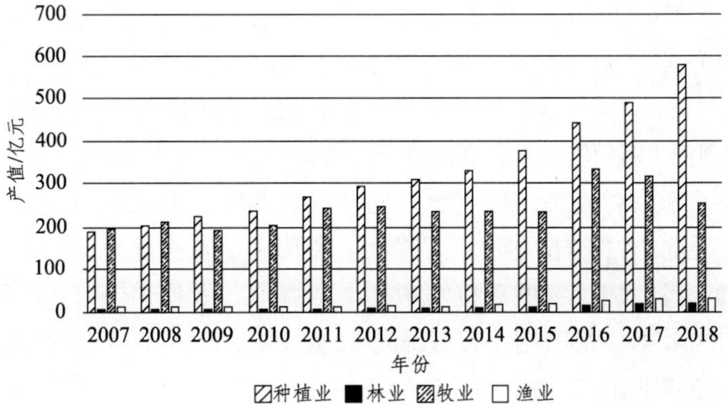

图 2　2007—2018 年成都市农林牧渔业产值分布图

成都市种植结构不断优化，2019 年全年农作物播种面积 73.3 万公顷，比上年下降 0.8%。粮食播种面积 37.7 万公顷，比上年下降 1.7%；经济作物播种面积 35.7 万公顷，比上年增长

0.1%。其中，油料作物播种面积 14.0 万公顷，比上年下降 6.7%；蔬菜及食用菌播种面积 17.5 万公顷，比上年增长 4.1%；中药材播种面积 1.4 万公顷，比上年增长 4.4%。

3. 农业产业布局

成都市加快发展都市现代农业，深入实施乡村振兴战略，加快建设“7＋7”现代农业功能区，累计实施乡村振兴项目 891 个，投资达 1 042.3 亿元。2019 年末拥有农民专业合作社 11 326 个，家庭农场 7 541 个，新建高标准农田 30.7 万亩，高效节水灌溉 3.2 万亩，农业适度规模经营率达 70.6%。成都市农商文旅融合发展，乡村旅游总收入 489.2 亿元，已形成由城区为中心向外延伸的，具有成都特色的现代都市农业布局，主要包括：观光农业、景观农业、休闲农业、设施农业、示范农业、精品农业、田园现代农业等多种农业形态和综合示范基地[18]。

从成都市现代都市农业发展的空间布局来看，可将成都市分为三个圈层：第一圈层，发展“插花式”“镶嵌式”景观农业，打造改善生态、优化环境、服务城市、美化城市的景观农业；第二圈层，以生产为重点，发展规模化、标准化、精品化的优质高效农业，兼顾生态、生活；第三圈层，注重生态，发展规模化、区域化、标准化优质高效农业和山地丘陵特色生态农业，以生产和生态功能为重点，兼顾生活休闲功能。

（二）低碳农业发展现状

1. 低碳农业相关政策

成都市第十三次党代会上确定了成都农业发展新目标：构筑都市现代农业新高地，走出一条具有成都特色的城乡融合发展新路，通过大力发展高科技、高品质、高附加值的现代农业形态，构建集生产、生活、生态功能于一体的都市现代农业，提升农业生产集约化、产业现代化、经营社会化水平。

为保证全市都市农业持续高效发展，成都相继制定了《关于进一步加大统筹城乡发展力度加快推动农业农村发展上新台阶的意见》和《关于加快现代农业产业基地建设的意见》的都市农业发展指导政策。2016 年 11 月出台的《成都市现代都市农业功能区划》中，将成都全域划为八大功能分区，力争到 2020 年，基本形成都市现代农业功能分区发展框架，各区域主导功能明确、发展方向清晰；到 2025 年，全市实现都市现代农业功能区发展格局基本成型，功能区主导功能突出，特色优势产业高度集聚，城乡生产生活环境优美的目标。2017 年 2 月出台的《成都市农业和农村经济发展“十三五”规划》中，要求突出发展高效农业，以农畜结合、农林结合为导向，推广节约型、清洁化生产技术，发展现代生态循环农业；积极推广生态保护性种养殖技术，加快发展有机农产品生产基地，发展生态有机农业；加快推进农业生产智能化，利用大数据、物联网、云计算等信息技术，提升农业生产标准化、集约化、自动化水平，发展智慧农业。

2. 低碳农业的现有模式及相关实践

目前成都市提倡以低耗、低排、低污和碳汇为核心，可持续发展的低碳农业，通过四类模式进行转变：以轮作、套种、间作等耕作方式展开的立体复合农业模式；利用农业废物、开发清洁能源的循环农业模式；通过减少农业生产中能源投入来降低碳排放的农业节能模式；通过增加植被来固碳的农业碳汇模式。

成都市已建成多个绿色低碳农业示范点，如崇州市文井镇绿色低碳示范区、青白江区都市现代农业示范点、成都市都市现代农业生态圈等。其中，成都市都市现代农业生态圈依据各片区的优势特色，形成了七大现代农业产业功能区，其发展定位虽不相同，但都与低碳、绿色、科技农业紧密联系。例如都江堰以绿色生态农业、灌区农耕文化、休闲康养为核心，深度挖掘生态资源价值，探索生态价值转化的科学路径，承担打通“绿水青山”和“金山银山”转换通道的引领示范功能，打造农业生态价值转化示范区，有效利用其得天独厚的旅游资源与生态环境。成都市通过“三产融合”形成的新型农业吸引了大批游客，集约化生产大大降低了农业成本投入，并且使农民收入得到明显提高，既美化了生态环境，又促进了低碳农业发展。

三、农业碳排放测算

（一）数据来源及测算方法

1. 数据来源

根据2008—2019年《成都市统计年鉴》、《成都市国民经济和社会发展统计公报》，获取了成都市2007—2018年化肥施用量、农药使用量、农用塑料薄膜使用量、农用柴油使用量、农业机械总动力、翻耕面积、有效灌溉面积的数据，其中化肥是指折纯量，个别零散的年份缺失数据则通过比例计算转化而来。

2. 测算方法

农业碳排放的研究众多，相关测算方法却尚未形成统一，本文主要借鉴李波、田云[19]-[23]等的研究方法，依照《IPCC国家温室气体清单指南》，针对成都低碳农业发展现状，进行农业碳排放测算。农业碳排放由农业耕作及施肥等因素所致，具体因素分别为化肥、农膜、农药、农业柴油等农业中间消耗品的使用，对土地的重复利用等操作破坏了土壤的碳吸收能力，水稻等农作物生产过程中所排放的CH_4以及在农业活动中因用电导致化石能源的消耗所引起的碳排放等。

本文将碳排放的测算聚焦于狭义农业，选取化肥、农药、农膜、柴油、农业机械、农业翻耕、有效灌溉为主要碳源类型，具体表现为以下几方面：一是农业生产中化肥使用过程所导致的碳排放；二是农药生产及使用过程中所导致的碳排放；三是农膜生产和使用过程中所引起的碳排放；四是农业机械使用消耗化石燃料所产生的碳排放；五是农业柴油使用过程中产生的碳排放；六是农地翻耕过程中破坏土壤的有机碳库从而造成土壤中有机碳流失所形成的碳排放；七是农业灌溉过程中的碳排放[24]。农业碳排放总量的测算公式如下：

$$C=\sum C_i=\sum U_i\times \Omega_i \qquad (1)$$

式中：C 为农业碳排放总量；C_i 为第 i 种碳排放源的碳排放量；U_i 为第 i 种碳源的消耗量，分别包括化肥折纯量、农药使用量、农用塑料薄膜使用量、农用柴油使用量、农业机械总动力、翻耕面积、有效灌溉面积；Ω_i 为第 i 种因素碳排放系数。Ω_i 是指单位数量的引起碳排放因素所释放的碳排放量。本文根据相关学者的研究，结合成都市实际情况，将农业主要碳源的碳排放系数 Ω_i 确定如表 1 所示。

表 1　农业主要碳源的碳排放系数

碳排放源	排放系数	数据参考来源
化肥（kg CE/kg）	0.895 6	ORNL（美国橡树岭国家实验室）[25]
农药（kg CE/kg）	4.934 1	ORNL（美国橡树岭国家实验室）
农膜（kg CE/kg）	5.180 0	IREEA（南京农业大学农业资源与生态研究所）
柴油（kg CE/kg）	0.592 7	IPCC（联合国政府间气候变化专门委员会）
农机（kg CE/kW）	0.180 0	IPCC（联合国政府间气候变化专门委员会）
翻耕（kg CE/hm^2）	3.126 0	IABCAU（中国农业大学农学与生物技术学院）
有效灌溉（kg CE/hm^2）	266.48	段华平[26]

（二）碳排放测算及动态分析

1. 农业碳排放总量及其变化

根据式（1）及表 1 中农业主要碳源的碳排放系数，计算出成都市 2007—2018 年的农业碳排放总量及其环比增长速度，结果如表 2 所示。2018 年农业碳排放总量相较于 2007 年总量减少 28.22×10^3 t，降比达 8.19%以上，其间年均排放量为 313.66×10^3 t，年均减少为 0.64%。如图 3 所示，2007—2018 年成都市农业碳排放量总体呈现波动下降的趋势，整体时序变化可分为三个阶段：显著下降——平稳微降——突变回升。2007—2012 年成都市农业碳排放属于显著下降阶段：碳排放总量从 2007 年的 344.49×10^3 t 减少到 2012 年的 294.06×10^3 t，降幅为 50.44×10^3 t，下降率为 14.64%；2013—2015 年成都市碳排放总量属于平稳微降阶段；2016 年出现大幅度的显著增长，碳排放总量从 2015 年的 289.31×10^3 t 增长到 2016 年的 334.21×10^3 t，一年之间增长 44.9×10^3 t，增长率为 15.52%；此后，2016—2018 年成都市农业碳排放量属于突变回升阶段：据图 3 判断，2016 年出现了成都市农业碳排放量突变的时间节点，究其原因发现，2016 年成都市行政区划将简阳市纳入管理辖区，因此统计中增加了一个地级市的碳排放量，且简阳是传统农业强县，农业碳排放总量远超成都市绝大部分区县，该阶段总体来看仍呈现逐年下降趋势，但年排放总量因行政区划调整高于 2010—2015 年的碳排放水平。

表 2　2007—2018 年成都市农业碳排放状况

单位：10^3 t

年份	化肥	农药	农膜	柴油	农机	翻耕	有效灌溉	碳排放总量	环比增速/%
2007	178.502 0	32.644 0	44.817 4	14.840 6	0.460 0	2.825 4	70.404 0	344.493 4	—
2008	177.274 2	32.417 0	44.511 7	14.737 5	0.474 1	2.805 7	59.638 2	331.858 5	−3.667 7
2009	165.986 0	30.196 7	50.396 2	15.173 1	0.504 6	2.613 5	58.246 1	323.116 3	−2.634 3
2010	153.767 4	29.096 4	54.638 6	14.758 2	0.518 7	2.622 9	57.069 4	312.471 6	−3.294 4
2011	155.469 9	27.951 7	54.742 2	14.936 0	0.559 2	1.264 6	54.213 2	309.136 8	−1.067 2
2012	141.825 4	27.186 9	56.648 5	14.758 2	0.576 6	1.303 0	51.758 1	294.056 7	−4.878 1
2013	140.048 6	26.239 5	57.290 8	14.580 4	0.616 0	1.274 2	49.770 5	289.820 0	−1.440 8
2014	140.014 5	25.534 0	60.455 8	14.699 0	0.658 7	1.306 4	48.544 4	291.212 7	0.480 6
2015	138.715 0	24.996 2	62.377 6	14.402 6	0.667 2	1.352 0	46.803 5	289.314 0	−0.652 0
2016	166.367 6	27.552 0	66.324 7	20.151 8	0.702 0	1.452 5	51.664 3	334.215 0	15.519 8
2017	164.429 5	26.535 6	65.941 4	19.974 0	0.726 9	1.586 3	48.790 6	327.984 3	−1.864 3
2018	162.216 4	25.420 5	65.723 8	19.736 9	0.691 9	1.457 3	41.029 7	316.276 5	−3.569 6
平均值	157.051 4	27.980 9	56.989 1	16.062 4	0.596 3	1.822 0	53.161 0	313.663 0	−0.642 6

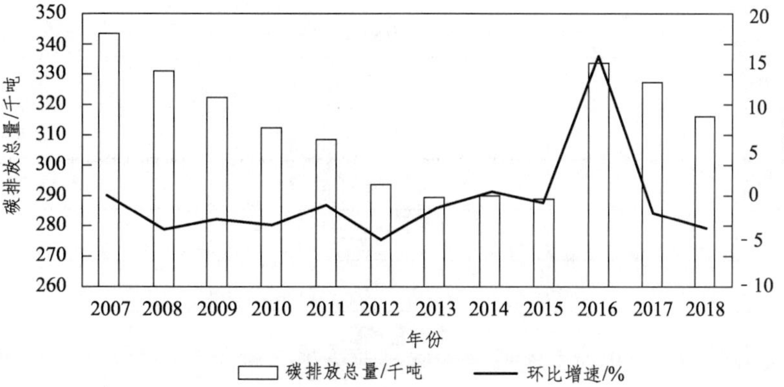

图 3　2007—2018 年成都市农业碳排放量与环比增速

根据 IPCC-AR4（联合国政府间气候变化专门委员会第四次评估报告）指出，引起温室效应的气体有 13%左右为农业产生，预计 2100 年全球温度将上升 1.8 ~ 4 °C。针对该情况，全球范围内初步达成了节能减排的共识。2013 年，联合国环境规划署（UNEP）发布的《排放差距报告》更新了当前全世界各个国家碳排放总量数据，并明确指出农业领域仍是碳减排关注的重点区域。通过对传统农业结构进行转型升级，在农业生产当中减少农药、化肥的使用，减少农业生产活动的碳排放成为各国节能减排工作的重点。据图 3，参考环比增长率，分析可知 2007—2018 年成都市农业碳排放量环比增速总体呈现负值，仅 2016 年因行政区域调整出现较大正值，因此成都市农业碳排放总量总体呈逐年递减趋势，环比增速负值较小，表明成都积极探索低碳农业发展模式，但当前农业碳排放总量降低并不显著，所以，成都市低碳农业可持续发展仍具备较大的提升空间。

2. 农业碳排放强度及其变化

本研究中，由于受到资源总数的影响，选择碳排放强度这一指标对成都市地区的碳排放情况进行衡量。其中，碳排放强度表示每一万元农作物种植所带来的碳排放量，单位为 t/万元。根据农业碳排放总量以及种植业总产值，计算得出成都市 2007—2018 年的农业碳排放强度，如表 3 所示。

表 3　2007—2018 年成都市农业碳排放强度

年份	碳排放强度/（t/万元）	环比增速/%
2007	0.185 3	—
2008	0.162 3	− 12.404 6
2009	0.144 7	− 10.834 2
2010	0.131 8	− 8.942 8
2011	0.115 1	− 12.620 1
2012	0.100 0	− 13.140 1
2013	0.094 0	− 5.972 1
2014	0.087 9	− 6.550 0
2015	0.077 1	− 12.237 9
2016	0.075 4	− 2.194 4
2017	0.066 9	− 11.291 6
2018	0.054 8	− 18.078 9
平均值	0.107 9	− 9.522 2

表 3 数据显示，2007—2018 年该地区的碳排放强度呈逐年下降的趋势，从 2007 年 0.18 t/万元下降到 2018 年的 0.05 t/万元，年均排放强度为 0.11 t/万元，年均碳排放强度下降达 9.52%。

由图 4 可知，成都市 2007—2018 年农业产业活动过程中产生的碳排放强度不断降低，2007—2015 年可归因于碳排放总量下降，2016 年在碳排放总量增加的情况下碳排放强度仍然呈下降趋势，原因在于种植业总产值增长明显。另外，由环比增速曲线可知，成都市碳排放强度环比增速的变幅较大且呈现无规则波动的态势，其中 2016 年下降最慢，仅为 − 2.19%，反观 2018 年碳排放强度下降最快，环比增速达 − 18.01%。结果表明，2007—2018 年十年间成都市农业生产方式发生转变，种植业结构得到调整，特别是以 2018 年为代表的近年农业碳排放强度显著降低，可见成都市农业碳排放治理工作取得了一定成效。

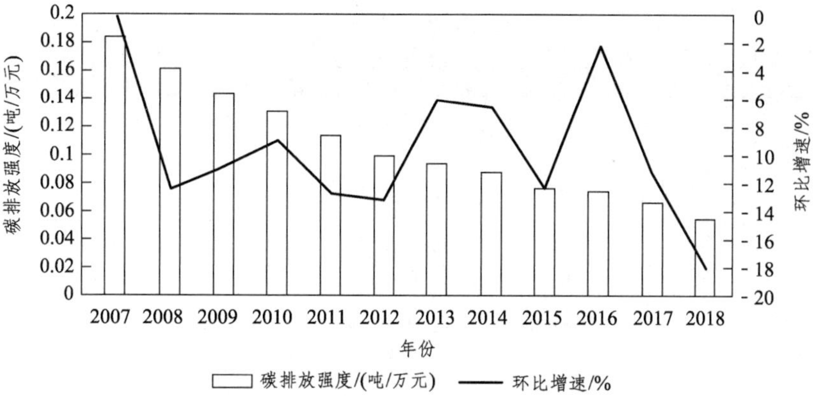

图 4　2007—2018 年成都市农业碳排放强度与环比增速

3. 农业碳排放结构及其变化

根据成都市 2007—2018 年农业主要碳源的碳排放量计算结果，包括化肥、农药、农膜、柴油、农业机械、农业翻耕、有效灌溉共 7 种主要碳源类型，得出农业碳排放结构及其年度变化，如图 4 所示。在近十年间，成都市农业主要碳源的碳排放量增减水平维持在一个相对稳定的状态。其中，对成都市农业碳排放影响最重要的碳源是化肥，施用化肥所导致的碳排放量年均达到 157.051 4 × 10^3 t，其平均占比高达 50.07%，相当于其他碳源排放量的总和。其次依次为农膜、有效灌溉、农药、农用柴油，平均占比分别为 18.17%、16.95%、8.92%、5.12%。翻耕和农业机械的碳排放最少，两者均不到 1.00%。就其波动幅度而言，化肥和有效灌溉的碳排放波动较大，因受到《到 2020 年化肥使用量零增长行动方案》颁布与水稻种植面积明显下降的影响，二者碳排放量均有明显的波动下降趋势。

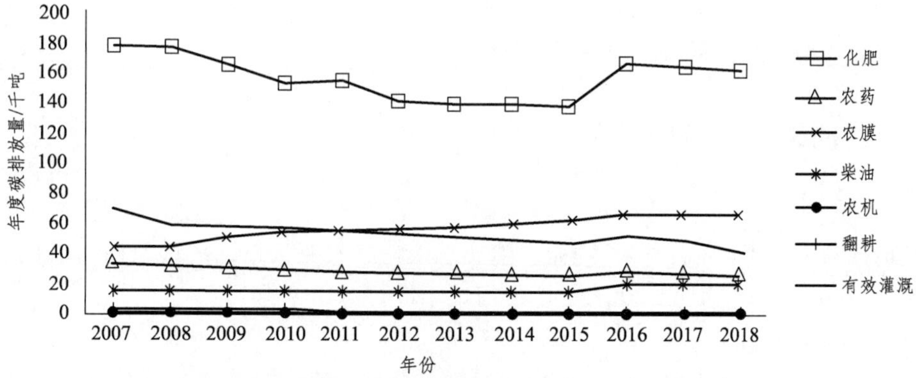

图 5　成都市 2007—2018 年农业碳排放结构及其变化

4. 农业碳排放等级划分及评价

为进一步分析成都市农业碳排放的整体水平，根据我国各省市农业碳排放空间等级标准[27]对成都市各年份农业碳排放进行等级划分。首先，利用单个样本的 K-S 检验对 2007—2018 年成都市的农业碳排放总量和强度进行正态性检验，结果均接受原假设，所有序列均服从正态分布。其次，根据正态分布原理，等级划分标准如表 4 所示。

表 4　中国各省市农业碳排放空间等级划分标准

排放水平	划分标准
高排放	$T>(\mu_1+0.44\sigma_1);E>(\mu_2+0.44\sigma_2)$
中高排放	1）$T>(\mu_1+0.44\sigma_1);(\mu_2-0.44\sigma_2)<E<(\mu_2+0.44\sigma_2)$； 2）$(\mu_1-0.44\sigma_1)<T<(\mu_1+0.44\sigma_1);E>(\mu_2+0.44\sigma_2)$
中等排放	1）$(\mu_1-0.44\sigma_1)<T<(\mu_1+0.44\sigma_1);(\mu_2-0.44\sigma_2)<E<(\mu_2+0.44\sigma_2)$； 2）$T<(\mu_1-0.44\sigma_1);E>(\mu_2+0.44\sigma_2)$； 3）$T>(\mu_1+0.44\sigma_1);E<(\mu_2-0.44\sigma_2)$
中低排放	1）$T<(\mu_1-0.44\sigma_1);(\mu_2-0.44\sigma_2)<E<(\mu_2+0.44\sigma_2)$； 2）$(\mu_1-0.44\sigma_1)<T<(\mu_1+0.44\sigma_1);E<(\mu_2-0.44\sigma_2)$
低排放	$T<(\mu_1-0.44\sigma_1);E<(\mu_2-0.44\sigma_2)$

注：T：农业碳排放总量；E：农业碳排放强度；μ_1：农业碳排放总量均值；μ_2：农业碳排放强度均值；σ_1：农业碳排放总量标准差；σ_2：农业碳排放强度标准差。

计算得到表 5。据表 5 可知，成都市农业碳排放在 2007—2018 年各年所处的排放水平，虽然排放等级年际分布存在一定程度的变动，但整体由高排放转变为中低排放水平，总体为稳中向好发展。2018 年成都市农业碳排放已处于中低水平，这表明成都市相对全国其他省市农业在碳排放结构中有所调整，低碳农业得到发展，排放等级有继续向好的趋势。

表 5　成都市 2007—2018 年农业碳排放等级划分

年份	2007	2008	2009	2010	2011	2012	2013	2014	2015	2016	2017	2018
排放等级	高	高	高	中高	中等	中低	中低	低	低	中等	中等	中低

四、农业碳排放影响因素分析

（一）数据来源及模型选择

1. 数据来源

涉及指标为种植业产值、第一产业产值、总人口、农业人口，统计数据均来自《成都市统计年鉴》（2008—2019），以 2007 年作为初始年进行对比分析。

2. 模型选择

国内外，探讨碳排放与其影响因素之间的定量关系有许多因素分解模型与方法[28]，最常见的有 STIRPAT 模型、IPAT 模型、迪氏对数指标分解法（LMDI）、Kaya 公式等[29]。LMDI 模型能够将目标完全分解，没有不可解释的余项，操作简单，并且数据处理的包含类型广、能够消除数据的残差、应用领域广泛，在资源环境领域内尤为常见。1989 年日本学者 Yoichi Kaya 教授在 IPCC 会议上首次发表 Kaya 分解模型，将人类活动所导致的碳排放归因于碳排放强度、能源使用强度、经济发展水平和人口规模[30]。因此，本文选用基于 Kaya 恒等式的 LMDI 模型研究成都市农业碳排放影响因素。

（二）碳排放驱动因素分解

Kaya 恒等式中构建了人口、经济、政策等因素之间的关联，将其变形后可广泛用于分解农业碳排放影响因素的研究。本文结合成都市的具体情况，考虑国内目前快速的城镇化进程，将城镇化水平对碳排放的影响纳入分析，扩展的 Kaya 恒等式如下：

$$C_{总} = \frac{C_{总}}{GDP_{zzy}} \times \frac{GDP_{zzy}}{GDP_{yc}} \times \frac{GDP_{yc}}{P} \times \frac{P}{P_z} \times P_z$$

$$\alpha = \frac{C_{总}}{GDP_{zzy}}$$
$$\beta = \frac{GDP_{zzy}}{GDP_{yc}}$$
$$\chi = \frac{GDP_{yc}}{P} \qquad (2)$$
$$\delta = \frac{P}{P_z}$$
$$\varepsilon = P_z$$

则有

$$C_{总} = \alpha \times \beta \times \chi \times \delta \times \varepsilon \qquad (3)$$

式中：$C_{总}$表示农业生产活动当中所排放的总的碳排放量；GDP_{zzy}，GDP_{yc}分别表示该地区年种植业和第一产业所创造的生产总值；P 代表该地区的人口总数；P_z代表该地区从事农业工作的人口数量。

α 代表当地农业生产活动的效率，该项指标越小，表示该地区农业生产效率越高，所产生的碳排放量越少；β 代表农业产业结构比例，即表示种植业在整个第一产业中所占的比例，这一数值越大，所代表的碳排放总量越大；χ 表示人均农业生产总值；δ 代表当地的城镇化水平；ε 代表农业人口规模。

鉴于农业部门对于种植业规模的度量存在一定差异，为了在研究过程中方便计算，决定采用产值作为计算数值，从而避免计算残差[31]-[33]。LMDI 法有“加和分解”与“乘积分解”两种形式，但由于方法自身的特殊性，乘法形式的分解结果可与加法形式的分解结果进行互相转换[34]-[36]。

加法分解形式：

$$\Delta C_{总} = \Delta\alpha + \Delta\beta + \Delta\chi + \Delta\delta + \Delta\varepsilon \qquad (4)$$

根据一阶差分计算公式 $\Delta C_{总} = C^T - C^{T-1}$，由处理过程可知，各分解因素贡献值表达式为

$$\Delta\alpha = (\alpha^T - \alpha^{T-1}) \times \beta^T \times \chi^T \times \delta^T \times \varepsilon^T$$
$$\Delta\beta = \alpha^T \times (\beta^T - \beta^{T-1}) \times \chi^T \times \delta^T \times \varepsilon^T$$
$$\Delta\chi = \alpha^T \times \beta^T \times (\chi^T - \chi^{T-1}) \times \delta^T \times \varepsilon^T \qquad (5)$$
$$\Delta\delta = \alpha^T \times \beta^T \times \chi^T \times (\delta^T - \delta^{T-1}) \times \varepsilon^T$$
$$\Delta\varepsilon = \alpha^T \times \beta^T \times \chi^T \times \delta^T \times (\varepsilon^T - \varepsilon^{T-1})$$

式中：$\Delta\alpha$，$\Delta\beta$，$\Delta\chi$，$\Delta\delta$，$\Delta\varepsilon$分别表示从 T-1 年到 T年，在保证其他条件不改变的情况下，农业生产效率因素、农业生产结构因素、人均农业生产总值因素、城镇化水平因素以及农业人口规模因素各自变动引起的较基准年的碳排放量变动。

乘法分解形式：

$$D=\frac{C_{总}^{T}}{C_{总}^{0}}=\frac{\alpha^{T}\times\beta^{T}\times\chi^{T}\times\delta^{T}\times\varepsilon^{T}}{\alpha^{0}\times\beta^{0}\times\chi^{0}\times\delta^{0}\times\varepsilon^{0}} \tag{6}$$

则各因素贡献率表达式为

$$D_{\alpha}=\frac{\alpha^{T}}{\alpha^{0}}\quad D_{\beta}=\frac{\beta^{T}}{\beta^{0}}\quad D_{\chi}=\frac{\chi^{T}}{\chi^{0}}\quad D_{\delta}=\frac{\delta^{T}}{\delta^{0}}\quad D_{\varepsilon}=\frac{\varepsilon^{T}}{\varepsilon^{0}} \tag{7}$$

式中：D_{α}，D_{β}，D_{χ}，D_{δ}，D_{ε}分别表示农业生产效率因素、农业生产结构因素、人均农业生产总值因素、城镇化水平因素以及农业人口规模因素对农业碳排放的贡献率。

（三）结果分析

结合成都市 2008—2018 年的农业碳排放量计算结果，运用 LMDI 模型，利用式（2）、（4）、（5）、（7），应用 Excel 软件分析，获得成都市碳排放驱动因素分解结果与走势图，分别如表 6 和图 6 所示。从抑制因素和驱动因素两部分进行结果分析。

表 6　2008—2018 年成都市农业碳排放影响因素分解结果

单位：t

年份	农业生产效率影响因素 $\Delta\alpha$	农业产业结构影响因素 $\Delta\beta$	人均农业生产总值影响因素 $\Delta\chi$	城镇化水平影响因素 $\Delta\delta$	农业人口规模影响因素 $\Delta\varepsilon$	总体影响 $\Delta C_{总}$
2008	−46 995.45	3 046.26	23 830.71	6 178.95	−2 484.67	−16 424.20
2009	−39 260.80	25 182.25	−1 983.41	5 794.93	−1 665.45	−11 932.47
2010	−30 687.90	−1 123.17	16 876.11	9 910.02	−7 583.47	−12 608.41
2011	−44 647.89	−8 504.86	40 123.87	28 626.33	−27 386.06	−11 788.61
2012	−44 484.69	10 402.88	13 283.42	3 154.37	−637.53	−18 281.56
2013	−18 407.53	10 090.80	−223.95	1 910.34	1 672.23	−4 958.11
2014	−20 411.33	7 214.38	8 177.59	8 153.40	−2 758.70	375.34
2015	−40 343.19	12 871.37	18 015.85	−28 810.91	29 910.36	−8 356.51
2016	−7 498.73	−24 796.63	34 139.61	−20 983.88	58 156.99	39 017.35
2017	−41 748.88	18 251.97	5 867.91	24 016.65	−16 939.34	−10 551.68
2018	−69 797.95	38 270.34	1 928.43	12 731.71	−4 174.60	−21 042.06
总计	−404 284.34	90 905.59	160 036.14	50 681.91	26 109.76	−76 550.93
平均贡献率	0.545	1.146	1.387	1.132	0.991	—

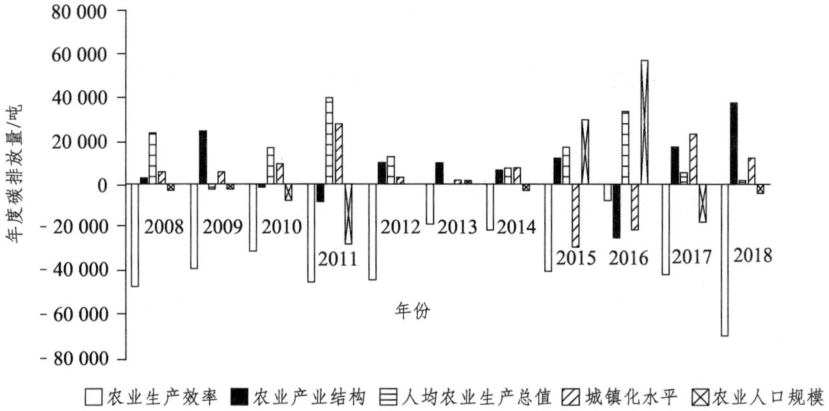

图 6　2008—2018 年各影响因素的碳排放影响效应

由图 6 可知，农业生产效率是成都市农业碳排放五大影响因素中最主要且唯一出现的抑制因素，是导致碳排放量显著下降的主要原因，这与成都市农业发展的实际情况相符，在近十年间农业生产效率的提高带来了 404.284 3 × 10^3 t 的农业碳减排量。当前提高农业生产效率的主要手段为发展农业科学技术，通过推行循环农业、立体农业等有机农业模式，使农产品价值导向由“量”到“质”转变，在提高单位重量农产品价值的同时，单位价值农产品的碳排放大大降低。

此外，成都市农业碳排放最主要的驱动因素是人均农业生产总值，该因素导致的成都市农业碳排放量达 160.036 1 × 10^3 t，农业生产目前尚未摆脱对化肥、农膜、农药的依赖，人均农业生产总值仍然会是导致农业碳排放增加的主要因素。剩余驱动因素依次为农业产业结构、城镇化水平、农业人口规模，其中农业产业结构驱动力较强，由于农业结构内部对农业化学用品及化石能源使用较多的为种植业，所以成都平原发展规模化种植业在农业结构中的比例增加进一步提高了农业碳排放。

综上，成都市农业碳排放抑制因素为农业生产效率，其带动的农业碳减排量远大于全部驱动因素造成的农业碳排放量的总和，减排量与排放量抵消后仍然存在 76.550 9 × 10^3 t 的农业碳排放减少，由此表明影响成都市碳排放的主导因素为抑制因素，有利于推动低碳农业可持续发展。此外，调整农业产业结构实现减排势在必行，降低传统农业规模比重，大力发展现代农业和生态农业，提高农业生产的多功能性，进一步探寻效益更好、碳排更少的低碳农业发展模式，是当前成都市农业碳减排的努力方向。

五、低碳农业发展模式

基于上述对成都市农业碳排放测算结果及其影响因素的分析，农业低碳化、生态化发展不但契合国际社会可持续发展的呼声，还完全迎合我国农业供给侧发展战略调整及中国经济新常态确立的需要。低碳农业在学术界尚未有明确的界定标准，本文意在指出实现农业生产低能耗、低排放、低污染与高收益、高碳汇同步的低碳化发展路径，由此从不同层面提出了三类契合成都市现状的低碳农业发展模式。

（一）“主体参与型”低碳农业发展模式

厘清各级政府、碳交易组织及农业生产部门的职能角色对碳排放责任追溯具有重要意义，“主体参与型”低碳农业发展模式旨在多头并进构建分工明确与权责统一的农业碳排放管理机制（见图 7）。2019 年成都发布了《成都市美丽宜居公园城市规划》，“绿色”“生态”成为城市建设顶层设计的关键词，农业产业特有的生态效益更加凸显，“政府牵头，碳交易组织辅助，农业生产部门落实”的低碳农业发展模式迎来更好的成长环境。各级政府职能部门颁布并制定政策法规，健全化肥农药行业监管及追溯系统，以奖惩机制为引导，利用税收进行调节，对施用生物质有机肥及高效释缓复合肥、进行低碳基础设施建设和购买低碳农业设备的行为给予补贴，对高耗能农业生产部门征收碳税或环境税；碳交易组织如环境能源交易所等进行市场动态对接，配合政府核算各片区碳减排数量，制定碳减排参考目标，结算各片区减排达标情况，将富余配额投入市场进行交易，激发全社会参与减排的积极性；农业生产部门具体落实农药化肥“双减”任务，树立低碳生产理念，组织低碳生产技术培训，推选先进合作社、龙头企业及个人发挥模范带头作用。该模式重在考验参与主体的执行落实能力，成都市作为西部后花园，有望成为中国西部低碳农业发展的代言人与领跑者。

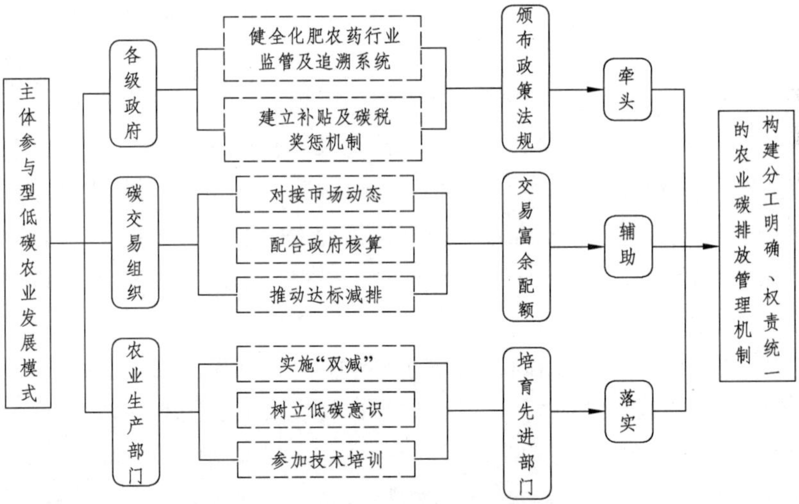

图 7 “主体参与型”低碳农业发展模式

（二）“技术改良型”低碳农业发展模式

成都市农业碳排放测算及影响因素表明，农业生产效率是成都市农业碳排放最主要的影响因素，“技术改良型”低碳农业发展模式通过提高生产效率促进农业碳减排是低碳农业发展的可行方案，具体包括绿色生产推广、低碳技术开发及农业科研投入（见图 8）。在绿色生产推广上，促进有机农业在全市大面积传统农业中普及，在品种选用上避免使用转基因生物及产物，在肥药使用上避免使用化肥、农药、生长调节剂、塑料农膜等物质，积极探寻新型环保化肥农药的施用模式，努力保持生产体系及周边环境的基因多样性；在低碳技术开发上，发掘现有农业资源再利用的潜力，主要措施包括饲养业有机肥的施用、污水净化再利用、沼气发电并网、秸秆还田技术应用、“资源－农产品－农业废弃物－再生资源”反馈式循环路径构建等；在农业科研投入上，加强与中国科学院、四川农业大学、四川省农业科学院、成都市农林科学院等科研单位合作，建立低碳农业科研基地与特色川菜产业园区，培育抗逆优产、强碳汇的新品种，提高成都市农业产品的研发水平。技术改良旨在从根本上提高生产效率达到碳减排效果，成都正处于低碳农业发展的探索期，目前已具备适宜的科技条件与产业基础，且在实施过程中已取得了相应成效，继续深化“技术改良型”低碳农业发展模式是成都市农业减排的必由之路。

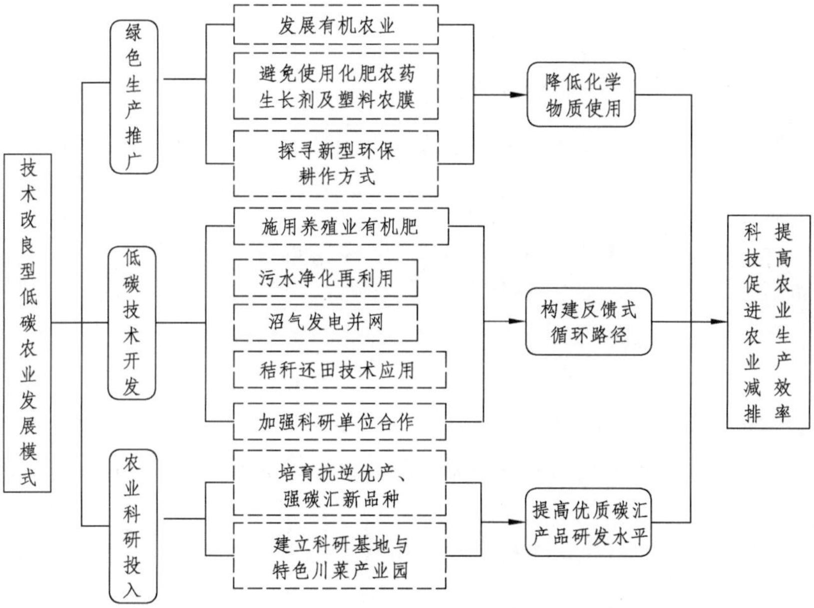

图 8 “技术改良型”低碳农业发展模式

（三）“结构优化型”低碳农业发展模式

从成都市发展需要及农业现状出发，不同于欧美的规模化、机械化和专业化，采用“结构优化型”低碳农业发展模式进行布局调整与业态融合是成都市当下低碳农业适宜的发展道路（见图 9）。在农业布局调整方面，保证粮食安全的前提下，提升渔业及林业等低碳行业的比例，推进种植业精耕细作集约化发展，扩大绿肥作物及碳汇作物的规模，推广可最大吸收养殖业排污的循环性农业，构建起养殖与种植的低碳桥梁；在业态融合发展方面，打破传统农业单一的经营模式，调整农业内部功能结构，鼓励创新“农业＋”延长产业链，融合休闲娱乐、观光旅游、文化教育及科技展览等多功能业态，利用成都平原特有的林盘景观及农家乐发源传承吸引都市人群亲近农业景观和融入农村空间。成都市的观光农业发展相对成熟，以郫都区农家乐和龙泉驿区特色种植为代表，农业产业链延长的同时，观光区的农业绿化率及植被覆盖率显著提高，目前已逐渐发展成为低碳农业的重要表现形式。在此基础上，农业产业结构的优化有助于成都市找到农业经济可持续发展的平衡点，为成都市农业碳减排工作取得突破发挥重要作用。

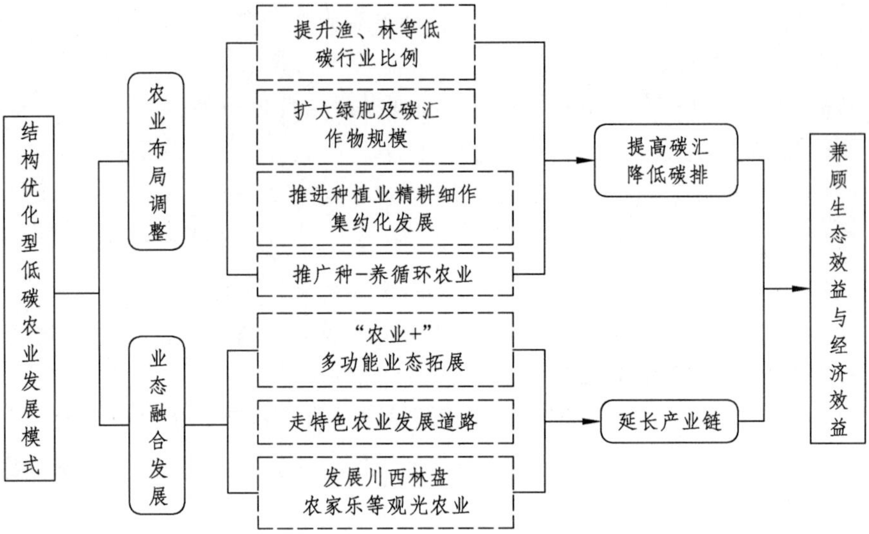

图 9 “结构优化型”低碳农业发展模式

参考文献

[1] IPCC. Climate change 2013：The physical science basis by IPCC WGI[M]. Cambridge：Cambredge University Press，2013：1535.

[2] Goodland R，Anhang J. Livestock and climate change[J]. World Watch，2009，22（6）：10-19.

[3] 陈玺名，尚杰. 国外循环农业发展模式及对我国的启示与探索[J]. 农业与技术，2019，39（3）：52-54.

[4] 李晓俐，陈阳. 借鉴国外循环农业模式，促进我国循环农业经济的发展[J]. 经济研究导刊，2015（21）：31-32.

[5] 余霜，李光. 国外循环农业发展模式及对我国的启示[J]. 广东农业科学，2012，39（4）：183-184，194.

[6] 张军以，苏维词. 基于低碳经济的生态农业发展模式与对策探讨——以三峡库区为例[J]. 农业现代化研究，2011，32（1）：82-86.

[7] 郭永奇. 中原经济区低碳农业发展模式与减排对策——以河南省为例[J]. 农业经济，2012（12）：58-59.

[8] 陈明伟. 广西低碳农业发展模式及对策[J]. 南方农业学报，2011，42（8）：1015-1019.

[9] 王锋. 基于低碳经济视角的我国生态农业发展模式及对策分析[J]. 农业经济，2010（6）：22-23.

[10] 腾耀华，张军以，苏维词. 三峡库区低碳农业发展模式与减排对策[J]. 水土保持研究，2012，19（2）：226-230.

[11] 金小琴，杜受祜. 应对气候变化低碳农业发展研究——以四川绵阳市为例[J]. 西南民族大学学报（人文社会科学版），2013，34（10）：158-161.

[12] 丁一，俞雅乖. 气候变化下灾后重建的低碳农业发展研究——基于“低碳广元”的视角[J]. 农村经济，2012（10）：63-66.

[13] 陈儒，徐婵娟，邓悦，等. 黄土高原退耕区低碳农业生产模式研究[J]. 西北农林科技大学学报（社会科学版），2017，17（6）：55-65.

[14] 李晓燕，何晓玲. 四川发展低碳农业的基本思路——基于国内外经验借鉴与启示[J]. 农村经济，2012（11）：48-52.

[15] 翁伯琦，王义祥等. 应对全球气候变化的低碳农业发展战略与技术对策研究——首届海峡两岸低碳农业发展战略与技术对策研讨会综述[J]. 亚热带资源与环境学报，2011，6（2）：16-22.

[16] 孙吉亭，赵玉杰. 我国碳汇渔业发展模式研究[J]. 东岳论丛，2011，32（8）：150-155.

[17] 张林. 成都市都市农业发展模式及其影响因素研究[D]. 成都：西南交通大学，2016.

[18] 高云龙. 成都市现代都市农业发展水平评价及影响因素分析[D]. 雅安：四川农业大学，2014.

[19] 李波，梅倩. 农业生产碳行为方式及其影响因素研究——基于湖北省典型农村的农户调查[J]. 华中农业大学学报（社会科学版），2017（6）：51-58，150.

[20] 何炫蕾. 中国农业碳排放、农业生产效率及经济发展的实证研究[D]. 兰州：兰州大学，2018.

[21] 王留鑫，姚慧琴，韩先锋. 碳排放、绿色全要素生产率与农业经济增长[J]. 经济问题探索，2019（2）：142-149.

[22] Dong H，Tao X，Xin H，et al. Comparison of Enteric Methane Emissions in China for Different IPCC Estimation Methods and Production Schemes Transactions of the ASAE，2004，47（6）：2051-2057.

[23] Feng，Hubacek，Guan. Life styles，technology and CO_2 emissions in China：A regional comparative analysis.Ecological Economics，2009，69（1）：145-154.

[24] 张小平，王龙飞. 甘肃省农业碳排放变化及影响因素分析[J]. 干旱区地理，2014（5）：1029-1035.

[25] West T O，Marland G. Net carbon flux from agriculture：Carbon emissions，carbon sequestration，crop yield，and land-use change[J]. Biogeochemistry，2003，63（1）：73-83.

[26] 段华平，张悦，张建波，等. 中国农田生态系统的碳足迹分析[J]. 水土保持学报，2011（5）：203-208.

[27] 何艳秋，陈柔，等. 中国农业碳排放空间格局及影响因素动态研究[J]. 中国生态农业学报，2018，26（9）：1269-1282.

[28] 袁路，潘家华. Kaya 恒等式的碳排放驱动因素分解及其政策含义的局限性[J]. 气候变化研究进展，2013（3）：210-215.

[29] 徐国泉，刘泽渊，姜照华. 中国碳排放的因素分解模型及实证分析：1995—2004[J]. 中国人口·资源与环境，2006（6）：158-161.

[30] 李国志，李宗植. 中国农业能源消费碳排放因素分解实证分析——基于 LMDI 模型[J]. 农业技术经济，2010（10）：66-72.
[31] 何炫蕾，陈兴鹏，庞家幸. 基于 LMDI 的兰州市农业碳排放现状及影响因素分析[J]. 中国农业大学学报，2018，23（7）：150-158.
[32] 赵先超，宋丽美，谭书佳. 基于 LMDI 模型的湖南省农业碳排放影响因素研究[J]. 环境科学与技术，2018，41（1）：177-183.
[33] 高标，房骄，李玉波. 基于 STIRPAT 模型的区域农业碳排放影响因素分析[J]. 环境科学与技术，2016，39（10）：190-197.
[34] 刘源，李向阳，林剑艺，等. 基于 LMDI 分解的厦门市碳排放强度影响因素分析[J]. 生态学报，2014，34（9）：2378-2387.
[35] 张帅. 中国二氧化碳排放影响因素及低碳经济“脱钩”的分解研究——基于改进的 Kaya 等式与 LMDI 分解法[J]. 中国物价，2017（6）：74-77.
[36] 王雅楠，谢艳琦，谢丽琴，等. 基于 LMDI 和 Q 型聚类的中国城镇生活碳排放因素分解分析[J]. 环境科学研究，2019，32（4）：1-11.

第五篇　创 新 篇

低碳产品认证和产品碳标识制度体系建设进展及展望

张浩①

【摘　要】本文总结梳理了国际产品碳排放认证体系的发展进展，汇总了主要发达国家和地区建立的产品碳标识体系，同时对我国低碳产品认证制度的建立和发展进程做了梳理，详细介绍了四川省低碳认证工作的推进情况。围绕“十四五”时间的应对气候变化工作需求，本文展望了我国产品碳标识制度体系工作方向。

【关键词】低碳产品；碳标识；制度体系

一、国际产品碳排放认证体系进展

（一）国际碳排放认证标准进展

随着气候变化问题在全世界范围引起的广泛关注，核算和评估温室气体排放变得日益重要，各国科研机构的专家和学者不断探索在组织、产品、项目、技术等不同层面上对各种温室气体的排放量和削减量进行的量化、监测、报告和核查[1]，以便制定减排措施，减缓大气层中温室气体浓度的增加。

在组织层面，国际标准化组织（ISO）2006 年发布了《ISO 14064—1：组织层次上对温室气体排放和清除的量化与报告的规范及指南》[2]，随后我国应用 ISO 14064 标准对企业、活动和场馆等开展了大量的温室气体核查实践，海尔空调和上海世博会万科馆就基于 ISO 14064—1 标准开展了温室气体排放的核算和第三方核查[3]。

在产品层面，已经出台的国际标准有英国的 PAS 2050[4]，日本的 TSQ 0010[5]，WRI/WBCSD 的 GHG Protocol Product Standard[6]等。在相关标准制定出台后，很多国家在相关技术机构的支持和倡导下开展了评估和披露产品生命周期内的碳排放行为即“碳足迹”的实践。碳足迹是一个用于描述某个特定活动或实体产生温室气体排放量的术语，它是供各组织和个体评价温室气体排放对气候变化贡献的一种方式。为了减少温室气体排放，有必要认识这些排放及其排放源。过去，测量其碳足迹的各公司把关注的重点放在它们自己的各种排放上，但目前它们越来越关切整个供应链中的排放[4]，实际上碳足迹评估涉及产品生命周期的多个阶段，可较为全面地体现产品温室气体排放信息。通过开展低碳产品认证或碳足迹认证，鼓励企业生产低碳产品和提供低碳服务，促进社会向低碳经济的发展和转型。也有很多企业基于市场营销目的和社会责任，自发地进行产品碳足迹的评估和披露。

---

① 张浩，中国质量认证中心成都分中心绿色发展部部长、工程师，主要从事企业碳核查、产品碳足迹评价、低碳产品认证等领域研究。

（二）国际产品碳标识体系建设进展

借助“碳标签”制度和“低碳产品认证”制度等碳标识体系引导消费者选购低碳产品，带动产业结构调整是降低温室气体排放的国际通行手段。目前，已有英国、美国、法国、德国及日本等 14 个国家和地区建立了 19 种“碳标志”或“低碳产品认证”制度。部分国家（地区）碳标识如表 1 所示[7]-[10]。

1. 英 国

英国是全球最早推出产品碳标签制度的国家。英国 Carbon Trust 公司于 2007 年 3 月试行推出全球第一批标示碳标签的产品，包括洋薯片、奶昔、洗发水等消费类产品。2008 年 2 月，Carbon Trust 公司加大了碳标签的应用推广，对象包括 Tesco（英国最大连锁百货）、可口可乐、Boots 等 20 家厂商的 75 项商品。

英国政府积极制定碳标签相关标准，包括 PAS 2050 和碳信托发布的指南等，同时大力推动产品碳足迹认证，认为碳足迹认证不仅仅是给消费者一个信息，更重要的是让企业关注产品生命周期，达到有效减排和降低生产成本的目的。PAS 2050《商品和服务在生命周期内的温室气体排放评价规范》是由 Deira 资助，Deira、BSI 和碳信托三家共同制定的。PAS 2050 是适用各种产品的通用标准，欧洲正在制定各行业的应用指南，企业使用更多的是行业指南。

2. 美 国

美国政府已经正式针对冰箱等白色家电节能低碳产品，实施最大幅度约 200 美元的购买补贴政策。同时美国规定，从 2020 年起对未达到碳排放标准的外国进口产品征收惩罚性关税。

美国加利福尼亚州于 2008 年通过了“2009 年碳标志法令”（The Carbon Labeling Act of 2009），通过立法确定要建立碳标志制度，并于 2009 年的年中生效。加州的 Climate Conservancy 机构响应该法令建立了气候意识标志 （Climate Conscious Label）。该计划使用生命周期分析方法，通过认证的产品会根据其碳排放低于基准线的程度，分别授予银、金、白金三个级别的标志，这三种标签分别代表了低碳产品认证制度的三个阶段：表示碳排放量标识的 Carbon Label 碳标签，强调低碳的 Climate Conscious 碳标签以及表示碳中和的 Carbon Free 碳标签。

Carbon Label 碳标签由 Carbon Label California 公司推出，旨在帮助消费者选择更具环保性能的产品。目前，该碳标签主要在食品中使用，如保健品和经认证的有机食品，其计算准则主要为环境输入—产出生命周期评价模式。

Climate Conscious 碳标签由 Climate Conservancy 公司推出，旨在帮助消费者在购买过程中选择较低碳足迹的产品和服务，培育一种环境友好的市场机制，从而减少碳排放。该碳标签表明宣告的产品或服务达到碳排放标准，使用基于 LCA 的计算方法计算碳足迹，由 Climate Conservancy 公司负责管理并评价。

Carbon Free 碳标签由 Carbon fund 公司推出，是美国第一个适用于碳中和产品的碳标签。目前，经 Carbon Free 碳标签查验的产品主要有服装、糖果、罐装饮料、电烤箱、组合地板等，其碳足迹计算方法以 LCA 为基础。Carbon Free 碳标签由 Carbon fund 公司负责管理，并委托第三方机构进行评价，每年需进行生命周期评价的复审工作。

3. 法　国

法国 Group Casino Indice Carbon 碳标签由 Casino 公司于 2008 年 6 月推出，适用于所有 Casino 自售产品。Casino 公司邀请 500 家供应商参与了该碳标签计划，并为其提供了免费的碳足迹计算工具。Casino 公司的碳足迹标签以绿叶为基本形态，其中标注每 100 g 该产品所产生的 CO_2 排放量，另外在包装背面，该标签显示为一把绿色标尺，以不同色块体现产品对环境的不同影响程度，从左至右影响程度不断增强，方便消费者大致了解该产品对环境的影响。以此方式引导消费者购买对环境影响较低的产品。

法国碳标志计划是企业的自愿行为，企业自行选择环境咨询机构为其设计碳足迹披露计划。而这些咨询机构进行碳足迹计算时，已明显受到英国 PAS 2050 标准的影响。法国环境和能源署（ADEME）对自行发起的碳标志计划表示支持。

4. 德　国

德国在 2008 年 11 月宣布了蓝天使标志今后的发展框架。原来的蓝天使环境标志，根据保护对象的不同分为健康标志、气候标志、水标志和资源标志。在这个框架里，将首先推出蓝天使的气候标志，以授予那些气候友好型产品和服务，为顾客提供更好的购买选择。

2009 年 2 月，德国 PCF 试点项目推出 Product Carbon Footprint 碳标签。德国产品碳足迹测量方法以 ISO 14040/44 为基础，同时参考 PAS 2050 标准。目前，经查验的产品包括电话、床单、洗发水、包装纸箱、运动背袋、冷冻食品等。值得注意的是，德国目前的标识上并未标注具体的碳足迹的数量，只是表明该产品经过了碳足迹的分析。

5. 日　本

2008 年 4 月，日本经济产业省成立“碳足迹制度实用化、普及化推动研究会”；7 月，日本内阁出台了《建设低碳社会行动计划》，其中明确提出了产品的碳足迹系统项目，即了解产品和服务在整个生命周期中的温室气体排放；8 月，经产省宣布日本将在 2009 年初推出碳标签计划；10 月，经产省发布了自愿性碳足迹标签试行建议；12 月中旬，确定了比较科学的 CO_2 排出量计算方法、碳标签适用商品、统一的碳标签图样等内容。2009 年 4 月 20 日，日本公布了产品碳足迹的技术规范；6 月，国家试点计划实施，发布《TSQ 0010 产品碳足迹评价与标签通则》和《PCR 规划草案注册及 PCR 认证规则》。

日本开展生命周期评价工作已有多年，也建立了很多产品的生命周期数据库，多采用 LCA 方法进行碳足迹评价。反映到标识上，就是不仅标出了总的碳足迹，还标出了每个阶段的碳足迹所占的比例，如日本洗发液的碳足迹标识中，标明原材料获取阶段占总体碳排放的 5.3%，生产阶段占 1.0%，使用阶段占 88%等，从中可以了解到产品生命周期的哪一个阶段对碳足迹贡献最大。

6. 韩　国

韩国低碳认证制度由韩国环境部主管。碳标签制度 2008 年 7 月开始试行，选出 10 项产品或服务，包括 Asiana 航空公司、Navien 燃气锅炉、Amore Pacific 洗发精、可口可乐、LG 洗衣机、三星 LCD 面板等产品颁予碳标签。同时，还设定了每个产品项目的最低减量目标，推出了计算产品碳足迹的标准方法，训练了碳足迹稽核员并建立国家生命周期盘查数据库等。2009 年 1 月，韩国全面启动 Cool Label 计划，韩国低碳产品认证计划中涉及两种类型的碳标识：其一为“温室气体排放量标志”，在标志上显示产品的碳足迹；其二为“低碳标志”。2009年2月，韩国发布《碳标签认证指南1、2、3》，并开始实施碳标识制度，运行模式为政府支持的市场化运行机制。

韩国碳标签标识产品在生命周期（包括生产、营销、使用与废弃处置等阶段）的温室气体排放量。其碳标签主要分为两种，也可称作其低碳产品认证制度的两个阶段：第一阶段为碳排放量标识，称作碳标识认证；第二阶段为强调减碳的节能商品认证，称作低碳产品认证。目前，韩国有十种产品和服务获得第一类认证的碳标志，即进行了温室气体排放认证。

表1 其他国家碳标识一览表

国家（地区）	碳标识名称	碳标识	计算准则	碳标识图示说明
英国	Carbon Trust Carbon Reduction Label	working with the Carbon Trust 100g CO2	PAS 2050	此标签的主要含义为企业宣告碳排放减量，并承诺未来减量；标签上方表示为 Carbon Trust 认证，中间的数字为碳足迹的计算数据
德国	Product Carbon Footprint	BERECHNET CO2 Fußabdruck www.pcf-projekt.de	LCA	此标签宣告该产品已经通过 Product Carbon Footprint 机构评估，产品生命周期结果为合格之产品，标签上无标明碳排放量
日本	Carbon footprint	123g CO_2	TSQ 0010	标签主要内涵为产品已达到 CO_2e 减量，标签上方的数字为减量数据
韩国	Cool（CO_2Low）Label	기후변화대응 100g CO2	LCA PAS 2050	标签内涵为该产品的碳排放量，标签上方的数字为碳排放量
美国	Carbon Labels	101g CO2 CARBON LABELS.ORG CARBON LABELS标签；CLIMATE CONSCIOUS PLATINUM CLIMATE CONSCIOUS标签；CERTIFIED Carbonfree Carbonfund.org CERTIFIED CARBONFREE标签	Carbon Methodology（based on Process LCA）	表示碳排放量标识的 Carbon Label 碳标签，强调低碳的 Climate Conscious 碳标签及表示碳中和的 Carbon Free 碳标签
法国	Indice Carbone	INDICE CARBONE 450g de CO2 voir au dos；L'INDICE CARBONE de ce produit 450g	Bilan Carbon	标签的中部为碳排放量，上部为 Indice Carbone 标识

注：表中内容是根据参考文献[7]-[10]整理而来。

二、我国低碳产品认证制度进展

（一）台湾地区

我国台湾地区也建立了低碳产品认证制度。其路线是，先确定产品碳足迹计算准则和方法，设计统一格式的碳标签，帮助和鼓励厂商在自愿的基础上计算产品碳足迹、申请碳标签。碳标签将由管理部门根据碳足迹核查结果来颁发，管理部门将制定相应的碳足迹核查指引、建立核查制度；待到碳标签逐渐成熟和普及、产品碳足迹数据库建立后，则考虑发展低碳产品标签，即碳足迹低于同类产品基准值的产品；待到减排技术、碳抵消与碳交易市场成熟时，再发展碳中和标签，即零排放产品。

对于产品碳足迹计算准则，我国台湾于2010年2月发布了《产品与服务碳足迹计算指引》，以 PAS 2050 为主要计算准则。

对于产品碳足迹计算，产品类别规则（Product Category Rule，PCR）很重要，PCR 用来限定计算范围，否则不同厂商间就没有一致的比较基准。在碳标签制度下，PCR 将由厂商或行业协会来制定，然后提交给管理部门审议。其碳标签包括图标、信息栏两部分。信息栏是注明生命周期各阶段碳足迹比例、功能单位、计算所使用的产品类别规则等。图标必须施加，信息栏可以视情况加注，但相关信息必须在厂商网站上发布。

（二）大陆地区

1. 起步阶段（2010—2015 年）

早在“十二五”时期，我国政府在国民经济和社会发展规划纲要中提出“探索建立低碳产品标准、标识和认证制度”[11]，将其作为国家应对气候变化的一项重要举措。为吸收和借鉴国外在相关领域的成熟经验，建立适合我国国情的低碳认证制度，国家发改委和国家认监委于 2010 年初对我国在碳排放和碳减排领域的相关政策方面进行多次沟通，共同商议在气候变化、碳排放和碳减排审定与核查领域开展合作，旨在为建立既适合中国国情又与国际接轨的碳排放评价制度做准备。随后，国家发改委和国家认监委建立了低碳产品认证制度项目组，工信部、环保部等部委共同参与，中国质量认证中心（CQC）牵头承担，中国标准化研究院、国家发改委能源研究所、中国电子技术标准化研究所、中环联合认证中心等机构参与研究。经过多轮专家评审和意见征集，2013 年 2 月 18 日，《低碳产品认证管理办法（暂行）》（发改气候〔2013〕279 号）[12]正式出台，这标志着我国的低碳产品认证制度从无到有，进入推进实施阶段。该办法的制定主要考虑了以下六项原则：一是低碳产品认证制度作为国家统一推行认证制度；二是独立于其他如环境认证体系；三是借鉴成功的经验和成熟的标准；四是突出可操作性；五是目录选择原则量大面广；六是长远考虑国际接轨[13]。

2013 年 8 月 14 日，国家认监委发布了《低碳产品认证目录（第一批）》[14]，包括通用硅酸盐水泥、平板玻璃、铝合金建筑型材、中小型三相异步电动机 4 种产品。低碳产品认证模式分为用能产品认证模式和非用能产品认证模式，用能产品认证模式主要环节为“产品检测+现场核查+跟踪检查”，非用能产品认证模式主要环节为“现场核查+跟踪检查”。为探索和推动我国低碳产品认证制度建立，在国家发改委的支持下，CQC 依托联合国开发计划署（UNDP）的资金支持，选择广东省、重庆市并从技术、政策制度、管理等多层次领域开展包括产品低碳评价、低碳产品认证规范和流程、相关能力建设、政府管理等内容的研究。开展了低碳产品认证示范和应用，针对广东省和重庆市特色的铝型材产品和摩托车产品，建立低碳产品认证技术体系，并在广东省和重庆市展开认证试点；以国家现有的水泥、平板玻璃和中小型异步电动机等几类产品的“低碳产品评价技术规范”为技术支撑，结合广东省、重庆市实际情况，开展认证试点，验证相关低碳产品技术评价规范，并提出相关的完善建议。

首批低碳产品认证实施规则在前期的试点工作中和低碳技术委员会的修订下，由国家认监委于 2014 年 5 月 27 日正式发布。6 月 27 日，中国质量认证中心和中国建材检验认证集团联合举办的首批低碳产品认证颁证会在北京举办，共有 28 家企业获得了第一批认证证书。首批证书的颁发标志着我国低碳产品认证制度已经正式确立。我国的低碳产品认证制度根据行业和企业现阶段的生产和管理水平，从可操作性角度出发，对产品碳排放认证评价方法进行了适当的简化，提出了产品部分生命周期碳排放量化方法，根据产品特点和碳排放特征，结合企业和市场调研结果以及已有标准，分阶段制定低碳产品碳排放评价指标，并实施动态管理，确保了低碳产品认证制度的可操作性，在国际上，首次明确定义了“低碳产品”和“低碳产品认证”，率先将低碳产品认证的评价思路引入国际认证认可领域，填补了国际和国内制度空白，将推进我国运用认证认可等市场化手段应对气候变化的工作力度，引导“高碳产业”逐步实现“低碳发展”，影响和带动能源及产业结构调整与升级，确保我国温室气体排放控制工作形成有机整体。

2. 发展阶段（2016—2020 年）

2016 年 11 月，国务院印发的《“十三五”控制温室气体排放工作方案》中明确“完善低碳产品标准、标识和认证制度”[15]。该方案旨在“十三五”期间不断扩大低碳产品目录范围，提高低碳产品市场比重。以低碳产品认证为主线，带动低碳企业、低碳技术和低碳服务评价工作，促进相关产业链的低碳协同发展。“十三五”期间，加强各级政府相关政策激励、标准规范、技术进步、产业支撑、认证评估等方面能力建设。2016 年 5 月 17 日，国家发改委、国家质检总局、国家认监委发布了《低碳产品认证目录（第二批）》[16]，包括建筑陶瓷砖（板）、轮胎、纺织面料 3 种产品，进一步拓宽了低碳产品认证的实施范围。正是上述政策文件的出台，“十三五”期间，我国低碳产品认证工作取得了长足的发展。

为积极响应国家政策号召，全国各地在“十三五”期间以不同的形式推动低碳产品认证工作的开展，西南地区的低碳产品认证工作尤为突出，无论是主管部门的重视程度还是认证企业数量、产品获证数量都位居全国前列。例如：云南省自 2015 年以来，连续多年在省级低碳发展引导专项资金支持下，开展低碳认证的试点、示范和推进工作，相继为云南水泥、电动机等企业提供低碳认证服务。同时结合云南当地产业特色，起草制定了电解铝、草果等产品的低碳评价标准和认证实施规范，上报到国家低碳产品认证技术委员会秘书处，争取纳入下一批次认证目录中。同样的，四川省省级和市级相关部门在“十三五”期间也在大力推进低碳产品认证制度建立工作。

（1）四川省。

2016 年，四川省质量技术监督局申请四川省资源节约和环境保护 2016 年省预算内投资资金，启动实施了四川省低碳产品认证试点项目。CQC 成都分中心具体承担相关工作。在本项目的工作推动下，2016 年 5 月，四川省质量技术监督局正式印发了《四川省低碳产品认证工作方案》（川质监办〔2016〕27 号）（简称《工作方案》）。《工作方案》明确提出，四川省低碳产品认证实施工作的目标为：到 2020 年，我省 40 ~ 50 家企业的 100 个重点产品通过低碳产品认证，初步建立我省低碳产品认证管理工作体系，企业生产低碳产品、公众消费低碳产品的意识得到普遍提升，提高企业低碳管理水平和应对国际低碳贸易壁垒的能力。

2016 年 6 月，四川省质量技术监督局组织召开了全省低碳产品认证宣贯培训会，来自各市州质监局负责同志，全省通用硅酸盐水泥、平板玻璃、铝合金建筑型材、中小型三相异步电动机、建筑陶瓷砖（板）生产企业代表共计 160 名人员参加了培训。2016 年 7—9 月，CQC 成都分中心组织专家团队,针对企业认证准备环节存在的问题开展了低碳产品认证帮扶工作。随后，认证审核组对成都、德阳、绵阳、乐山和凉山州的 9 家企业 17 个产品认证单元开展了低碳产品认证现场核查工作，覆盖了通用硅酸盐水泥、铝合金建筑型材 2 种产品。通过开展此次全省低碳产品认证试点，我省低碳产品认证工作体系初步建立起来了。

（2）成都市。

2017 年至 2019 年，成都市主管部门（市发改委、市质监局、市商务局）通过不同的资金渠道在蓉组织开展了低碳产品认证试点、低碳认证与碳标识制度建设、出口产品低碳认证工作，进一步深化了成都市低碳认证与碳标识制度建设工作，助力成都市国家低碳城市建设，并逐渐成为打造成都造产品绿色化、低碳化品牌建设的重要途径。

自 2017 年以来，成都市低碳认证工作从探索试点逐步走向全面推广，成果丰硕。截至 2019 年 12 月底，全市共有 39 家企业获得 52 张低碳或碳足迹证书，在 15 个副省级城市中排名第一。成都市部分通过低碳产品认证（含碳足迹认证）的企业和产品信息如表 2 所示。

为鼓励成都市出口产品低碳认证和碳足迹认证工作，成都市人民政府办公厅于 2019 年 2 月印发的《成都市鼓励和支持开展出口产品低碳认证若干政策措施》中指出：鼓励支持认证服务体系建设，指导成立成都出口产品低碳标准和认证联盟，支持认证评价标准和认证技术规范制定，鼓励和支持认证对象培育，支持具有代表性的行业和产品先试先行开展认证，引导其发行绿色债券，拓宽融资渠道，在市长质量奖等评选中，优先支持拥有出口产品低碳产品认证的企业，同时支持认证企业拓展国际市场，给予参加境内外展会补助。上述激励措施的出台极大地鼓励了成都市企业参与低碳认证工作的积极性，也为稳步推进成都市低碳认证体系提供了保障，值得相关市州借鉴学习。

表 2　成都市部分低碳产品获证企业和获证产品信息

序号	获证企业名称	产品类别	获证产品型号
1	台玻成都玻璃有限公司	平板玻璃	浮法玻璃原片（2.0 ~ 19.0 mm）
2	成都南玻玻璃有限公司	平板玻璃	浮法玻璃原片（1.8 ~ 19.0 mm）
3	成都阳光铝制品有限公司	铝合金建筑型材	阳极氧化型材
4			氟碳漆喷涂型材
5	四川亚东水泥有限公司	通用硅酸盐水泥	硅酸盐水泥-P.II52.5
6	四川兰丰水泥有限公司	通用硅酸盐水泥	普通硅酸盐水泥-P.O42.5R
7	成都彩虹电器股份有限公司	电热毯	全线路安全保护双控双温电热毯
8	成都硅宝科技股份有限公司	密封胶	硅宝 992 硅酮结构密封胶
9	四川三棵树涂料有限公司	涂料	鲜呼吸净味墙面漆-SFI550
10	成都中建材光电材料有限公司	太阳能电池	碲化镉发电玻璃/COM-M1
11	成都红旗连锁有限公司	服务	零售服务
12	四川鑫电电缆有限公司	电缆	一般用途单芯硬导体无护套电缆
13	通威太阳能（成都）有限公司	太阳能电池	单晶太阳能电池片
14	四川远大蜀阳药业有限责任公司	免疫蛋白	静注人免疫球蛋白（pH4）/5g
15	成都特隆美储能技术有限公司	储能设备	户用电池模组/Firefly-7.2K

三、我国产品碳标识制度体系发展展望

经过近十年的努力，我国建立的低碳产品认证制度依然在发展和完善中，尚缺乏国家统一的激励措施，生产企业和消费者对低碳产品认证（包括碳足迹认证）的认知度和认可度依然较低。面向“十四五”应对气候变化工作日益严峻的挑战，建议国家尤其是四川省从以下三个方面拓展完善产品碳标识体系。

1. 拓宽低碳产品认证目录并开展本地特色标准研究

国家认监委发布的第一批和第二批低碳产品目录仅覆盖通用硅酸盐水泥、平板玻璃、铝合金建筑型材、中小型三相异步电动机、建筑陶瓷砖（板）、轮胎、纺织面料 7 种产品，直接面向消费者的产品较少，可以发挥引领低碳生产的作用，但无法有效发挥低碳认证对低碳消费的促进作用。国家正在对第三批目录征集意见，建议国家主管部门加快工作节奏，尽快再推出两批或三批目录，以支撑“十四五”期间低碳认证工作的展开，不断扩大低碳认证影响力。同时，建议四川省根据我省产业特点，选取量大面广、消费者日常消费频次较高或对碳排放较为关注的产品研究其碳排放情况，按照国家低碳产品评价标准制定经验和思路，率先制定我省特色低碳产品评价标准，报送国家主管部门争取采纳，并开展相应产品的低碳认证的试点示范工作，抢占标准先机，为我国低碳产品认证工作贡献四川力量。

2. 探索开展碳足迹认证国际互任

当前，国内开展碳足迹认证工作较为松散，多数为企业委托认证机构开展，CQC、SGS、天祥、必维等知名的认证机构都在为企业提供碳足迹认证服务。通过表 1 可知，国际上主要国家和地区开展的都是产品碳足迹认证，与我国开展的低碳产品认证存在区别，为了推动我国制造的绿色低碳产品更好地走向国际市场，发挥我国相关产业低碳制造比较优势，需要探索推动碳足迹认证工作，与国外主管部门和认证机构对接，探讨评价标准和认证规则的互任。建议四川省可优先选取汽车、电器等用能产品，日用消费品及重要原材料行业典型产品，以及特色优势产业推广绿碳足迹认证，根据产品生命周期评价理论，研究分析企业开展碳足迹认证的可行性，并组织开展产品碳足迹认证，作为低碳产品认证制度的有效补充。

3. 扩充产品碳标识体系

碳足迹披露了产品全生命周期的温室气体排放，为从产业链角度降低排放提供了新视角。借鉴先进国家的经验，在碳足迹认证的基础上，可以进一步扩展产品碳标识体系，推动开展减碳产品和碳中和认证。通过推广低碳新工艺、新技术，加强企业能源和碳排放管理体系建设，强化企业碳排放管理，大幅降低主要高耗能产品碳排放水平，为其开展减碳产品认证证明企业产品碳排放降低的趋势和效果。同时可以结合碳普惠等机制，鼓励部分知名企业开展产品碳中和认证，实现“零碳”目标，借助低碳发展这一世界语言讲好中国企业故事，拓展企业的全球影响力。

参考文献

[1] 计军平，马晓明. 中国温室气体排放增长的结构分解分析[J]. 中国环境科学，2011，31（12）：2076-2082.

[2] ISO 14064-1：Greenhouse gases-Part 1“Specification with guidance at the organization level for quantification and reporting of greenhouse gas emissions and removals”[S]. 2006.

[3] 段志洁. ISO14064：企业低碳发展的实用工具[EB/OL]. [2010-5-25]. https：//finance.sina.com.cn/roll/20100525/08043333151.shtml.

[4] PAS 2050：Specification for the assessment of the life cycle greenhouse gas emissions of goods and services[S]. London：British Standards Institution，2008.

[5] Japanese Technical Specification: TSQ 0010“General principles for the assessment and labeling of Carbon Footprint of Products”[S]. Tokyo：The Ministry of Economy，Trade and Industry，2009.

[6] The Greenhouse Gas Protocol. Product Life Cycle Accounting and Reporting Standard [S]. Washington，DC：World Resources Insititute，Geneva：World Business Councilfor Sustainabale Development，2011.

[7] 李明博，刘尊文，周才华. 国外低碳产品认证概览[J]. 中国船检，2011（2）：89-90.

[8] 刘清芝，周才华，张小丹. 国际低碳产品认证制度[上][J]. 认证技术，2013（9）：66-67.

[9] 刘清芝，周才华，张小丹. 国际低碳产品认证制度[下][J]. 认证技术，2013（10）：54-55.

[10] 裘晓东. 各国/地区碳标签制度浅析[J]. 轻工质量与标准，2011（1）：43-49.

[11] 国民经济和社会发展第十二个五年规划纲要[EB/OL]. [2011-03-16]. http：//www.gov.cn/2011lh/content_1825838_7.htm.

[12] 国家发展改革委 国家认监委关于印发《低碳产品认证管理暂行办法》的通知[EB/OL]. [2013-03-19]. http：//www.gov.cn/zwgk/2013-03/19/content_2357591.htm.

[13] 闫冰. 低碳产品认证发展历程[J].质量与认证，2014（10）：43-44.

[14] 国家认证认可监督管理委员会公告[EB/OL]. [2013-08-14]. http：//www.cnca.gov.cn/xxgk/ggxx/ggxx2013/201512/t20151230_44281.shtml

[15] 国务院关于印发“十三五”控制温室气体排放工作方案的通知（国发〔2016〕61号）[EB/OL]. [2016-11-04]. http：//www.gov.cn/zhengce/content/2016-11/04/content_5128619.htm.

[16] 中华人民共和国国家发展和改革委员会、国家质量监督检验检疫总局、国家认证认可监督管理委员会公告 2016 年第 5 号[EB/OL]. [2016-05-17]. https：//www.ndrc.gov.cn/xxgk/zcfb/gg/201605/t20160517_961154.html.

区块链技术在农业绿色发展中的应用：潜力、问题与限制

戴小文　赵鹏宇　何艳秋[①]

【摘　要】随着科技发展，新技术从开发到应用于实践的时间不断缩短，技术的跨领域应用成为互联网时代的一个重要特征。区块链技术是在互联网、大数据和虚拟货币体系下的一种新型信息记录和交易手段，根据其在信息安全保障和交易效率提升方面表现出的特征，我们通过建立理论模型和严密的逻辑分析来阐述农业信息化背景下区块链技术与现代农业的关系，讨论区块链技术在当前历史背景下以及未来“三农”发展中不同场景下的应用可能与潜在风险。

【关键词】信息化；区块链；现代农业；精准识别；普惠金融；三农

随着科技发展，新技术从开发到应用于实践的时间不断缩短，技术的跨领域应用成为互联网时代的一个重要特征。区块链技术是在互联网、大数据和虚拟货币体系下的一种新型信息记录和交易手段，根据其在信息安全保障和交易效率提升方面表现出的特征，我们通过建立理论模型和严密的逻辑分析来阐述农业信息化背景下区块链技术与农业绿色发展的关系，并讨论区块链技术在当前历史背景下以及未来农业绿色发展中的应用可能与潜在风险。

一、研究背景

据第 44 次中国互联网络发展状况统计报告，截至 2019 年 6 月，我国网民规模达 8.54 亿人，互联网普及率达到 61.2%。其中农村网民规模 2.25 亿人，占整体网民的 26.3%，农村互联网仍有很大发展空间，为互联网商业提供了巨大的人口红利空间。以移动终端（手机、平板电脑等）为中心，借助大数据技术、人工智能技术，“万物互联”成为可能。巨大的在线支付需求推动了基于互联网的交易系统不断完善，电子商务从最初的线上交易线下结算到目前实时消费实时结算，基于互联网的计算机算法功不可没，在互联网商业行为监管体系不断完善的过程中，新技术成为推动互联网发展和以此为基础的互联网经济不断发展的关键因素。农业信息化进而农业现代化在信息时代必然有赖于互联网新技术的推动。从开发到应用的时间不短缩短，跨领域应用是互联网新技术的重要特征，因此，新的互联网技术有可能成为乡村振兴背景下，更快更好实现农业现代化、农业绿色发展的重要技术手段。

区块链（Block Chain）技术是继大数据、云计算和人工智能之后的另一项广受关注的互

① 戴小文，四川农业大学管理学院、四川省农村发展研究中心副教授，博士，主要从事农业绿色发展、低碳农业以及循证减贫研究；赵鹏宇，中国农业发展银行辽宁鞍山分行工作人员，主要从事农业绿色发展及低碳农业研究；何艳秋，四川农业大学管理学院副教授，博士，主要从事农业碳减排、农业经济统计研究。

联网信息交互技术。其最初是比特币①体系中的一个重要概念，是比特币的底层技术和基础架构②。从本质上看，区块链可以被看作是一个去中心化的数据库，能够有效地解决交易过程中的信任和安全问题，其分布式记账、非对称加密和共识机制能够有效保障数据安全性和防范数据篡改。Steve Huckle 等人基于互联网物联网分析了共享经济环境中区块链应用，解释了区块链是怎样使经济环境中的各种物品去中心化和共享化，并使得人们可以肯定地将他们所拥有的物品货币化进而创造财富。[1]类似地，Alex Pazaitis 等人分析了在共享经济环境中区块链技术的应用潜力及其价值体系，构建了一个基于区块链的去中心化合作概念经济模型，以一个反馈机制案例向读者阐述了区块链技术将如何建立起一个能够支撑起共享经济的动力机制[2]。Florian Hawlitschek 等人讨论了共享经济背景下区块链技术与传统信用信息提供商在信用信息提供中的差异，研究认为：共享经济与区块链技术在关于信用信息内容界定上存在这实质性的不同，从某种程度上讲，区块链技术信用信息识别比传统的信用信息提供商所能提供的服务更佳[3]。此外，区块链技术应用研究已经超越金融和保险领域在区域经济[4]、供应链管理[5]、商业流通[6]等领域有所体现。直接将区块链技术与“三农”问题进行联系的研究还并不多见，尤其是全面分析区块链技术在“三农”领域应用的研究。Leng（2018）将区块链技术引入农产供应链研究，探索构建了一个基于双链结构的农业公共供应平台链系统，旨在解决当前中国农业供应链中公共服务的分散、小规模、无序和弱质性问题[7]。此外，还有学者对区块链在我国农业电子商务[8][9]、金融支农[10][11]、农产品供应链[12]以及农产品质量安全追溯[13][14]等领域的应用进行了论证，这些研究无一例外地表明，新技术在农业领域有着非常大的应用潜力，不仅仅可以实际提升农业经济领域效率，更是我国农业信息化和现代化的一个重要表现。

目前有关区块链的研究还非常有限，从区块链研究的两个层面（技术本身与技术的应用场景）来看，对技术本身的演化研究仍然占到多数，对应用场景的研究由于技术本身的特性也多局限于金融与保险领域，这为未来该技术在其他领域的深入研究留出巨大的空间。

二、区块链技术与农业绿色发展

区块链技术是近几年被大众所熟知的一个概念。尤其是 2017 年末至 2018 年初，“区块链”在主要搜索引擎中的搜索量陡增，各类媒体对区块链进行了大量报道。2019 年习近平总书记在主持政治局集体学习时发表关于区块链技术的重要讲话，对该技术在各个领域的应用做出了重要部署。

（一）区块链技术及其技术特征

区块链最早的定义见于化名为“中本聪”的程序员所撰的《比特币白皮书》中[15]，而后

① 由化名中本聪（Satoshi Nakamoto）的匿名程序员于 2008 年创造出的一种虚拟货币协议，目前该虚拟货币已被全球广泛承认。

② 新浪科技. 2014—2016 全球比特币发展研究报告[EB/OL]. [2016-07-08]/[2018-05-27]. http：//slide. tech. sina. com. cn/internet/slide_5_18966_70159. html#p=1.

众多的科技创新机构都对其进行定义，根据区块链技术所表现出来的诸如去中心化、安全可信等技术特征[15][16]以及其他一些机构对区块链的定义，我们认为：区块链是一种“串联式”的分布式记账系统，系统中的每一个区块可以视为账簿的一页，每一页有固定的记账格式，前一页链接到后一页，后一页包括了前一页的部分信息①，这些区块一旦被确认，具有极小的（几乎不可能）概率被修改，每一个新的区块都包含了当前一段时间里所有交易行为信息和数据，如图 1 所示。

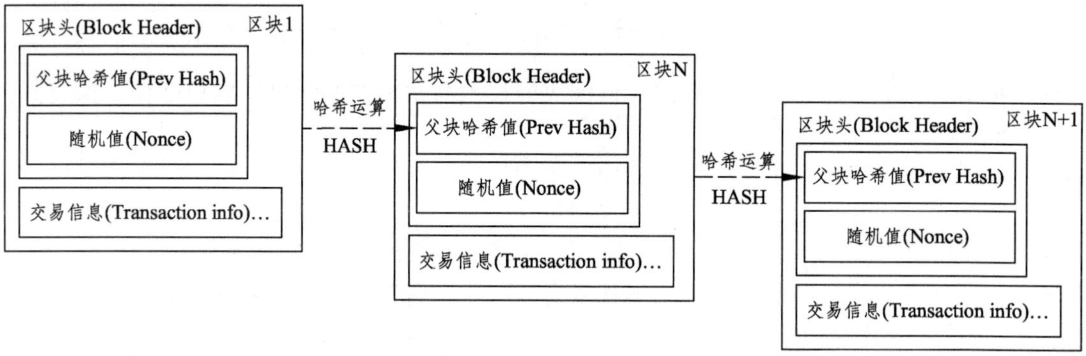

图 1　区块链示意图②

区块链技术具有去中心化、开放透明、时间戳服务、信任共识以及智能合约等技术特征。这些技术特征使其在保障数据安全、降低交易成本和风险、提升交易效率等方面具有显著的优势。

（二）区块链技术与农业绿色发展

农业信息化是农业绿色发展的重要实现手段，先进技术手段（物理、化学、工程、信息等领域）是实现农业绿色发展的重要途径。经过改革开放四十多年发展，我国农业发展不再仅满足于机械化水平的提高，在“互联网 +”的引领下更加强调农业生产经营的多层次现代化，B2C③模式下生产、仓储、流通、经营销售等环节利用现代技术手段对效率影响明显。基于计算机、互联网技术的大数据、云计算、人工智能在农业经济领域的运用不仅是时代进步的表现，还是推动“三农”向前发展的重要工具。“三农”问题一直受到党和国家的高度重视，作为中国现代化进程中的重要领域而备受关注。这不仅仅因为中国是人口大国和农业大国，有巨大的粮食安全压力，更因为有农业产业结构调整、农产品消费升级的竞争力提升压力和

---

① 可理解为：用于验证前一区块信息完整性的哈希值被作为一个“验证码”存储在了后一区块中。哈希（Hash）算法是将任意长度的输入值映射为较短的固定长的二进制值，主要用于校验数据的完整性，一般用于查找和加密算法。

② 区块头由两组元数据组成：一组与挖矿有关，主要是工作量证明，包括时间戳、难度目标及 Nonce 随机值；另一组与区块本身有关，包括链接父区块的字段、版本号及 Merkle 树的根。Nonce 值是一种计数器表达，主要用于工作量证明算法，Merkle 树则是对区块链上交易进行归纳的二叉树型系统结构，生成交易集合的数字签名并对区块中所发生交易的存在性和完整性进行归纳与校验。

③ B2C 是电子商务按交易对象分类中的一种，即表示企业对消费者的电子商务形式。其中，B 是 Business，意思是企业；2 是 to 的谐音；C 是 Customer，意思是消费者。

市场需求压力。因此，积极地运用现代科学技术，提升农业生产经营效率、促进农村经济发展、增加农民家庭收入是解决当前“三农”问题的重要任务，也是未来中国从农业大国向农业强国转变的重要保障。

进入信息化时代以后，计算机软硬件、互联网信息技术等成为重要的生产工具，而进入大数据时代后，因人类行为而生产出的数据更是成为一种重要的生产资料甚至是社会财富。区块链技术的出现和广泛应用既是偶然也是必然。其偶然性在于在区块链最初作为比特币的底层技术而存在，是一种较新的数据组织与管理方法，因其技术特性而备受其他领域的关注，并由此发展出更为广泛的用途；其必然性在于实用技术总是围绕现实社会中人们的具体需求而被发明创造出来。因此，我们有必要将区块链技术与我国农业绿色发展相结合，探究其在农业绿色发展中的应用潜力。

三、区块链技术在农业绿色发展中的应用潜力

农业绿色发展是我国在新时期新形势下对农业现代化发展的一个新的要求，可持续发展仍然是其理论根源。农村生产生活环境持续改善，农业生产技术更加先进，农业生产结构更加合理和适应国际国内两个市场的现实需求，农业生产方式更加环境友好，农产品生产更加高效安全，农产品生产投入（消耗）不断降低，生产组织方式与经营管理手段更加科学，农民收入可持续增加与生活品质不断提升是农业绿色发展的丰富内涵，也是以科技兴农为典型特征的农业现代化必由之路。

（一）农业绿色生产

这里的农业绿色生产主要指采用环境友好型生产手段，在化学药品、化学肥料、农业机械、耕种养方式等方面的选择上采用最佳的技术搭配、比例和方式手段，使预期产出相同的情况下排放的废料、废水、废弃物量最小。目前我国绿色农业发展还主要受制于土地细碎化（历史、政策与法律原因）导致的农业规模化生产程度不高、农户绿色生产行为激励不足、现代化农业技术推广困难与滞缓等方面。农业绿色发展的一个重要前提是拥有先进技术的支持（工程技术、生物技术与信息化技术），除了政策与法律方面的限制外，以大数据技术为代表的信息化技术是支撑和促进农业绿色发展的基础技术[18]。

广泛分布于生产环境中的微型传感器可以实时搜集各种生产数据以供农业生产经营参与者使用。借助大量的基础生产数据，区块链将农业绿色生产提升一个等级：区块链同样具备记录功能，而与之前我们所熟悉的记录方式最大的不同之处在于其记录的真实性与不可篡改性，加上时间戳服务可以将农业生产中的“每一笔账”都记录下来。这样，对于生产过程中，农药使用、化肥施用、抗生素使用、灌溉情况都有所记录，这为农产品安全性保障、农产品、加工食品安全溯源提供了绝佳的技术手段，能有效地避免类似五常大米造假事件①的发生，

① 左娅. 人民日报经济茶座：真五常米可还吃得着？[EB/OL]. [2015-08-31]/[2018-05-28]. http：//opinion. people. com. cn/n/2015/0831/c1003-27532556. html.

起到保护农产品生产者与消费者利益的作用。

此外，以农业绿色发展为目标的农业低碳发展方式，也是区块链技术运用的重点领域，通过记录和标识农产品生产过程中产生的温室气体排放，为消费者购买绿色农产品进而形成一种农业绿色生产的倒逼机制提供技术支持。另外，在林业碳汇市场的发展中，限于碳汇交易共识性弱和相关制度的不完善，碳汇交易始终处于一种试验状态而无法大面积的推广，但将区块链技术引入其中，利用其信任共识特性和智能合约，可以极大地降低搜寻成本和交易成本，为林农和企业带来双赢的结果。

（二）农村电子商务

随着计算机、互联网、物流和支付技术等的发展，电子商务已经成为人们生活中的重要组成部分，人们越来越多地开始通过互联网购买生鲜农产品。传统电子商务模式下，农产品交易主要存在两个问题：其一，关于偏远农村的农产品，由于信息化硬件相对落后，农民信息化教育水平相对较低，进行电子商务行为的意识还相对较弱，只有相对少数生产者可以直接与消费者发生联系，这些农户具有距离城市近、受教育程度较高、熟练运用电脑、智能手机以及互联网的特征。农产品电子商务还是传统的“农户——批发商——经销商——消费者”模式，农产品交易虽然从面对面的交易变成了通过网络交易，作为生产者的农户与消费者直接发生联系并成功交易的概率非常小。其二，通过中间交易平台发生的交易一定程度上促进了农民收入增加，但显然这种方式比较间接，即便是农民直接通过平台销售农产品，为了获得在平台上销售的更多机会，其会为了获取平台赋予的“良好信用”而付出一笔“保证金”成本。对于消费者来说，即便有交易平台提供的信用背书，产品出现问题后也可以进行退换，但交易后一旦发生纠纷，其间消费者所付出的时间和精力将难以估量。因此，对于消费者而言，在他们通过网络购买农产品时存在两方面的顾虑：一是对农产品质量本身的顾虑；二是对网上交易可能发生的不良后果的处理的担心。

由于区块链技术对农产品生产全过程的记录，可以有效地打消消费者的第一个顾虑，非人工干预情况下由区块链记录的真实产品数据，由消费者判断是否值得购买。同时，为了获得经济回报，农民在生产过程中采用安全、绿色的生产方式进行生产，并将这些信息完全地展现给消费者。利用信用共识与智能合约技术，一方面农户在生产过程中自然的获得信用积累，而无须通过付出保证金从平台获得信用，节约大量的资金成本；另一方面，当消费者需求与生产者供给信息达成一致的情况下，交易便可以自动地完成。而当违约发生时，退款、赔款等合约约定行为也将自动完成，不需要经过烦琐的中介仲裁和漫长的等待即可完成，从而消除消费者的第二个顾虑。

综上所述，区块链技术在农业绿色发展领域能够充分发挥其技术特性，在农产品生产、农产品流通领域有效地降低成本、提升效率。此外，由于区块链技术本身的技术特性，其在农村普惠金融、农业保险、农村精准扶贫过程中都有发挥作用的空间，此处限于篇幅原因不做过多阐述。

四、区块链技术在农业绿色发展中的潜在问题与引入限制

任何事物都具有两面性，作为农业信息化重要工具的区块链技术在可能为农业现代化带来各种便利的同时，也可能由于其技术本身的特征带来农业现代化过程中的一些不良“副作用”。从目前的基础条件来看，大范围的将区块链技术引入“三农”领域还有一定难度。

第一，核心关键技术研发滞后。传感器国产化、精确度、集成度、抗逆性都不高，动植物本体传感器基本处于空白，尚未研发出专用智能芯片，也尚未构建起动植物生长模型。

第二，信息数据资源共享机制不健全。政务信息系统互联互通不够，公共服务信息化进程滞后。部省联动、部门协作、合力推进的工作机制有待强化。全国性和全产业链数据共享平台仍未建立。

第三，利用现代信息技术解决农业产业中的现实问题有待加强。生产环节的智能装备研发滞后，全球定位系统（GPS）、地理信息系统（GIS）、遥感（RS）、第五代通信技术（5G）等技术的融合集成度低，相关装备的易操作性差、价格高。

第四，农村缺乏高素质劳动力，在一定程度上制约了数字技术的应用。农村劳动力文化水平普遍偏低，农业劳动强度大，年轻人不愿意从事农业，靠天吃饭的局面尚未根本改变，亟须推进农业生产智能化、经营网络化、管理数字化、服务精准化。

第五，财政经费保障不足。据农业农村部信息中心监测，2018 年全国县域用于农业农村信息化建设的财政投入，有 25.2%的县域低于 10 万元，仅有 20%的县域在 500 万元以上。

（一）区块链技术可能引起的问题

第一，去中心化在特定应用场景下的损失效率。去中心化机制带来信息安全的同时也带来一个问题就是效率的损失。实际上以现我国银行结算体系为例，所有银行的结算业务只需单方面与“银联”这个中央机关对接即可，不必与每一个有结算业务的银行单独进行对接，在这种应用场景下，中心化的效率远大于去中心化。因此，在现代农业生产经营中引入区块链技术需要因应用场景而异，不能一概而论。

第二，信任共识增加信息存储成本。区块链的信任共识（去信任）机制是建立在对交易双方所有过往交易信息的逐条记录（全部信息）基础上，每一个区块都包含之前全部的交易信息（压缩后的）用于系统交叉验证，判定真伪。如此一来，随着区块链的延长，加入的区块和信息越来越多，对存储空间的要求越来越高，导致信息存储的成本急剧升高。此外，由于数据量的增加，用于验证的时间也会相应延长，进而损失效率。

第三，技术引发的区域经济“马太效应”。新技术的发明——使用——扩散过程，犹如石子在面上激起的涟漪总是以城市为中心向外扩散。由于地理位置和交通条件的客观限制，越靠近城市的农村地区，其农业现代化程度越高。这一事实也已经被现代区域经济学的研究所证明。信息化后发地区永远无法赶超信息化先发地区，广大的农村地区将在信息化的过程中，差距逐渐被拉大，农村区域经济的不平衡成为必然。从农户素质来看，存在着距离城市中心越近、信息化素质越高的现象，其收入增加将是偏远农村地区劳动力收入增加速度和幅度的数倍，地区间农民收入差距拉大将不可避免。

（二）区块链技术引入农业绿色发展的限制

第一，信息化基础条件差。由于中国城市化进程的加速，年轻一代农村劳动力大多背井离乡向城市流动。乡村信息化设施建设仍然主要停留在普及电视、广播的层面，信息化活动也主要表现为农业生产信息传递、农产品需求信息的发布，农业政策宣传等方面。由于人口外流导致的农村消费市场萎缩和远距离铺设的高昂成本，农村网络通信资费居高不下，距离广大农村地区真正实现网络入户还有相当的距离。此外，农村人口，尤其是远郊农村人口的互联网教育缺失、信息化教育不够、信息化意识不强。仍然在土地上从事农业劳动的高龄劳动人口受教育程度不高，他们对新信息、新技术等的接受速度和程度与年轻人口相比显得相当落后。这就对区块链赖以存在的大数据构成了挑战。广大的农村地区存在着“信息黑洞”与“数据黑洞”。

第二，大众对区块链的误读。区块链在出现三年后成为街头巷尾热议的话题，主要与其以金融市场上高额回报率投资工具的面目出现不无关系。投机者则以此为噱头不断炒作，个人对其可能带来的高额回报抱有极大的兴趣，政府对其则采取比较谨慎的态度。区块链技术终究只是一项在互联网语境下为提升效率而出现的工具，如前所述，其本身也存在一定的应用局限，并非在所有的应用场景下都能正向地提升效率。因此，囿于技术自身的完善度，区域经济发展基础与地理条件以及在农业现代化过程起主导作用的政府部门和产业部门对新技术所持的谨慎观望态度，区块链技术很难在短时间内被广泛地应用于“三农”领域。

五、结论与展望

通过对区块链技术的工作原理及其在农业绿色发展领域的可能应用进行分析，我们认为，作为一种新型的互联网工具，区块链技术能够在未来的农业信息化过程中发挥其先进性，为农业现代化和农业绿色发展添砖加瓦。根据区块链的技术特征，其主要能够解决农业绿色发展、农村普惠进金融以及贫困人口识别与精准扶贫的绩效考核工作中的一些问题，提升这些方面的工作效率。此外，我们也深刻剖析了以现有的条件将区块链技术引入绿色发展过程中可能存在的诸多限制和可能带来的问题，为有针对性地克服这些困难提供了思路。

综上所述，我们已经看到先进的信息化技术对“三农”产生的巨大影响，但囿于地区经济发展水平、人们思想意识等方面的巨大差异，广大农村地区的生产与生活要实现全面的信息化仍然任重而道远。区块链技术是人们在互联网时代为了解决交易安全与效率问题而设计出来的一个记录法则、一种交易策略，其既不神秘也不简单，如何将其正确地运用于农业现代化、农业绿色发展过程并发挥出优势作用，需要更多人参与到研究与实践的过程中来。善意而正确地使用新技术，将使我们的世界更加有效地运转。

参考文献

[1] Huckle S, Bhattacharya R, White M, et al. Internet of Things, Blockchain and Shared Economy Applications[J]. Procedia Computer Science, 2016（98）：461-466.

[2] Pazaitis A，De Filippi P，Kostakis V. Blockchain and value systems in the sharing economy：The illustrative case of Backfeed[J]. Technological Forecasting and Social Change，2017（125）：105-115.

[3] Hawlitschek F，Notheisen B，Teubner T. The limits of trust-free systems：A literature review on blockchain technology and trust in the sharing economy[J]. Electronic Commerce Research and Applications，2018（29）：50-63.

[4] Marsal-Llacuna M. Future living framework：Is blockchain the next enabling network？[J]. Technological Forecasting and Social Change，2018（128）：226-234.

[5] Kshetri N. 1 Blockchain's roles in meeting key supply chain management objectives[J]. International Journal of Information Management，2018（39）：80-89.

[6] Mansfield-Devine S. Beyond Bitcoin：using blockchain technology to provide assurance in the commercial world[J]. Computer Fraud & Security，2017（5）：14-18.

[7] Leng K，Bi Y，Jing L，et al. Research on agricultural supply chain system with double chain architecture based on blockchain technology[J]. Future Generation Computer Systems，2018.

[8] 张瀚艺. 基于区块链的我国农产品电子商务发展路径探讨[J]. 商业经济研究，2017（12）：96-98.

[9] 洪涛. 加快区块链在我国农产品电商领域的应用[J]. 农业工程技术，2016（24）：18-20.

[10] 杨蕾，杨兆廷，刘静怡. 基于区块链的金融支农模式创新研究[J]. 农村金融研究，2018（1）：49-52.

[11] 姚琥. 应用区块链技术推进普惠金融发展[J]. 金融电子化，2017（10）：68-70.

[12] 于丽娜，张国锋，贾敬敦，等. 基于区块链技术的现代农产品供应链[J]. 农业机械学报，2017（S1）：387-393.

[13] 吕芙蓉，陈莎. 基于区块链技术构建我国农产品质量安全追溯体系的研究[J]. 农村金融研究，2016（12）：22-26.

[14] 孙志国，李秀峰，王文生，等. 区块链技术在食品安全领域的应用展望[J]. 农业网络信息，2016（12）：30-31.

[15] 袁勇，王飞跃. 区块链技术发展现状与展望[J]. 自动化学报，2016（4）：481-494.

[16] 何蒲，于戈，张岩峰，等. 区块链技术与应用前瞻综述[J]. 计算机科学，2017（4）：1-7.

[17] 董晓林，朱敏杰. 农村金融供给侧改革与普惠金融体系建设[J]. 南京农业大学学报（社会科学版），2016（6）：14-18.

[18] 戴小文，漆雁斌，陈文宽. 农业现代化背景下大数据分析在农业经济中的应用研究[J]. 四川师范大学学报（社会科学版），2015（2）：70-77.

低碳经济约束下的环境法治建设探讨

吕瑞斌　张璐　王恒[①]

【摘　要】低碳经济模式以低排放和低能耗以及低污染为前提，是人类在经历了农业文明与工业文明后的一次大的进步。其实质是高效地利用能源、不断开发清洁能源从而实现绿色 GDP。其核心是进行减排技术、能源技术创新，进行产业制度、产业结构创新，使人类生存发展的观念发生根本变化。党的十八大中明确提出了应该发展低碳经济，强化保护环境，以实现人和自然间的和谐。所以，在环境法治建设中应该准确地把握低碳经济模式要求，以提高环境保护水平，加大环境保护力度，实现经济又好又快发展。

【关键词】低碳经济；环境法治；环境执法

在经济全球化时代，环境污染日趋严重成为全人类共同面临的问题。当今高速发展所带来的能源和环境问题已危及人类自身生存基础，向低碳经济转型成为全球经济可持续发展的必然选择。然而，向低碳经济转型是一场变革传统生产生活方式的社会经济活动。鉴于法律具有促进、引导、规范和强制的功能，转型之初，建立完善法律制度尤为必要。这种强制性法律力量的推动作用主要体现在对低碳经济发展的多角度、多侧面、多层次、多部门的规划及制度建设方面。

一、低碳经济发展现状及其立法概况

（一）低碳经济发展现状及要求

低碳经济的发展建设，是指通过一系列社会、经济、能源效率提高、生态环境保护、碳生产力提高等指标建设达标，实现“使发展建立在高效利用资源、严格保护生态环境、有效控制温室气体排放的基础上，统筹推进高质量发展和高水平保护”[②]。其目的在于建立健全绿色低碳循环发展的经济体系，确保实现碳达峰、碳中和目标，推动我国绿色发展迈上新台阶。低碳经济的发展主要包括以下三个方面的要求。

第一，发展绿色生产，实现产业和产品结构的绿色升级。优化产业结构和产品结构，促进相关行业绿色升级，是提升资源能源利用效率、降低温室气体排放的一个重要手段。产业

① 吕瑞斌，四川省环境政策研究与规划院法治与标准研究部工程师，主要从事环境与资源保护法学研究；王恒，四川省环境政策研究与规划院副院长、高级工程师，主要从事环境政策研究；张璐，四川省环境政策研究与规划院法治与标准研究部主任工程师，主要从事生态环境法治与标准研究。

②《国务院关于加快建立健全绿色低碳循环发展经济体系的指导意见》（国发〔2021〕4 号）。

结构和产品结构的变化对能源强度降低的贡献率可高达 75%～85%，远高于技术提高对总能源强度降低的贡献率（技术提高的贡献率为 15%～25%）。1980—2000 年我国节约和少用的能源中 70%以上来自产业结构和产品结构调整。第三产业的单位产值能耗一般只有第二产业的 25%左右[①]，因此，在产业结构调整中需要适当发展绿色化的第三产业，促进第三产业与一二产业的深度融合，使产业结构得以不断优化，减少生产领域的能源消耗水平和碳排放强度。此外，在工业生产领域，应当从环境管理、能源管理和温室气体排放等方面引导工厂降低资源环境影响，出台绿色工厂综合管控的政策、规范和标准。对于钢铁、石化、冶金、建材等高耗能企业，要推进绿色化改造并实施强制性清洁生产审核。针对部分污染较重的“散乱污”企业，要分类实施关停取缔、整改提升等措施。同时，在各个产业部门中要调整产品结构，提高绿色产品的质量和档次，提升产品节能环保低碳水平，为支持企业开发绿色产品、推行绿色设计、引导绿色生产制定相应标准。

第二，推广清洁能源，促进能源消费结构的绿色转型。气候变化或气候变暖的直接原因是大气层中以二氧化碳为代表的温室气体的过量堆积。传统的钢铁、石化、冶金、建材等高耗能行业的能源消费总量和能源消耗强度都很高，造成二氧化碳排放量居高不下，这与低碳经济发展是不相适应的。目前，传统能源体系中的单位产品能耗高，节能潜力非常大。其中，通过政策法规引导能源体系绿色低碳转型就是低碳经济发展的一种模式选择，比如，逐步改变能源价格体系，完善节能环保电价政策，提升可再生能源利用比例，加快推进风电和光伏发电的建设，因地制宜地开发和推广水能、海洋能、地热能、生物质能等清洁能源，加大绿色储能技术的研发和推广等。此外，对于农业农村领域，需要推进农村电网升级改造，增加农村清洁能源供应，推动农村发展生物质能等。当下，应当将促进低碳技术创新与能源绿色转型的战略上升到立法层面，运用法律强制力来保证能源供给与消费结构的绿色转型。

第三，促进绿色消费，倡导绿色低碳生活方式。2020 年，我国居民人均消费支出升级提质，全国居民恩格尔系数为 30.2%，其中城镇为 29.2%，农村为 32.7%[②]。但按联合国对小康水平的划分标准 40%～49%，全国居民生活水平仍达不到小康水平。因此，随着生活水平的进一步提高，我国居民生活领域对生活产品的消费支出还将进一步增加，生活领域的碳排放总量还将进一步增大。针对居民生活领域的降碳压力，需要加快推进消费革命，推动公众对绿色产品的消费，加强绿色产品和服务认证管理，实施居民绿色产品采购引导，尽快提升全社会的绿色消费水平和意识。同时，要积极地倡导绿色低碳生活方式，引导绿色出行，推进生活垃圾分类，反对过度包装，开展绿色生活创建活动。针对农村生活领域，应未雨绸缪，高度重视农村生活领域各种能源利用效率的提高，要抑制农村生活水平逐步提高带来的碳排放压力，注重在农村地区因地制宜开发利用可再生能源。

（二）低碳经济立法概况

伴随 1992 年《联合国气候变化框架公约》签署，我国开启了低碳经济发展历程，随后制

① 肖显静. 中国城市减缓温室气体排放的政策措施和社会障碍分析——以北京市为例[C]. 经济发展方式转变与自主创新——第十二届中国科学技术协会年会（第一卷），2010.

② 国家统计局. 中华人民共和国 2020 年国民经济和社会发展统计公报[EB/OL]. [2021-02-28]. http://www.stats.gov.cn/ ztjc/zthd/lhfw/2021/lh_hgjj/202103/t20210301_1814216.html.

定了一系列生态环境保护与低碳经济发展领域的法律法规，主要涉及气候变化、碳减排以及服务于低碳经济发展的生态环境资源保护等领域。

第一，涉及气候变化领域的立法情况。1992 年全国人大常委会通过《全国人民代表大会常务委员会关于批准〈联合国气候变化框架公约〉的决定》，批准签署了《联合国气候变化框架公约》。根据《公约》规定，我国于 2009 年通过了《全国人民代表大会常务委员会关于积极应对气候变化的决议》，对应对气候变化工作做出全面部署。随后，《中华人民共和国防沙治沙法》第二条第二款规定“土地沙化是指因气候变化和人类活动所导致的天然沙漠扩张和沙质土壤上植被破坏、沙土裸露的过程”。《中华人民共和国促进科技成果转化法》也规定对“能够合理开发和利用资源、节约能源、降低消耗以及防治环境污染、保护生态、提高应对气候变化和防灾减灾能力的”科技成果转化项目予以支持。

第二，涉及碳减排领域的法律规制情况。为充分发挥市场机制在绿色低碳发展领域的作用，2020 年 12 月，生态环境部出台《碳排放权交易管理办法（试行）》，为全国碳排放权交易及相关活动提供了制度遵循。在地方性法规方面，《西藏自治区国家生态文明高地建设条例》规定“积极落实国家碳排放要求，促进实现国家碳达峰、碳中和目标”。2019 年修正的《北京市绿化条例》规定“倡导低碳生产生活方式和实现碳中和的绿色环保理念”。此外，2016 年最高人民法院发布的《关于充分发挥审判职能作用为推进生态文明建设与绿色发展提供司法服务和保障的意见》，也将依法审理碳排放相关案件，深入研究碳排放交易中的法律问题作为环境司法工作的重要内容。

第三，涉及低碳经济发展的法律法规体系。在有关环境保护及低碳经济发展领域，我国已经制定相当多的法律法规，主要包括《长江保护法》《环境保护法》《固体废物污染环境防治法》《大气污染防治法》等法律。此外，《节约能源法》《清洁生产促进法》《可再生能源法》《循环经济促进法》等法律法规也从节能减排、促进资源循环利用的角度为促进低碳经济发展提供了制度支撑。国务院相关部门还发布了《清洁生产审核办法》《公共机构节能条例》《大型活动碳中和实施指南（试行）》等规范性文件贯彻落实上位法规定，促进低碳经济发展。

二、低碳发展法治建设存在的问题分析

（一）低碳发展的法律制度体系不完善

低碳经济倡导建立一种低碳能源和无碳能源的经济法律体系。目前，低碳经济发展的法律法规体系仍处于起步阶段。有关低碳经济发展的立法在体系上缺乏整体性，尚没有一部专门调整低碳经济的法律法规，石油、天然气、原子能等主要能源单行法仍未颁布实施，促进低碳经济发展的技术措施主要依赖于政策的引导和规范。同时，我国也缺少能源公共事业的上位法，导致能源与环境法律关系难以协调。国际社会所重视和认同的低碳经济立法准则，如合理负担、公众参与等原则在低碳经济立法中有待完善和体现。总之，现有的低碳经济立法在调整范围、调整手段、调整内容等方面尚未能完全适应低碳经济发展的迫切需要。

具体而言，低碳发展法律制度的不完整性表现在以下方面。我国多部法律法规涉及低碳

发展，如《环境保护法》《节约能源法》《大气污染防治法》《循环经济促进法》《清洁生产促进法》《矿产资源法》《煤炭法》《电力法》等法律，以及国务院出台的以控制温室气体排放、推动低碳发展为目的的法规性文件，都从不同角度、不同程度地包含了低碳发展的要求。但是，这些法律法规都不是专门针对低碳发展而出台的，其中一些制度和要求虽然提出要加强环境保护、节能减排，但对如何控制温室气体排放而言则笼统模糊，缺乏可操作性，有些提法更多体现了宣示性、警示性。如《节约能源法》和《可再生能源法》都规定要提高能源效率、促进可再生能源发展，但二者都不可能直接减少温室气体排放，因为只有石化能源消费总量的减少才能实现温室气体减排，而我国多年来经济发展势头较好，很可能出现在可再生能源消费总量增加的同时，化石能源消费量也继续增加的局面。另外，由于多头立法，难免存在有关低碳发展的制度之间互相交叉、重叠而一些重要的制度缺失的现象。如《循环经济促进法》和《清洁生产促进法》虽然都提出实行税收优惠、补贴等奖励性手段来激励公众和企业自愿实行有利于低碳发展的行为，但是尚没有规定具体、细化的奖励措施和程序，导致在现实中不能产生广泛的影响。

（二）低碳发展的环境执法保障不足

低碳发展的管理机制方面存在不足，低碳经济各管理部门之间职能交叉，权责不清，协调不够。现有的低碳经济管理机构设置较为混乱，低碳技术手段比较落后，管理者技能素养较低，很难适应低碳经济管理科学化的时代要求。我国虽然成立了资源能源管理部门，但该机构无法涵盖低碳经济发展的全部管理职能。加之，各内设机构设定的权威性不够，往往导致低碳经济管理效率低下。

具体而言，低碳发展面临的环境执法保障问题主要表现在以下方面。环境执法领域存在的问题集中表现为：执法权限缺失，如环境执法部门只享有现场检查权、责令改正权和一般的行政处罚权（如罚款、没收违法所得等权限），而缺乏强制执行权（如对污染设施和装备的没收权、对环境违法企业账号内资金的强制划拨权等）。而且，环境执法部门的部分决定权归政府，这极大地限制了环保执法的效果，不能满足促进低碳发展、震慑违法行为的需要。低碳发展的环境执法不足，重点考虑以下三个方面：① 现有环保体制框架内，生态环境主管部门缺乏查封、冻结、扣押等强制执行权和限期治理决定权，无法保障环境执法的效力。② 现有环境监理队伍，无法有效跟踪低碳发展的全过程、全流程，无法实现全覆盖管理。③ 缺乏多个政府部门联动、多种执法手段并用的环境执法长效机制。生态环境主管部门要与工商、电力、金融、司法、公安、水利、公路、铁路等部门联合打击环境违法行为，对拒不配合的企业可以采取限水、限电、限贷、限运等多种手段予以惩治，以彻底改变环保执法薄弱的局面，强化环境执法对环境违法行为的震慑力。

（三）低碳发展的执法操作性不强

立法的导向性功能是发展低碳经济的首要前提。我国低碳经济立法起步较慢，习惯于沿袭“宜粗不宜细”的传统立法指导思想，导致有关低碳经济政策法律法规的执法操作性不强。比如，《循环经济促进法》《节约能源法》等法律规定的原则性内容过多，有的条文笼统模糊，缺乏硬性指标，法律责任界定不明确，这是导致我国环境执法效果不佳的一个重要原因。市场主体作为"经济人"在追求自身利益最大化的过程中，往往不愿意支付较高的成本来降低碳排放，也不愿意彻底放弃原有的生产方式而转向低碳经济。对此，我国一些法律政策规定了不少税收优惠、补贴等奖励手段，以激励和引导企业自愿践行低碳生产，但是由于缺失细化相关奖励手段和程序的规定，低碳企业寻求奖励和优惠政策往往形同虚设，这种低碳消费的导向和示范效应难以发挥，导致企业参与低碳经济发展的积极性和主动性不足。

低碳发展的法治建设可以从以下两个方面细化对低碳经济模式转型的要求：一是从可持续发展的角度，审慎安排产业结构和市场转型的合理步骤及翔实周密的衔接方案；二是通过税费调整、排污交易等方式建立"高碳产业挤出机制"，将收取的可控收入全部用于新型低碳产业的补贴，实现"挤出"和"推进"之间的良性替代。现阶段，地方立法可以根据地方情况，通过建立发展低碳经济的规划制度、建立发展低碳经济基本管理制度、完善公众参与与信息公开制度、完善发展低碳经济的激励制度和建立发展低碳经济的目标责任制，从制度上根本解决问题。地方立法可先易后难。先制定各种体现低碳经济理念和原则的地方性单项法规或条例，如制定各地的《生活垃圾分类处理办法》和《建筑垃圾管理办法》等。设定成熟的行业规范，诸如服务标准、合同规范、招投标程序、节能减排效益的测试和验证的统一标准等，进一步规范能源服务企业的经营。

（四）低碳发展的配套政策体系亟待完善

低碳经济发展的配套政策不够完善，配套政策之间不协调，甚至存有不少冲突的地方。一些地方政府缺乏全局和战略思维，仅仅从当地自身发展利益出发出台有关低碳经济的政策性文件，从而使低碳经济发展衔接不够，造成许多不必要的资源浪费。一系列有关促进节能、可再生能源等减缓温室气体排放技术研发的政策文件亟待加强。有关低碳经济发展的单行法律法规缺乏配套的规范性文件，极大地制约了低碳经济的科学发展。传统唯 GDP 论的政府绩效考评体系，已无法适应低碳经济发展的时代需要。碳排放和碳交易机制尚处于试点阶段，有关配套政策亟须在实践中加以总结和推广。

此外，低碳发展是一项系统、复杂的工程，现阶段，单靠企业和个人自愿采取低碳化行为是远远不够的，并且很多情况下企业或个人往往是有低碳意识却不知如何具体、有效地作为。低碳发展主要靠政府通过配套政策推进。在国务院出台有关低碳发展规划等顶层设计规范性文件的情况下，地方政府需要依据低碳发展促进法律法规和国家低碳发展方案，制定符合本地实际的区域性低碳发展方案。应当明确低碳发展的具体目标、重点领域、机制措施、评价体系等，要求地方将低碳发展目标体现在区域及行业的发展规划中，将节能减排指标在各级政府和相关企业中层层分解并逐级、定期进行考核；应当明确地方建设中尽快研发使用环境友善技术（ 包括能效技术、低碳技术和适应技术），避免"锁定效应"（很多产业的生产设施一旦装置了低效率、高能耗的设备，其高排放的效应将在很长时间内被锁定，而设备的更新、改进将导致巨大的重置成本）；要求各地发展碳市场，将低碳项目作为招商引资、对外合作的重点项目；要有组织、有秩序地在一些地方建设低碳发展试点和示范基地，将低碳发展作为创造就业机会、抢占未来发展制高点的重要战略；要在工业、建筑、交通、公共机构、农业、商业、民用等领域组织实施节能科技提效工程、节能环保产业培育工程、循环经济促进工程、新能源推广应用工程和节能人才工程，开展全社会节能低碳行动。

三、构建低碳法治体系的建议

我国目前尚未将低碳发展全面纳入法治轨道，在宏观调控上对低碳发展还没有真正做到统一规划，低碳法律制度的总体质量不高且存在诸多问题，整个社会层面还没有形成低碳意识和新的消费理念。鉴于此，本文提出低碳法治建设的八大制度设计要点。

（一）低碳发展规划制度

低碳发展规划制度在参考国家“十四五”规划的基础上，明确未来一定时间段内的温室气体减排目标，整体规划好财政税收、金融信贷、能源结构、低碳技术等领域的低碳化手段的跟进，由地方将促进低碳发展纳入相关规划，制定低碳经济等专项规划，并将低碳发展目标作为各级政府制定中长期发展战略和规划的重要内容。

（二）气候变化影响评价制度

（企业）项目气候变化影响评价制度可以参照《环境影响评价法》中对（企业）项目进行环境影响评价的规制，建立相应的（ 企业）项目气候变化影响评价制度，要求相关部门将评价结论和审查意见作为决策的重要依据。

（三）低碳产业目录制度和退出机制

低碳产业目录制度和退出机制的内容是:国家在总体产业政策框架下制定低碳产业目录，并允许省级政府根据本区域情况将低碳产业目录分类、细化，严把产业经营入口关。对不符合国家和地方低碳产业目录的项目，坚决不予立项。对目录外已经建成的高碳项目，实施分步退出和改造方案，即通过制定合理的低碳标准将高能耗的落后技术产能逐步淘汰，鼓励高碳企业引进技术进行低碳化改造。

（四）低碳产品标准、认证和标识制度

建立低碳产品标准、认证和标识制度。理论上讲，低碳产品是指与同类产品或相同功能的产品相比，其碳排放量值符合该类产品的国家标准或技术规范中有关低碳评价指标要求的产品。因此，制定低碳发展促进法律规范应当责成有关部门制定低碳产品认证技术规范和低碳产品碳减排评价指标，规定产品生产者或销售者可以委托第三方认证机构进行低碳产品认证。在低碳产品认证制度中应当引入“产品生命周期”的概念，即要求终端产品及其原材料构成都符合低碳产品标准。

（五）碳排放权交易制度

完善碳排放权交易机制，进一步通过法治引导，强化碳排放交易的刚性要求。当前，欧盟、英国、加拿大、美国等发达国家均实施了符合本国国情的碳排放权交易制度。我国浙江等地已有在水污染防治领域试行排污权交易的经验,并形成了一套比较成熟的市场交易机制，可将先进经验和机制在大气污染防治领域进行推广。制定低碳发展促进法律规范应当鼓励有

条件的地方建立碳市场，实行碳排放权交易。政府应加强对此种交易机制的宏观调控，如在科学评估的基础上明确地区排放总量指标，然后由市场决定交易价格。

（六）碳税制度

建立和完善碳税制度。碳税就是针对二氧化碳排放行为征税，它是环境税的一种，能够带来环境质量提高、国家财政收入增加的双重红利效应，同时符合“污染者付费”的环境治理理念。碳税手段已被美国、丹麦、瑞典、德国、荷兰、意大利、澳大利亚等国广泛采用并收效明显，我国在推进低碳发展立法中也可借鉴。需要注意的是，碳税的税基、税率等的设定没有统一的蓝本，各地应结合经济社会发展情况谨慎设定。

（七）碳排放目标责任制度

建立碳排放目标责任制度。低碳发展的力度取决于政府推进程度，因此应当建立碳排放目标责任制度，以规范政府环境行政行为。在建设项目立项准备阶段，政府环保部门应对项目环评中的碳排放情况进行分析、评价，对不符合碳排放技术和标准的项目应整改到排放达标的前提下方可予以立项，否则一律不予立项。项目建成后，环保部门要对项目运行中的碳排放风险进行实时监管。碳减排目标应当纳入政府部门及其行政人员的政绩考核指标体系中，对完不成碳减排目标者要启动行政问责机制，以强化各级政府的低碳发展责任。

（八）低碳教育制度

建立和完善低碳教育制度。我国在低碳发展方面面临三大困难：一是人口基数大且增长速度快，温室气体减排调控难度大。二是改革开放以来经济总体上快速发展，但经济结构不合理，温室气体减排任务重。三是我国很多地区资源、能源的天然赋存量小，转变产业能源结构和居民能源消费结构的压力大。为了应对这三方面困难，制定低碳发展促进法律规范应当规定公民要树立低碳理念，教育机构要重视低碳人才培养和低碳技术研发，政府要加大低碳教育培训投入，支持企业和公民致力于建设低碳城市、低碳社区、低碳农村，共建低碳社会。

参考文献

[1] 邓小云. 论我国的低碳法治建设[J]. 学术交流，2015（2）：59-63.

[2] 谭润洪. 低碳经济发展法治保障研究[J]. 湖南社会科学，2013（5）：97-99.

[3] 黄晓慧. 珠三角世界级城市群构建的法治保障研究——以低碳环保法制建设为视角[J]. 中国名城，2016（12）：37-42.

[4] 陈海嵩. 以法治建设保障绿色发展[J]. 群言，2018（7）：13-15.

“碳惠天府”背景下成都公众对碳标签产品的感知、购买及支付意愿调查研究

赵锐　俞阳　吴丁页[①]

【摘　要】本文通过问卷调查的形式，利用因子分析与 Logistic 回归分析相结合的方法，探究成都市区公众对碳标签产品的认知度、购买以及支付意愿。结果表明：成都市公众对碳标签产品的认知度偏低，但大部分表示愿意购买碳标类产品，但其所愿意接受的溢价度普遍较低。公众的风险态度对碳标签产品的认知度，感知得利对碳标签产品的购买意愿，感知消费者效力、职业和收入水平对碳标签产品的支付意愿有着显著影响。基于调研结果，本文给出相关的政策建议，以期为推动符合我国国情的碳标签体系的形成和推广提供理论依据，促进低碳消费和绿色发展。

【关键词】碳标签；认知度；购买意愿；支付意愿

一、引　言

随着全球气候变暖的加剧，“绿色发展”成为世界各国应对气候危机的一项重要举措（Geng et al.，2014；Tan et al.，2016）。碳标签是蕴含绿色、低碳发展理念的一项重要手段，由英国率先推出，旨在通过测算产品在整个生命周期内所产生的二氧化碳排放量，以标志形式贴附在产品包装上，帮助消费者改变其生活方式和消费行为（Zhao et al.，2012a）。碳标签还促使越来越多的公司和企业使用并将其作为产品销售的一种营销手段，引导企业提高产品竞争力，提升企业社会责任（Vandenbergh et al.，2011）。例如，Tesco（乐购超市）在超过 1 000 种的自营商品上贴附了碳标签，同时 59%的公众在购物中至少选择了一件贴附碳标的商品（Tesco，2011）。

消费者作为碳标产品的最终购买者，其对碳标产品的接受程度是决定企业是否愿意尝试碳标贴附的直接影响因素（Rijnsoever et al.，2015）。相关研究表明，对低碳标识贴付产品的认知程度、个人消费理念等因素会导致公众产生不同程度的感知风险，进而影响其购买和支付意愿（Maniatis，2016；Chekima et al.，2016）。由于中国目前尚未开展碳标签制度，本次调研可呈现公众的绿色消费特征，具有较大的推广价值。

特别是成都市作为国家首批入选的低碳试点城市，明确提出至 2020 年，将成都建设成为西部地区的低碳发展“引领区”、低碳生产生活“标杆区”、低碳市场化服务“核心区”和低碳发展体制机制建设“示范区”。2020 年 4 月 8 日，成都市人民政府发布《关于构建“碳惠天府”机制的实施意见》，明确提出构建“碳惠天府”机制，对社区、家庭及个人的低碳减排

① 赵锐，西南交通大学地球科学与环境工程学院教授，主要从事低碳可持续发展研究；俞阳，西南交通大学地球科学与环境工程学院助理研究员；吴丁页，西南交通大学地球科学与环境工程学院硕士研究生。

行为进行量化并实施积分奖励，营造人人、事事、时时崇尚生态文明的社会氛围，逐步形成简约适度、绿色低碳的城市文化。本文以成都为实证研究区域，探索该区域内公众对碳标类低碳产品的接受度、购买及支付意愿，可为制定推广碳标签产品相关政策提供理论依据，促进区域低碳消费和可持续发展。

二、研究方法及数据来源

本研究设计调查问卷分三部分，共计 27 道题，如表 1 所示。题项分布如下：① 以选择题形式收集公众关于碳标签产品的认知、购买意愿以及人口统计信息，共计 8 题，如表 1（a）所示；② 以量表形式反映消费理念，共计 19 题，如表 1（b）所示，其中题项 1 ~ 4 考察消费者在日常生活中的低碳行为意识，如节水、节电等，将其命名为“低碳行为意识因子”；题项 5 ~ 9 反映消费者对“碳标”这一新兴概念可能会产生不同程度的主观风险，将其命名为“风险态度因子”；题 10 ~ 14 反映消费者相信通过自己努力对环境的改善程度，定义为“感知消费者效力因子”；题项 15 ~ 19 则是量度消费者通过购买碳标签产品获得的效用，定义为“感知得利因子”。量表选用 6 分李克特量表，1 ~ 6 分别表示完全反对、比较反对、有点反对、有点赞同、比较赞同、完全赞同。

表 1　调查问卷

（a）消费者对碳标签产品的感知和人口统计特征测量题项

	序号	测量题项	选项
消费者对碳标签产品的感知	20	请问您听说过碳标签产品吗？	A. 没听过 B. 听过
	21	如果市面上出售贴附了碳标签的牛奶（此标签能推进低碳生活），您会选购这种牛奶吗？	A. 不会 B. 会
	22	若您愿意购买碳标签牛奶（上题选 B），您能够接受的碳标签牛奶价格是？（以 3.00 元/盒的牛奶价格为例）	A. 不愿意多支付 B. 3.03 ~ 3.30 元 C. 3.30 ~ 3.60 元 D. 3.63 ~ 3.90 元 E. 3.93 ~ 4.20 元
人口统计特征	23	您的性别：	A. 男 B. 女
	24	您的年龄：	A. 18 ~ 25 岁 B. 26 ~ 35 岁 E. 36 ~ 45 岁 D. 46 ~ 55 岁 E. 56 岁及以上
	25	您受到的最高或正在接受的教育程度：	A. 初中及以下 B. 高中、中专及职高 C. 大专及大学本科 D. 研究生及以上

续表

	序号	测量题项	选项
人口统计特征	26	您的职业：	A. 学生 B. 自由职业者或个体工商户 C. 教师、医生、科技人员等 D. 政府及事业单位 E. 企业工作人员 F. 退休
	27	您的月收入水平：	A. 1 500 元及以下 B. 1 500～3 000 元 C. 3 000～4 500 元 D. 4 500～6 000 元 E. 6 000 元以上

（b）消费者消费理念测量题项设计

序号	测量题项
1	我有离开房间后随手关灯的习惯
2	我会重复使用自来水，比如用洗脸水洗脚，然后再冲厕所
3	我会把购物袋保存起来，以后接着用
4	喝过的空饮料瓶，我会愿意储存起来卖给收废品的人
5	我喜欢接受新观念、新事物
6	我宁愿在购物前多花时间比较，也不愿意事后后悔
7	购物前我希望确实了解碳标签的相关信息
8	我愿意尝试一个对于我来说陌生的品牌
9	购买贴附碳标签的牛奶能满足我的新鲜感与好奇感
10	我将会关注自己的消费行为对环境造成的影响
11	我愿意从此只选购环保产品，即便这样可能会给我的生活造成不便
12	我愿意为提升环境质量做出个人牺牲，即使得到的结果在当下看来并不那么有意义
13	购买产品时，我会尽量考虑我对产品的使用是否会影响到环境和其他消费者
14	我相信我的一些绿色低碳消费行为能够提高我们周围的生活环境质量
15	购买贴附碳标签的牛奶能够提升我作为环境爱好者的形象
16	我认为碳标签牛奶是安全可靠的，值得信赖和购买
17	购买低碳产品有利于全社会环保意识的提高
18	我认为购买碳标签牛奶能降低该产业的二氧化碳排放量，益于环境保护
19	我认为我身边的人看见我购买低碳产品时会受到我的积极影响

本次调研范围为兼顾成都市所属的主要辖区，且所获取的问卷样本具有代表性；本次调研以天府广场为中心，沿成都市目前已运营的地铁 1、2 号线各大站点随机投放问卷。1 号线呈南北走向，2 号线呈东西走向，4 个方向各发放问卷 500 份，总计 2 500 份，共回收问卷

1 681 份，回收率为 67.2%。问卷回收后，初步剔除有漏填及随意填写的问卷，对其采用随机数生成的方法筛选出有效问卷 453 份，用于分析。调查问卷样本属性如表 2 所示。其中男性 230 名，占 50.8%，女性 223 名，占 49.2%。受访者以中青年为主，45 岁以下的样本累计频率为 94.7%，且大部分学历高、收入稳定，受教育程度在大专及大学本科以下的样本累计频率为 96%，月收入 4 500 元以下的样本累计频率为 74%。

表 2　调查问卷样本属性

分类指标		样本数目	百分比/%	累计百分比/%
性别	女	223	49.2	49.2
	男	230	50.8	100
年龄	18～25 岁	247	54.5	54.5
	26～35 岁	127	28.0	82.6
	36～45 岁	55	12.1	94.7
	46～55 岁	16	3.5	98.2
	56 岁及以上	8	1.8	100
受教育程度	初中及以下	35	7.7	7.7
	高中、中专及职高	144	31.8	39.5
	大专及大学本科	256	56.5	96.0
	研究生及以上	18	4.0	100
职业	学生	117	25.8	25.8
	自由职业者或个体工商户	171	37.7	63.6
	教师、医生、科技人员等	43	9.5	73.1
	政府及事业单位	23	5.1	78.1
	企业工作人员	96	21.2	99.3
	退休	3	0.7	100
月收入	1 500 元及以下	114	25.2	25.2
	1 500～3 000 元	120	26.5	51.7
	3 000～4 500 元	101	22.3	74.0
	4 500～6 000 元	61	13.5	87.4
	6 000 元以上	57	12.6	100

本文采用 SPSS19.0 软件，对调查问卷进行信效度检验。Cronbach α信度系数为 0.867，大于 0.7 的接受标准，说明设计的量表具有较高的信度。效度通过探索性因子分析进行检验。因子分析进行的前提是通过 KMO 和 Bartlett's 球形检验。19 个题项的 KMO 值为 0.867，高于 0.7 的标准值，且 Bartlett's 球形检验的显著性水平为 0，表明该问卷题项适合因子分析。

三、结果与讨论

（一）结果分析

表 3 给出了成都市公众对碳标签产品的认知度、购买意愿及支付意愿的一般描述性统计。其中 78.1%的被调查者没有听说过碳标签，也证实因碳标签体系在我国尚未实施，导致公众对其认知度普遍较低。以牛奶产品为例，70.9%的受访者考虑购买贴附碳标的牛奶。还有 83.7%的受访者愿意接受 0.6 元以下的溢价度。这表明，虽然公众对碳标签的整体认知度不高，但有相当一部分比例愿意尝试购买碳标贴附的低碳产品，并能接受一定的产品溢价。

表 3　基于碳标签信息的一般描述性统计

题项			样本数目	百分比/%
认知度	是否听说过碳标签产品？	没听过	354	78.1
		听说过	99	21.9
购买意愿	是否会购买碳标签牛奶？	不会购买	132	29.1
		会购买	321	70.9
支付意愿	可接受的碳标签牛奶价格是？（原价为 3.00 元/盒）	不愿多支付	82	18.1
		多支付 0.03 ~ 0.3 元	164	36.2
		多支付 0.3 ~ 0.6 元	133	29.4
		多支付 0.6 ~ 0.9 元	38	8.4
		多支付 0.9 ~ 1.2 元	36	7.9

本研究的因变量设定为消费者对碳标签产品的认知度、购买意愿以及支付意愿。利用 SPSS 19.0 对消费理念中的 19 道题进行因子分析后，提取出四个主成分，累积总解释方差为 56.64%，其中题项 1 ~ 4、5 ~ 9、10 ~ 14、15 ~ 19 分别对应于因子 1、2、3、4。模型的因果关系设置为三个阶段：① 通过因子分析提取的 4 个反映消费者绿色消费理念的因子，连同人口统计变量共同作为 Logistic 回归模型的自变量，将消费者对于“碳标签”产品的认知度设置为二分因变量；② 将消费理念的 4 个因子、人口统计变量和对“碳标签”产品的认知度设为自变量，将“碳标签”产品的购买意愿作为二分因变量；③ 从测量消费者“购买意愿”的结果中提取出选择“愿意购买”碳标产品的消费者进行分析，将消费理念的 4 个因子、人口统计变量和碳标签产品的认知度设置为自变量，5 个取值水平的溢价度设置为因变量，了解消费者愿意为碳标牛奶支付的溢价水平。

表 4 反映出仅“风险态度”对碳标签产品的认知产生显著影响，而其他因素均未对其产生显著影响。消费者的风险态度从侧面反映出平时越愿意接触新事物、尝试新品牌的消费者，对碳标签产品认知的可能性越大。这与 Weber 等（2002）的研究结论近似，Weber 等人通过心理量表对财务决策、健康安全、休闲、伦理和社会决策 5 个维度的感知风险进行评估，发现个人在寻求刺激的过程中会影响其对于风险的感知。

表 4　消费者对碳标签产品认知度的 Logistic 回归分析

	系数	标准误差	Wald 卡方值	df	Sig.	Exp（B）
风险态度	0.720***	0.149	23.243	1	0.000	2.055
感知得利	0.047	0.127	0.134	1	0.714	1.048
感知消费者效力	0.014	0.122	0.013	1	0.908	1.014
低碳行为意识	−0.099	0.114	0.750	1	0.387	0.906
性别	−0.074	0.251	0.088	1	0.767	0.928
年龄	−0.063	0.145	0.188	1	0.664	0.939
教育	0.025	0.180	0.019	1	0.889	1.025
职业	0.042	0.088	0.222	1	0.638	1.042
收入	−0.150	0.104	2.066	1	0.151	0.861
常量	−0.967	0.735	1.731	1	0.188	0.380

注：卡方 = 31.134，df = 9，Sig. = 0.000，Nagelkerke R^2 = 0.102；分类预测值为 78.6%；*表示在 10%水平上显著；**表示在 5%水平上显著；***表示在 1%水平上显著。

从表 5 中的回归系数以及显著性水平可以看出，受教育程度、年龄、低碳行为意识、感知得利以及感知消费者效力 5 个因素会显著影响消费者对碳标签产品的购买意愿。其中，感知得利和低碳行为意识是影响消费者购买碳标产品最重要的因素。该结果与 Maniatis（2016）得出的结论较为相似，Maniatis 通过对雅典 4 个购物中心的顾客进行消费者购买绿色产品决策的问卷调查后，发现消费者购买绿色产品主要取决于 4 个因素：感知的环境获利、经济获利、绿色可靠性以及产品的绿色外观。消费者的受教育程度、年龄和感知消费者效力是次重要的影响因素。该结果与 Shuai 等人（2014）得出的结论类似，证实受教育程度是影响消费者购买意愿的最显著因素，平时越愿意践行低碳生活方式的消费者越愿意尝试购买碳标类产品。

表 5　消费者对碳标签产品购买意愿的 Logistic 回归分析

	系数	标准误差	Wald 卡方值	df	Sig.	Exp（B）
风险态度	−0.012	0.122	0.010	1	0.919	0.988
感知得利	0.626***	0.115	29.427	1	0.000	1.871
感知消费者效力	0.193*	0.113	2.940	1	0.086	1.213
低碳行为意识	0.402***	0.111	13.169	1	0.000	1.494
碳标签产品认知度	0.209	0.282	0.548	1	0.459	1.233
性别	0.158	0.238	0.442	1	0.506	1.172
年龄	−0.229*	0.137	2.796	1	0.094	0.795
教育	0.417**	0.166	6.324	1	0.012	1.518
职业	−0.002	0.084	0.001	1	0.978	0.998
收入	0.001	0.098	0.000	1	0.993	1.001
常量	−0.163	0.772	0.044	1	0.833	0.850

注：卡方 = 58.840，df = 10，Sig. = 0.000，Nagelkerke R^2 = 0.174；分类预测值为 70.9%；*表示在 10%水平上显著；**表示在 5%水平上显著；***表示在 1%水平上显著。

表 6 反映出感知消费者效力对支付意愿有最显著的影响，其次是风险态度。该回归系数为正，进一步说明相信通过购买碳标签产品能有效改善环境现状的消费者，越愿意花更多钱去尝试购买碳标签产品。而在人口统计变量方面，职业和收入水平对碳标签产品的支付意愿有显著影响。从职业来看，对结果的影响程度最大的是学生，最小的则是自由职业者。从收入水平来看，仅有月收入少于 1 500 元才有统计学意义，且收入越高，支付意愿越低。这可能是由于本研究中给出的碳标签产品是牛奶产品，属于需求弹性较低的商品，消费者一般对其价格波动不太敏感。

表 6　消费者对碳标签产品支付意愿的 Ordinal 回归分析

	估计	标准误差	Wald	df	显著性
风险态度	0.129**	0.065	3.892	1	0.049
感知得利	0.026	0.067	0.146	1	0.702
感知消费者效力	0.177***	0.069	6.615	1	0.01
低碳行为	− 0.037	0.070	0.277	1	0.599
职业 1：学生	0.973	1.129	0.742	1	0.389
职业 2：自由职业者	0.579	1.146	0.256	1	0.613
职业 3：教师、医生、科技人员	0.767	1.164	0.434	1	0.510
职业 4：政府及事业单位	0.918	1.175	0.610	1	0.435
职业 5：企业人员	0.622	1.152	0.291	1	0.589
职业 6：退休	0[a]	—	—	0	—
收入 1：<1 500 元	− 0.783***	0.295	7.040	1	0.008
收入 2：1 500 ~ 3 000 元	− 0.213	0.226	0.889	1	0.346
收入 3：3 000 ~ 4 500 元	− 0.287	0.229	1.573	1	0.210
收入 4：4 500 ~ 6 000 元	0.175	0.254	0.476	1	0.490
收入 5：>6 000 元	0[a]	—	—	0	—

注：连接函数为辅助对数-对数；a 表示识该参数为冗余的，所以将其设置为 0；*表示在 10%水平上显著；**表示在 5%水平上显著；***表示在 1%水平上显著。

（二）讨　论

中国目前还尚未实施碳标签计划（Liu et al.，2016），但可持续发展的持续推进，消费者环境意识的逐步增强，可能对购买和使用绿色、低碳产品产生影响，使得对绿色产品产生更大的社会需求（Gadenne et al.，2011；Zhu and Geng，2013）。碳标签产品作为企业承担社会责任的载体，会对企业技术创新、管理理念以及市场竞争力等产生重大影响（Dangelico and Pontrandolfo，2010）。但现阶段，大多数企业还是以盈利作为开展商业的基本动机（Kane，2010；Zhao et al.，2015）。企业尝试改进产品绿色性能，达到产品低碳的认证标准，可能会投入较高的成本来升级生产技术，从而导致企业，特别是中小企业的执行力不足（Bi et al.，2015）。政府作为社会的主导，可采取适当的激励措施（Geng et al.，2010；Zhao et al.，2012b；Zhao et al.，2013），如在碳标签产品推广初期对企业的节能减排活动提供一定的补贴或税收优惠，以保证碳标签制度的顺利实施（Zhu et al.，2011；Tang et al.，2015）。

此外，基于本研究发现，建议根据不同区域的经济发展水平，消费者不同的个体特征差异，如年龄、学历、收入等，进行低碳消费试点，积累碳标签产品的推广经验，进而通过社会交互，整体提升消费者对碳标产品的认知和理解，逐步完善碳标签体系的建设方案。此外，还应加强碳标签的宣传和推广，在碳标签外观设计上注重标签形式的有效性，直观地向消费者反映出碳标签的内在效用，帮助消费者准确理解其蕴含信息，减少因标识本身所导致的感知风险。

四、结　论

本文通过对成都市消费者的问卷调查，实证研究了该区域内消费者对碳标签贴附产品的认知度、购买和支付意愿。通过因子分析结合 Logistic 回归分析，明确其中主要的影响因素。研究发现，成都市消费者对碳标签产品的认知度普遍较低，但有大部分消费者仍愿意购买碳标签产品，且所愿意接受的溢价度普遍不高。在对碳标签产品认知度的研究中，发现仅“风险态度”对结果有显著影响；分析碳标签产品的购买意愿时，发现“感知得利”是其中最显著的影响因素，其次是消费者的“低碳行为意识”和“受教育程度”；针对碳标签产品的支付意愿，感知消费者效力、职业和收入水平有显著影响。

参考文献

[1] Bi K，Huang P，Ye H. Risk identification，evaluation and response of low-carbon technological innovation under the global value chain：a case of the Chinese manufacturing industry[J]. Technol. Forecast. Soc. Change，2015（100）：238-248.

[2] Chekima B，Wafa S A W S K，Igau O A，et al. Examining green consumerism motivational drivers：does premium price and demographics matter to green purchasing[J]. Clean. Prod.，（2016）112：3436-3450.

[3] Dangelico R M，Pontrandolfo，P. From green product definitions and classifications to the Green Option Matrix[J]. Clean. Prod.，2010，18（16）：1608-1628.

[4] Gadenne D，Sharma B，Kerr D，et al. The influence of consumers' environmental beliefs and attitudes on energy saving behaviours[J]. Energy Policy，2011，39（12）：7684-7694.

[5] Geng Y，Xinbei W，Qinghua Z，et al. Regional initiatives on promoting cleaner production in China：A case of Liaoning[J]. Clean. Prod.，2010，18（15）：1502-1508.

[6] Geng Y，Zhang L，Chen X，et al. Urban ecological footprint analysis：a comparative study between Shenyang in China and Kawasaki in Japan[J]. Clean. Prod.，2014（75）：130-142.

[7] Hardeweg B，Menkhoff L，Waibel H. Experimentally validated survey evidence on individual risk attitudes in rural Thailand[J]. Econ. Dev. Cult. Change，2013，61（4）：859-888.

[8] Kane G. The Three Secrets of Green Business：Unlocking Competitive Advantage in a Low Carbon Economy[J]. Earthscan，London，2010.

[9] Liu T, Wang Q, Su B. A review of carbon labeling: standards, implementation, and impact[J]. Renew Sustain Energy Rev, 2016 (53): 68-79.

[10] Maniatis P. Investigating factors influencing consumer decision-making while choosing green products[J]. Clean. Prod, 2016 (132): 215-228.

[11] Zhao R, Yang M, Liu J, et al. University students' purchase intention and willingness to pay for carbon-labeled food products: A purchase decision-making experiment[J]. Int. J. Env. Res. Pub. Health, 2020, 17, 7026.

[12] Rijnsoever F J V, Mossel A V, Broecks K P F. Public acceptance of energy technologies: The effects of labeling, time, and heterogeneity in a discrete choice experiment[J]. Renew Sustain Energy Rev, 2015 (45): 817-829.

[13] Shuai C M, Ding L P, Zhang Y K, et al. How consumers are willing to pay for low-cerbon products-Results from a carbon-labeling scenario experiment in China[J]. Clean. Prod., 2014 (83): 366-373.

[14] Tan S, Yang J, Yan J, et al. A holistic low carbon city indicator framework for sustainable development. Appl. Energy[EB/OL]. http: //dx.doi.org/10.1016/j.apenergy. 2016.03.041 (in press) .

[15] Tang L, Wu J Q, Yu L, et al. Carbon emissions trading scheme exploration in China: a multi-agent-based model[J]. Energy Policy, 2015 (81): 152-169.

[16] Tesco. Corporate Responsibility Report[EB/OL]. www.tescoplc.com/information-hub/document-centre/ (accessed 15.12.15) .

[17] Vandenbergh M P, Dietz T, Stern P C. Time to try carbon labelling[J]. Nature Climate Change, 2011, 1 (1): 4-6.

[18] Weber E U, Blais A R, Betz N E. A domain-specific risk-attitude scale: Measuring risk perceptions and risk behaviors[J]. Behav. Decis. Mak, 2002, 15 (4): 263-290.

[19] Zhao R, Deutz P, Neighbour G, et al. Carbon emissions intensity ratio: an indicator for an improved carbon labelling scheme[J]. Environ. Res. Lett, 2012a, 7 (14) .

[20] Zhao R, Neighbour G, Han J, et al. Using game theory to describe strategy selection for environmental risk and carbon emissions reduction in the green supply chain[J]. Loss Prev. Proc, 2012b, 25 (6): 927-936.

[21] Zhao R, Neighbour G, McGuire M, et al. A software based simulation for cleaner production: A game between manufacturers and government[J]. Loss Prev. Proc., 2013, 26 (1): 59-67.

[22] Zhao R, Peng D, Li Y. An interaction between government and manufacturer in implementation of cleaner production: a multi-stage game theoretical analysis. Int[J]. Environ. Res., 2015, 9 (3): 1069-1078.

[23] Zhu Q, Geng Y. Drivers and barriers of extended supply chain practices for energy saving and emission reduction among chinese manufacturers[J]. Clean. Prod., 2013, 40 (2): 6-12.

[24] Zhu Q, Geng Y, Sarkis J, et al. Evaluating green supply chain management among chinese manufacturers from the ecological modernization perspective[J]. Transp. Res. Part E Logist. Transp. Rev, 2011, 47 (6): 808-821.

四川省居民低碳行为影响因素分析及建议

付思文　孔茹芸　罗彬　林佳丽①

【摘　要】碳排放引致的气候变化制约着经济、社会的可持续发展。本文通过问卷调查的方式，运用描述统计、交叉分析和相关性模型实证分析四川省居民的低碳意愿与行为的影响因素。研究结果显示：当前四川省居民实施低碳消费的意愿处于中等略偏上的水平，但部分居民有低碳意愿却没有低碳行为；人口统计学变量对于四川省居民低碳消费行为的影响并无显著差异，个人因素中个人认识、价值观、责任意识因素对居民低碳消费意愿与行为影响较为显著；社会因素中经济成本对居民低碳消费意愿与行为影响最为显著，其次是便利程度；政府因素中政府强制性规范和政府经济政策对居民低碳意愿与行为均有较为显著的影响。因此，建议：一是可以通过加强对居民低碳知识的宣传教育，不断提高居民的低碳认知，进而推动居民践行低碳生活方式；二是政府部门积极完善节能减排相关的强制性规范、经济政策等，激活市场机制对居民低碳生活的推动作用。

【关键词】低碳行为；四川省居民；描述性统计；交叉性回归；相关性分析

一、研究背景

工业革命以来，人类经济社会发生了天翻地覆的变化，在经济发展和社会生活便利的同时，人类也面临严重的环境问题。20世纪初期，科学家发现了人类有记录以来发生最快的气候变化现象——全球变暖。联合国政府间气候变化专门委员会（IPCC）研究表示[1]，1880年至2012年，人为温室气体排放总量持续上升，尽管随着气候变化减缓政策的不断出台，温室气体排放总量有所抑制，但全球温度仍升高了 0.85 °C。世界气象组织（WMO）预测[2]，未来五年（2020—2024年）全球可能会出现新的高温纪录。世界卫生组织（WHO）数据表明，自 1980 年以来，与高温相关的疾病或死亡的总体风险持续攀升，目前全球约 30%的人口生活在每年至少有 20 天出现可能致命温度的气候条件下。同时，气候变化带来的其他灾害也会对人类造成巨大的影响，如洪涝灾害能为各种传染性疾病的暴发创造有利条件，干旱会威胁粮食安全等。此外，气候变化对经济造成的影响也不容易小觑，近年来，热带气旋等气象灾害造成重大的经济损失。例如，2017年的飓风哈维，造成的经济损失估计超过 1 250 亿美元。根据国际货币基金组织（IMF）的研究表明，对年平均温度在 25 °C 左右的中低收入发展中国家而言，气温每升高 1 °C 就会导致 GDP 增长率下降 1.2%。虽然，根据相关预估分析，升

① 付思文，四川省环境政策研究院工程师，主要从事环境政策、环境经济、环境教育研究；孔茹芸，四川省环境政策研究院工程师，主要从事环境政策、环境经济、区域发展规划研究；罗彬，四川省环境政策研究与规划院院长、高级工程师，主要从事环境政策与规划研究；林佳丽，四川环境政策研究与规划院副主任，主要从事环境政策、环境经济研究。

温会对国家经济产生显著不利影响的国家 GDP 总和仅占全球 GDP 的 20%左右，但其人口总数占全球人口的 60%，而到 21 世纪末，人口占比预计会超过 75%。为应对气候变化和减少温室气体排放我国做出了积极的努力，为推进低碳治理，我国政府一直力图通过完善制度环境促进居民低碳行为：从“十二五”时期起，就将“两型社会”确定为国家发展的重要内容，党的十八大把生态文明建设上升为国家意志，《生态文明体制改革总体方案》强调“完善公众参与制度，保障人民群众依法有序行使环境监督权”，习近平总书记提出生态文明建设要“形成政府主导、部门协同、社会参与、公众监督的新格局”。党的十九大报告细化具体要求，强调要“倡导简约适度、绿色低碳的生活方式，反对奢侈浪费和不合理消费，开展创建节约型机关、绿色家庭、绿色学校、绿色社区和绿色出行等行动”。2020 年，中共中央办公厅、国务院办公厅印发《关于构建现代环境治理体系的指导意见》，对环境治理体系做出“构建党委领导、政府主导、企业主体、社会组织和公众共同参与的现代环境治理体系”新部署，并将“健全环境治理全民行动体系”作为核心内容之一。根据 2019 年初步核算，四川省碳强度较 2005 年下降约 70%，为国家提前完成 2020 年应对气候变化目标做出重要贡献。2020 年成都在全国率先提出“双路径”碳普惠建设思路，面向企事业单位和公众正向激励机制，把公众低碳场景创建作为项目减排量消纳方式之一。基于此，积极探索四川居民的低碳行为影响因素将会对四川省应对气候变化工作开展起到积极的促进作用。

二、理论基础及问卷设计

（一）理论模型研究

相关研究表明[3]-[6]，低碳行为的主要影响因素可分为个体特征因素和情境结构因素两方面。个体特征因素是指包括居民对低碳行为的认知、价值观、从众心理和责任意识等在内的个体内部因素；情境结构是指包括社会因素、政府因素等在内的外部因素。计划行为理论认为[5][7]，个体对行为的态度、主观规劝和感知到的行为控制会影响个体的行为意愿，进而影响个体的实际行为。因此，如图 1 所示，本研究基于低碳行为的主要影响因素以及计划行为理论构建居民低碳行为影响因素模型，个体特征因素和情境结构因素会影响居民的低碳意愿和低碳行为，而低碳意愿和低碳行为会相互影响。

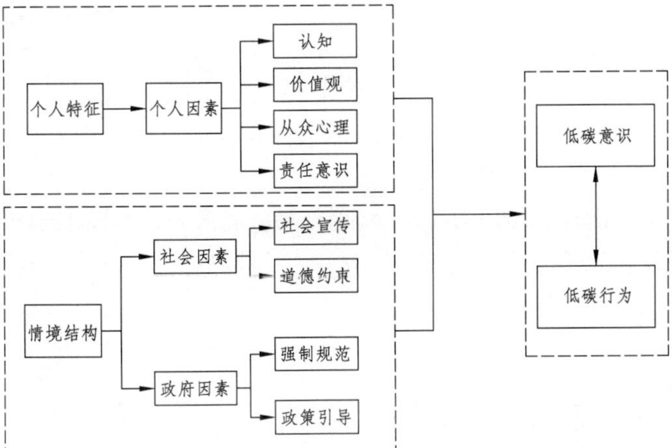

图 1　居民低碳行为影响因素理论研究模型

（二）问卷设计

根据前期研究，将调查问卷设计分为四个部分：第一部分，包括个人低碳意愿和行为两种导向的因变量；第二部分，个人因素包括个体行为、个体认识、价值观、责任意识、从众心理 5 个分变量；第三部分，社会因素部分包括经济成本、社会宣传、道德约束、便利程度 4 个分变量，政府因素部分包括政策引导、强制规范、经济政策 3 个分变量；第四部分，主要是了解被调查对象的个人信息，包括 8 个人口统计变量。问卷设计经 4 次研究小组讨论修改后，形成问卷初稿，并通过网上发放的方式，事先收集了 30 个样本进行预调查，最终生成的正式问卷包括单项选择式问题 10 个、量表式测试题 5 个。具体的问卷结构表及变量符号表示如表 1 所示。

表 1　问卷结构及变量表示

类别	变量赋值	变量名称	变量的测量问题	变量选项赋值
被解释	W1	选择低碳生活的意愿	是；否	1＝是；0＝否
变量	A1	选择低碳消费的行为	是；否	1＝是；0＝否
个人特征（X1～X6）	X1	性别	女；男	1＝女；0＝男
	X2	年龄	15 岁以下；16～24 岁；25～34 岁；35～44 岁；45～54 岁；55～64 岁；65～74 岁；75 岁以上	1＝15 岁以下；2＝16～24 岁；3＝25～34 岁；4＝35～44 岁；5＝45～54 岁；6＝55～64 岁；7＝65～74 岁；8＝75 岁以上
	X3	文化程度	小学及以下；初中；高中/中专；专科/本科；硕士及以上	1＝小学及以下；2＝初中；3＝高中/中专；4＝专科/本科；5＝硕士及以上
	X4	职业或身份	机关事业单位工作人员；企业/公司员工；学生；农业从业者；失业/待业人员；个体从业人员/私营业主；家务劳动者；离退休人员；其他	1＝机关事业单位工作人员；2＝企业/公司员工；3＝学生；4＝农业从业者；5＝失业/待业人员；6＝个体从业人员/私营业主；7＝家务劳动者；8＝离退休人员；9＝其他
	X5	每月平均税后收入	2 000 元及以下；2 001～5 000 元；5 001～8 000 元；8 001 元～10 000 元；10 001～20 000 元；20 000 元以上	1＝2 000 元及以下；2＝2 001～5 000 元；3＝5 001～8 000 元；4＝8 001 元～10 000 元；5＝10 001～20 000 元；6＝20 000 元以上
	X6	家庭成员数	1 人；2 人；3 人；4 人；5 人及以上	1＝1 人；2＝2 人；3＝3 人；4＝4 人；5＝5 人及以上

续表

类别	变量赋值	变量名称	变量的测量问题	变量选项赋值
个体因素（X7～X11）	X7.1	个体行为	在生活中，我总会尽量避免或减少使用空调	1＝从不；2＝偶尔；3＝一般；4＝经常；5＝总是
	X7.2		在生活中，我从不使用一次性餐具	
	X7.3		在生活中，我总是将垃圾进行分类处理	
	X7.4		生活中，我会少买不必要的衣服	
	X7.5		购物时，我总是自带购物	
	X7.6		外出时，我总是使用大众交通工具，如公交、骑自行车、步行	
	X7.7		电器长时间不使用时，我总会切掉电源，减少待机状态	
	X8.1	个人认识	我知道什么是“低碳生活”或“低碳消费”	1＝非常不认同；2＝不认同；3＝不确定；4＝认同；5＝非常认同
	X8.2		我知道什么是低碳产品	
	X8.3		我知道从哪能学到低碳相关的知识	
	X8.4		环境保护会给我的生活方式多样化和舒适度带来诸多不便	
	X8.5		一个国家或地区造成的环境污染问题会蔓延到全世界	
	X8.6		环境保护会限制工业和商业的发展	
	X8.7		减少冰箱开门次数有利于降低碳排放量	
	X8.8		减少购买过度包装的商品是低碳行为	
	X8.9		少坐电梯，多爬楼梯是低碳行为	
	X8.10		少吃肉是低碳行为	
	X9.1	价值观	我会为自觉践行低碳行为，为节能减排做贡献	
	X9.2		低碳消费是一种健康的消费方式	
	X10.1	责任意识	我愿意花更多的钱来购买低碳产品或者牺牲某些便利来改变生活中的高碳行为	
	X10.2		看见有人浪费水资源时，我会去劝阻	
	X10.3		看见有人不按类别扔垃圾，我会去纠正	
	X11.1	从众心理	我在购买低碳产品之前经常会咨询其他人的意见	
	X11.2		如果周围有人积极践行低碳生活，我也愿意效仿	

续表

类别	变量赋值	变量名称	变量的测量问题	变量选项赋值
社会因素（X12）	X12.1	经济成本	我在购买低碳产品之前，会考虑其价格是否低廉	1＝非常不认同；2＝不认同；3＝不确定；4＝认同；5＝非常认同
	X12.2		我在购买低碳产品时，会很注重产品的品质	
	X12.3		我选择低碳消费是为了省钱	
	X12.4	社会宣传	媒体对低碳产品的宣传会促使我进行低碳消费	
	X12.5	道德约束	浪费资源是可耻的行为	
	X12.6	便利程度	若商场或超市有低碳产品专区，会促使我消费低碳产品	
政府因素（X13）	X13.1	政策引导	贴有低碳认证标签，会促使我消费低碳产品	1＝非常不认同；2＝不认同；3＝不确定；4＝认同；5＝非常认同
	X13.2	强制规范	政府对消费的强制性规定会减缓环境污染、资源浪费等问题	
	X13.3		如果政府强制规定不能使用高碳排放产品，我愿意遵守	
	X13.4	经济政策	若政府对低碳产品发放补贴，我会更加愿意消费低碳产品	
	X13.5		若政府对高碳产品征税，我会更加关注低碳消费	

三、实证分析

（一）信效度分析

为考察问卷的合理性及变量的有效性，本研究采用 SPSS 22 对预调研中回收的 30 份问卷进行信度和效度检验。

1. 信度检验

信度检验（Reliability Test）即可靠性检验，是反映测量结果的稳定性和一致性的指标检验。其具体评价指标分为稳定系数指标（检验量表的跨时间一致性）、等值系数指标（检验量表的跨形式一致性）和内在一致性系数指标（检验量表的跨项目一致性）。本文采用目前计算里克特量表信度系数的最常用的方法——Cronbach α 系数，对回收的问卷进行了信度检验。综上所述，研究数据 Cronbach α 系数为 0.885，信度系数值高于 0.8，综合说明数据信度质量高，可用于进一步分析，详见表 2。

2. 效度检验

效度检验（Validity Test）是反映测量工具有效性的指标检验，即测量工具在多大程度上反映了研究者想要测量的东西（如态度、行为等），一般包括内容效度和结构效度。在内容效度上，本文参阅了国内外大量现有文献对于不同变量的测度，并根据相关专家的意见建议以及预调查的反馈不断修改题项生成了调查问卷。在结构效度上，对于结构效度的检验经常采取因子分析法，常用的判定指标有两个，即 KMO 值和巴特利特（Bartlett's）球形检验卡方值。一般测量变量的 KMO 检验统计量接近或超过 0.7 且巴特里特检验显著性水平小于 0.01 时可认为问卷的结构效度良好。应用 SPSS 22 对各量表做因子分析后得到各量表的结构效度检验结果，KMO 值为 0.831，远大于 0.6，说明数据具有效度。因子载荷系数绝对值大于 0.4 时说明选项和因子有对应关系，而且所有巴特里特检验的显著性水平均为 0.000，说明本问卷的结构信度良好，详见表 2。

表 2　各量表的 Cronbach α系数、KMO 统计量与 Bartlett's 显著性水平

名称	Cronbach α系数	KMO 值	Bartlett's 显著性
值	0.825	0.831	0.000

（二）问卷收集

本研究在综合对比分析不同调查方式的优缺点后选择了网络调查方式进行数据收集。网络调查与传统调查相比，具有时效性强、收集数据快、及时反馈、费用低、减少数据收集与处理过程中的非抽样误差等优势。

本次调查预期的有效目标问卷量为 200 份，经过两轮的问卷回收共获得问卷 262 份，在问卷调查过程中分别采用了 IP 地址重复限制、回答时间限制、系统陷阱题、逻辑陷阱题和人工排查等质量控制方法筛选有效问卷。从问卷参与人员地区分布来看，问卷覆盖度广，能全面覆盖全省 21 个市州。其中，成都市问卷参与度最高，共收集到问卷 103 份，约占总量的 40%，可以反映出，成都市居民对低碳相关的咨询关注度更高。

（三）问卷分析

1. 描述分析

（1）个体特征变量。

X1~X6 个人特征变量描述统计情况如表 3 所示。在 X1 中，男、女比例约为 1∶2，男性参与者有 88 人，女性参与者有 174 人，女性对于本次问卷积极性更高。在 X2 中，25~34 岁人群在本次问卷中参与度最高，占总人数的 34.0%，值得一提的是，65 岁以上群体共有 8 人参与本次问卷，占总人数的 4.6%，这体现出低碳问题在老年群体中也有一定的关注度。X3 的分布可以反映出，在低碳关注方面，接受过高等教育的人群关注度更高，专科/本科学历的参与者有 172 人，硕士及以上学历的参与者有 46 人，两者总数占总人数的 83.2%。在本次调研中，企业/公司员工和机关事业单位工作人员占总人数的 65.7%，说明这类人群对低碳的关注度更高。在 X5 的分布中，被访者月收入集中在 2 001~5 000 元一档，占总人数的 45.8%，这与我省人均收入情况相符。在 X6 的分布中，三口之家占比最多，占总人数的 39.3%。

表 3　个人特征变量统计表

变量	选项名称	频率	百分比/%	累积百分比/%
X1	男	88	33.6	33.6
	女	174	66.4	100.0
X2	16～24 岁	32	12.2	12.2
	25～34 岁	89	34.0	46.2
	35～44 岁	29	11.1	57.3
	45～54 岁	76	29.0	86.3
	55～64 岁	24	9.2	95.4
	65～74 岁	8	3.1	98.5
	75 岁以上	4	1.5	100.0
X3	小学及以下	3	1.1	1.1
	初中	10	3.8	5.0
	高中/中专	31	11.8	16.8
	专科/本科	172	65.6	82.4
	硕士及以上	46	17.6	100.0
X4	个体从业人员/私营业主	11	4.2	4.2
	机关事业单位工作人员	83	31.7	35.9
	企业/公司员工	89	34.0	69.8
	离退休人员	36	13.7	83.6
	家务劳动者	8	3.1	86.6
	学生	22	8.4	95.0
	失业/待业人员	5	1.9	96.9
	其他	8	3.1	100.0
X5	2 000 元及以下	41	15.6	15.6
	2 001～5 000 元	120	45.8	61.5
	5 001～8 000 元	68	26.0	87.4
	8 001～10 000 元	18	6.9	94.3
	10 001～20 000 元	11	4.2	98.5
	20 000 元以上	4	1.5	100.0
X6	1 人	14	5.3	5.3
	2 人	38	14.5	19.8
	3 人	103	39.3	59.2
	4 人	56	21.4	80.5
	5 人以及上	51	19.5	100.0

（2）个人因素变量。

从表 4 和图 2 来看，绝大多数居民在日常生活中都有低碳行为。在问卷涉及的低碳行为中，居民表现最好的是“电器长时间不使用时，切掉电源”，此项平均值达 3.57，“经常”或“总是”有此项低碳行为的人数达到总人数的 55.0%；表现最差的是“将垃圾进行分类处理”，有近两成的居民从不将垃圾分类处理。“使用公共交通出行”逐渐成为我省居民的低碳好习惯，有 95.8%的居民有选择公共交通出行的行为。

表 4　个人行为描述性统计

变量	*N*	最小值	最大值	平均值	标准差
X7.1	262	1	5	3.4	1.13
X7.2	262	1	5	2.63	1.001
X7.3	262	1	5	2.46	1.079
X7.4	262	1	5	3.41	1.159
X7.5	262	1	5	2.77	1.221
X7.6	262	1	5	3.54	1.12
X7.7	262	1	5	3.57	1.199

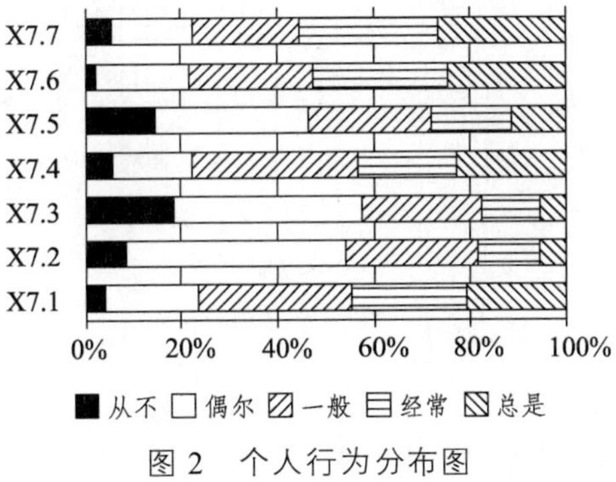

图 2　个人行为分布图

从表 5 和图 3 中可以发现，在受访者中，仅有 9 个人不知道什么是“低碳生活”或“低碳消费”，这说明被访者中，绝大多数人对于低碳行为都有一定的认识基础。X8.5 对于“一个国家或地区造成的环境问题会蔓延到全世界”的认同率①最高，达 90.0%，反映出受访者已经意识到人类是一个生态命运共同体。X8.6 中，有 47.7%的人不认为“环境保护会限制工业和商业的发展”，这说明人们已经意识到生态环境保护并不是经济发展的对立面。人们在认识上分歧最大的是 X8.4，标准差为 1.305，说明人们对于生态环境保护是否给生活造成不便有不同的认识。

① 认同率：选择“认同”和“非常认同”的人数占总人数的比例。

表 5　个人认识描述性统计

变量	N	最小值	最大值	平均值	标准差
X8.1	262	1	5	4.06	0.798
X8.2	262	1	5	3.78	0.792
X8.3	262	1	5	3.63	0.842
X8.4	262	1	5	2.91	1.305
X8.5	262	1	5	4.34	0.697
X8.6	262	1	5	2.87	1.2
X8.7	262	1	5	3.91	0.774
X8.8	262	1	5	4.2	0.715
X8.9	262	1	5	3.75	1.05
X8.10	262	1	5	3.05	1.204

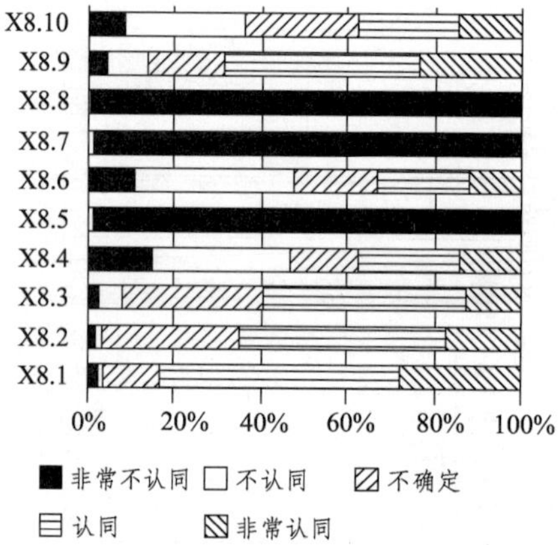

图 3　个人认识分布图

从表 6 和图 4 可以看出，在 X9.1 中，对“我会自觉践行低碳行为，为节能减排做贡献”的认同度达 90.5%，这反映出大多数人有积极践行低碳行为的意愿，但在被访者中仍有 3 人表示“非常不认同”；在 X9.2 中，对“低碳消费是一种健康的消费方式”的认同度达 91.2%，有 2 人表示“非常不认同”。从变量 X9 的整体情况来看，绝大多数人对于低碳有正确、积极的价值观，但仍存在极小部分人群对于低碳行为的价值观认识有偏差，需要继续加强覆盖面更全的低碳价值观引导和教育。

表 6　价值观描述性统计

变量	N	最小值	最大值	平均值	标准差
X9.1	262	1	5	4.19	0.633
X9.2	262	1	5	4.26	0.632

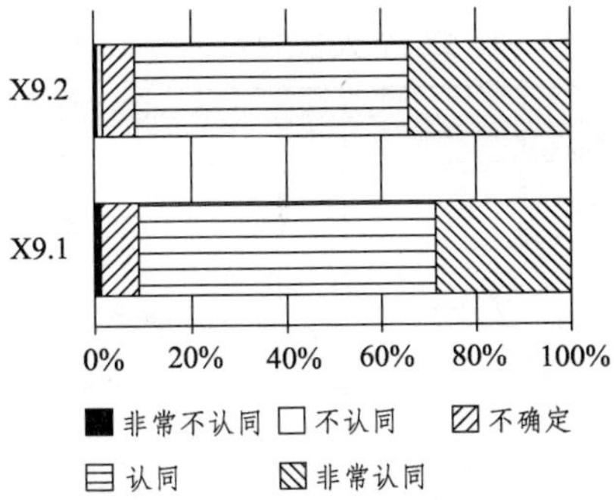

图 4　价值观分布图

从表 7 和图 5 可以看出，在 X10.1 中，对于“我愿意花更多的钱购买低碳产品或牺牲某些便利来改变生活中的高碳行为”的不确定性最高，占总数的 51.5%，可以反映出人们在面对自身利益与低碳行为之间的冲突时可能会有更多的权衡。对比 X10.2 和 X10.3 可以发现，更多的人愿意去制止浪费水资源的行为，结合 X7.3 的分析情况推测，出现这种现象的原因可能是垃圾分类处理在居民中的普及度不够。对比 X7～X10 各项平均值可以发现，虽然人们对于践行低碳行为都有积极的意愿，但是行动力上还有所欠缺。

表 7　责任意识描述性统计

变量	*N*	最小值	最大值	平均值	标准差
X10.1	262	1	5	3.82	0.838
X10.2	262	1	5	4.01	0.717
X10.3	262	1	5	3.38	0.756

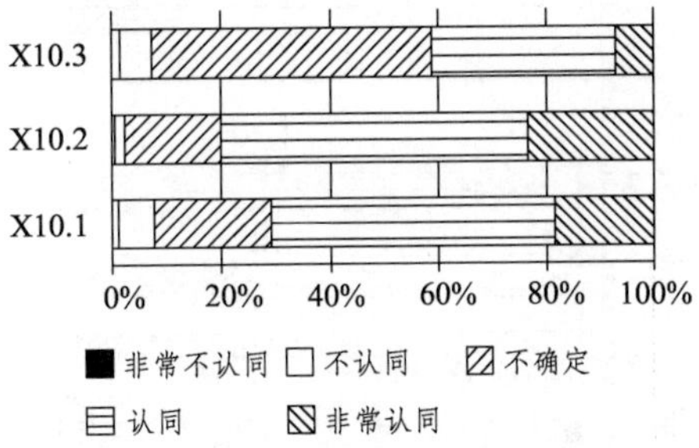

图 5　责任意识分布图

从表 8 和图 6 可以看出，X11.1 的不确定率较高，达到 38.9%，X11.2 的认同率较高，达到 86.3%。比较 X11.1 和 X11.2 可以发现，在从众心理方面，人们更愿意效仿别人的行为，而不是听从别人的建议。

表 8　从众心理描述性统计

变量	*N*	最小值	最大值	平均值	标准差
X11.1	262	1	5	3.44	0.81
X11.2	262	1	5	4.09	0.7

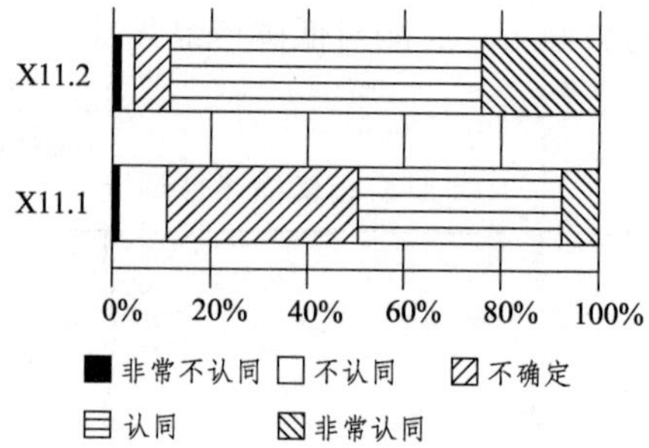

图 6　从众心理分布图

（3）社会因素。

从表 9 和图 7 中可以发现，X12.3 的平均值最低，平均值为 2.9，其中表示“非常不认同”的有 9 人，“不认同”的有 92 人，“不确定”的也有 92 人，三者累积百分比为 73.7%，这反映出更多人选择进行低碳消费的主要目的不是省钱。X12.5 的平均分最高，达到 4.44，且方差为 0.601，这说明人们对于“浪费资源是可耻的行为”有较高的认同度。

表 9　社会因素描述性统计

变量	N	最小值	最大值	平均值	标准差
X12.1	262	1	5	3.72	0.797
X12.2	262	1	5	4.17	0.545
X12.3	262	1	5	2.9	0.985
X12.4	262	1	5	3.87	0.745
X12.5	262	1	5	4.44	0.601
X12.6	262	1	5	4.03	0.693

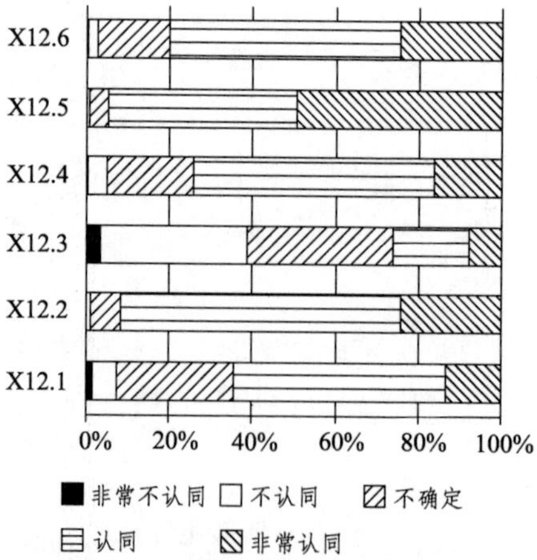

图 7　社会因素分布图

（4）政府因素。

如表 10 和图 8 所示，较 X12 的变量来说，在 X13 变量中，各变量的平均分更高，认同率也更高，这说明相比社会因素，政府因素更能影响居民的低碳行为。X13.4 的平均值最高，且居民认同率达到 88.6%，说明如果政府能对低碳产品发放补贴，能有效刺激居民进行低碳消费。

表 10　政府因素描述性统计

变量	N	最小值	最大值	平均值	标准差
X13.1	262	1	5	3.98	0.632
X13.2	262	1	5	3.98	0.803
X13.3	262	1	5	4.13	0.699
X13.4	262	1	5	4.28	0.638
X13.5	262	1	5	4.11	0.715

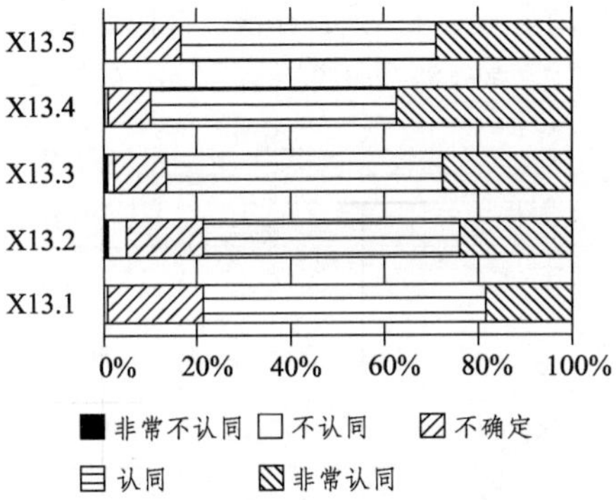

图 8　政府因素分布图

2. 交叉分析

交叉分析法是在纵向分析法和横向分析法的基础上，从交叉、立体的角度出发，由浅入深、由低级到高级的一种分析方法，它能弥补单个变量单独分析所带来的偏差。因此，分别将 X7 ~ X13 与 W1、A1 进行交叉分析。

（1）个人因素。

从表 11 可知，X7 和 W1、A1 拟合优度检验呈现出显著性（chi = 66.089，$p = 0.000<0.05$），意味着各项的选择比例具有明显差异性，可通过响应率或普及率具体对比差异性。具体来看，X7.3、X7.5 共 2 项的响应率和普及率明显较高，说明大部分居民生活中经常会进行垃圾分类处理和购物自备购物袋。针对个人认识因素选项比例分布是否均匀，使用卡方拟合优度检验进行分析，对低碳意愿和低碳行为的影响，X8 和 W1、A1 拟合优度检验呈现出显著性（chi = 122.285，$p = 0.000<0.05$）。从个人认识来看，X8.4、X8.6 和 X8.10 的响应率和普及率明显较高，说明大部分的居民认为环境保护会给生活方式多样化和舒适度带来诸多不便、环境保护会限制工业和商业发展，进一步影响其低碳意愿和低碳行为。从价值观和责任意识来看，X9、X10 和 W1、A1 拟合优度检验没有呈现显著性（chi = 2.000，$p = 0.736>0.05$），意味着各项的选择比例比较均匀，没有显著性差异。具体来看，大部分的居民会选择生活中会自觉践行低碳消费为节能减排做贡献，愿意改变生活中的高碳消费行为，纠正他人乱扔垃圾的习惯。

表 11 个人因素响应率表

项	变量	低碳意愿 W1（%）		汇总（$n=262$）	低碳行为 A1（%）		汇总（$n=262$）
		0.0（$n=7$）	1.0（$n=255$）		0.0（$n=6$）	1.0（$n=256$）	
个人行为	X7.1	2（28.57）	9（3.53）	11（4.20）	2（33.33）	9（3.52）	11（4.20）
	X7.2	1（14.29）	22（8.63）	23（8.78）	1（16.67）	22（8.59）	23（8.78）
	X7.3	2（28.57）	47（18.43）	49（18.70）	2（33.33）	47（18.36）	49（18.70）
	X7.4	1（14.29）	14（5.49）	15（5.73）	1（16.67）	14（5.47）	15（5.73）
	X7.5	3（42.86）	36（14.12）	39（14.89）	1（16.67）	38（14.84）	39（14.89）
	X7.6	1（14.29）	5（1.96）	6（2.29）	1（16.67）	5（1.95）	6（2.29）
	X7.7	1（14.29）	14（5.49）	15（5.73）	2（33.33）	13（5.08）	15（5.73）
	卡方检验：$\chi^2=3.917$，$p=0.688$				$\chi^2=6.435$，$p=0.376$		
个人认识	X8.1	2（28.57）	4（1.57）	6（2.29）	1（16.67）	5（1.95）	6（2.29）
	X8.2	2（28.57）	2（0.78）	4（1.53）	1（16.67）	3（1.17）	4（1.53）
	X8.3	2（28.57）	4（1.57）	6（2.29）	1（16.67）	5（1.95）	6（2.29）
	X8.4	2（28.57）	37（14.51）	39（14.89）	1（16.67）	38（14.84）	39（14.89）
	X8.5	2（28.57）	1（0.39）	3（1.15）	1（16.67）	2（0.78）	3（1.15）
	X8.6	2（28.57）	26（10.20）	28（10.69）	1（16.67）	27（10.55）	28（10.69）
	X8.7	3（42.86）	0（0.00）	3（1.15）	2（33.33）	1（0.39）	3（1.15）
	X8.8	1（14.29）	0（0.00）	1（0.38）	1（16.67）	0（0.00）	1（0.38）
	X8.9	2（28.57）	9（3.53）	11（4.20）	1（16.67）	10（3.91）	11（4.20）
	X8.10	2（28.57）	20（7.84）	22（8.40）	2（33.33）	20（7.81）	22（8.40）
	卡方检验：$\chi^2=38.230$，$p=0.000$				$\chi^2=27.411$，$p=0.001$		
价值观责任意识	X9.1	3（42.86）	0（0.00）	3（1.15）	1（16.67）	2（0.78）	3（1.15）
	X9.2	2（28.57）	0（0.00）	2（0.76）	1（16.67）	1（0.39）	2（0.76）
	X10.1	1（14.29）	2（0.78）	3（1.15）	2（33.33）	1（0.39）	3（1.15）
	X10.2	1（14.29）	0（0.00）	1（0.38）	1（16.67）	0（0.00）	1（0.38）
	X10.3	1（14.29）	3（1.18）	4（1.53）	1（16.67）	3（1.17）	4（1.53）
	卡方检验：$\chi^2=7.015$，$p=0.135$				$\chi^2=2.605$，$p=0.626$		

（2）社会因素。

从表 12，X12 和 W1、A1 拟合优度检验呈现出显著性（chi = 24.600，$p=0.000<0.05$），具体来看，X12.1、X12.3 的响应率和普及率明显较高，说明经济成本中低碳产品价格低廉、可以省钱是影响公众购买低碳产品的重要因素。

表 12　社会因素响应率表

变量	低碳意愿 W1（%）		汇总（$n=262$）	低碳行为 A1（%）		汇总（$n=262$）
	0.0（$n=7$）	1.0（$n=255$）		0.0（$n=6$）	1.0（$n=256$）	
X12.1	2（28.57）	2（0.78）	4（1.53）	1（16.67）	3（1.17）	4（1.53）
X12.2	0（0.00）	0（0.00）	0（0.00）	0（0.00）	0（0.00）	0（0.00）
X12.3	0（0.00）	9（3.53）	9（3.44）	0（0.00）	9（3.52）	9（3.44）
X12.4	0（0.00）	1（0.39）	1（0.38）	1（16.67）	0（0.00）	1（0.38）
X12.5	0（0.00）	0（0.00）	0（0.00）	0（0.00）	0（0.00）	0（0.00）
X12.6	1（14.29）	0（0.00）	1（0.38）	1（16.67）	0（0.00）	1（0.38）
卡方检验：$\chi^2=8.750$，$p=0.033$				卡方检验：$\chi^2=10.313$，$p=0.016$		

（3）政府因素。

从表 13 可知，X13 和 W1、A1 拟合优度检验没有呈现显著性（chi = 2.333，$p=0.675>0.05$），意味着各项的选择比例比较均匀，没有显著性差异。具体来看，X13.2、X13.3、X13.4、X13.5 的响应率和普及率明显较高，其中政府的强制性规范对居民低碳消费的意愿和行为影响最为显著，其次是政府经济政策。

表 13　政府因素响应率表

变量	低碳意愿 W1（%）		汇总（$n=262$）	低碳行为 A1（%）		汇总（$n=262$）
	0.0（$n=7$）	1.0（$n=255$）		0.0（$n=6$）	1.0（$n=256$）	
X13.1	0（0.00）	0（0.00）	0（0.00）	0（0.00）	0（0.00）	0（0.00）
X13.2	0（0.00）	2（0.78）	2（0.76）	1（16.67）	1（0.39）	2（0.76）
X13.3	0（0.00）	2（0.78）	2（0.76）	1（16.67）	1（0.39）	2（0.76）
X13.4	1（14.29）	0（0.00）	1（0.38）	1（16.67）	0（0.00）	1（0.38）
X13.5	1（14.29）	0（0.00）	1（0.38）	1（16.67）	0（0.00）	1（0.38）
卡方检验：$\chi^2=8.750$，$p=0.033$				卡方检验：$\chi^2=10.313$，$p=0.016$		

3. 相关性分析

相关分析是研究两个及多个变量之间的线性关系的一种研究方法，它的评价指标是相关系数。根据统计学的相关知识，相关系数越大，说明变量间的相关关系越强。本研究的相关关系采用皮尔逊（Pearson）相关系数来衡量。按照统计学的相关知识，不同数值的皮尔逊（Pearson）相关系数有着不同的统计意义。当数值在 0.7 到 1.0 之间时，说明变量强相关；当数值在 0.3 到 0.7 之间时，说明变量中相关；当数值在 0.3 以下时，说明变量弱相关。各变量的相关结果如表 14 所示，利用相关分析研究低碳行为 A1 和低碳意愿 W1 共 1 项之间的相关关系，低碳行为 A1 和低碳意愿 W1 之间的皮尔逊相关系数为 0.449，并且呈现出 0.01 的显著性水平，因而低碳行为 A1 和低碳意愿 W1 之间有着显著的正相关关系，说明居民低碳意愿对居民低碳行为存在显著的正向影响。

表 14　低碳意愿与低碳行为之间的皮尔逊相关系数

Pearson 相关系数		
	低碳意愿 W1	
低碳行为 A1	相关系数	0.449**
	p 值	0.000
* $p<0.05$，** $p<0.01$		

四、研究结论及建议

（一）研究结论

本研究旨在探究影响四川省居民低碳行为的影响因素，分析个人因素、社会因素、政府因素等变量对居民低碳行为和低碳意愿的影响程度，利用分析结果进一步提出有效的政策及建议。本研究查阅了大量有关居民低碳行为的文献，以计划行为理论为理论基础，构建了城市居民低碳行为影响因素模型。随后，设计并发放了调查问卷，收集原始数据的同时对数据进行处理，使用 SPSS 22 统计分析软件对收集的一手数据进行分析，得出如下结论。

1. 居民低碳消费意愿与行为受多种因素影响

个人因素中个人行为、个人认识、价值观、责任意识等因素对居民低碳消费意愿与行为均有显著影响；社会因素中经济成本对居民低碳消费意愿与行为影响最为显著，其次是便利程度；政府因素中政府强制性规范和政府经济政策对居民低碳消费意愿与行为均有较为显著的影响。

2. 低碳消费意愿对低碳消费行为的影响非常显著

通过对居民低碳消费意愿和低碳消费行为的相关性分析，前者对后者的影响系数达到 0.449，说明前者对后者的影响非常显著，也就是说居民的低碳消费意愿越强时，在外界因素的刺激下越会选择践行低碳生活方式。

（二）建　议

针对本次调查得到的我省居民对低碳意愿与低碳行为的表现，结合本研究中的主要发现与结论，现提出以下几点建议。

1. 加强低碳知识的宣传教育，不断提高居民的低碳认知

本研究经过实证分析，发现居民的低碳认知对其低碳意愿和低碳行为都有着较为显著的影响。因此，提高居民的低碳认知，可以有效地刺激其低碳意愿，进而推动其低碳行为。

（1）宣传普及低碳知识。首先，统筹传统主流媒体和新兴媒体，通过多种不同形式的载体（电视、报刊、网络等），充分发挥“两微两端”、抖音、快手等“线上”新媒体的宣传带动作用，以大众喜闻乐见的方式宣传低碳知识；其次，通过社区宣传、主题教育参观访问等“线下”途径，向居民传播关于低碳产品、低碳消费等有关低碳的知识。

（2）进一步扩大低碳教育范围。首先，在中小学普及低碳教育课程，针对不同阶段设置对应教材，灌输低碳环保理念，能够使其时刻铭记低碳环保，从而在生活中自觉践行低碳环保行动；其次，国家可以在大学课程中开设环境教育课程选修课，甚至开设环境教育专业，为国家的环保工程培养专业的教育类人才；最后，开展低碳全民教育，政府可以借助社区、企业、机关单位以及各种环保组织，开展形式多元、主题多样的低碳实践体验活动，对居民进行体验式、渗透式的环境教育，提高居民的环境保护责任意识。

（3）培养居民参与低碳生活的社会舆论和环境价值观。充分利用社会舆论宣传与环境教育的力量，发扬中国文化对环境友好的一贯传统，增进居民对自然资源与生态环境的情感，培养和提高居民维护生态环境的情结，才能持久地引导居民转向负有责任感的低碳行为。

2. 完善节能减排相关政策，引导低碳行业规范、快速发展

本研究经过交叉分析，发现社会因素和政府因素中经济成本、便利程度、强制规范、经济政策等因素对居民的低碳消费意愿和行为有着较为显著的影响。因此，完善低碳政策、引导低碳行业规范、快速发展，可以进一步提高居民的低碳意愿和低碳行为。

（1）完善低碳相关政策。首先，完善低碳税收政策，通过各个环节，总体规划，探索适当提高高碳产品的税收，以税收优惠作为主要载体的前提下，充分发挥各税种的整体协同效应，通过企业所得税促进低碳技术开发，通过营业税促进低碳技术转让，通过增值税引导消费者购入低碳产品；其次，积极制定低碳消费补贴政策，鼓励居民开展低碳消费。低碳消费补贴政策的出台，可以有效地降低居民实施低碳消费的经济成本，提高居民的低碳消费意愿，进而促进居民低碳消费行为的产生。

（2）推行产品“碳标签”制度。通过“碳标签”引导居民进行低碳消费。通过将产品在生产、流通和消费等环节产生的碳排放，以产品标签的呈现形式来告知消费者，以期不断提高低碳产品的成熟度。

（3）激活市场机制对居民低碳生活的积极推动作用。一项环保政策能否有效实施并达到预期目的与公众的支持度密不可分。首先，可以探索建立“个人的碳预算账户”，量化具体日常生活行为的碳排放量和低碳行为的节碳量，以加强“碳排放”与人们日常生活行为的感知联系，提高居民对“碳”的管理能力；其次，低碳产业的发展离不开政府、企业的大力支持，政府要支持引导高耗能企业绿色转型，企业在生产中要加大低碳技术研发力度，大力推广低碳技术，淘汰落后产能，降低能耗、减少污染和温室气体排放。

五、讨论与展望

本文通过整体设计、调查实施和实证分析，得到了一些对推进居民低碳生活意愿与行为有价值的结论，但是在很多方面仍然存在着一些不足和可以继续深入研究的空间，包括以下四点：

（1）问卷调查的样本量有限，且受限于网络调查样本总体的过度集中，使调查结果并不能完全代表我省居民的总体情况。

（2）对个人因素变量的量表问题设计不足在一定程度上影响了基于量表的分析，后期研究可在前期运用层次分析法（AHP）重点选取某几种因素进行着重考察，使得问卷更加具有针对性。

（3）样本代表性还有待提高，受限于时间和精力，本研究的被调查者多数是有专科、本科的高学历的年轻人，一定程度上会给研究结果造成一定的偏差。因此，在今后的研究中，笔者会扩大调查范围，尽量涵盖各学历、年龄段人群，以提高样本的代表性。

（4）后续研究中，还可以将我省居民的低碳意愿和行为与国内低碳生活推动比较好的省份或城市进行对标比较。

参考文献

[1] IPCC. 气候变化 2014 综合报告决策者摘要[R]. 2014.

[2] WMO. 2015—2019 年全球气候状况最终报告[R]. 2019.

[3] 刘宇伟. 计划行为理论和中国消费者绿色消费行为[J]. 中国流通经济，2008（8）.

[4] 田云. 城市居民低碳消费影响因素研究[D]. 武汉：湖北工业大学，2015.

[5] Ajzen I，Thomas J Madden. Prediction or Goal-Directed Behavior：Attitudes，Intentions and Perceived Behavioral Control[J]. Journal of Experimental Social Psychology, 1986（22）：457-474.

[6] 石洪景. 城市居民低碳消费行为及影响因素研究——以福建省福州市为例[J]. 资源科学，2015，37（2）：308-317.

[7] 芈凌云，顾曼，杨洁，等. 城市居民能源消费行为低碳化的心理动因——以江苏省徐州市为例[J]. 资源科学，2016，38（4）：609-621.

附　录

附录 1　四川省绿色低碳发展数据图

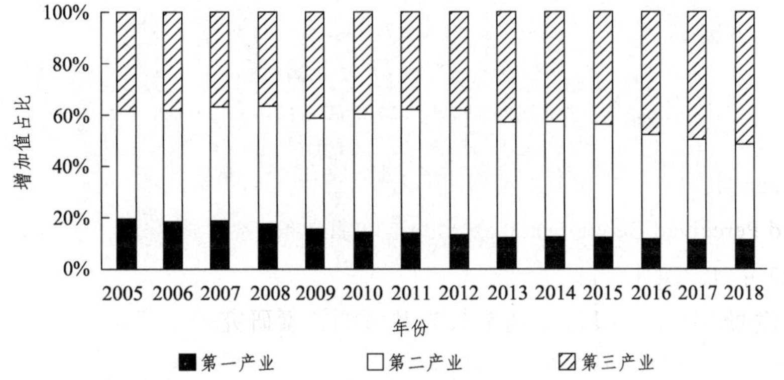

附图 1　2005—2018 年四川省三次产业增加值占比

数据来源：《四川统计年鉴 2019》。

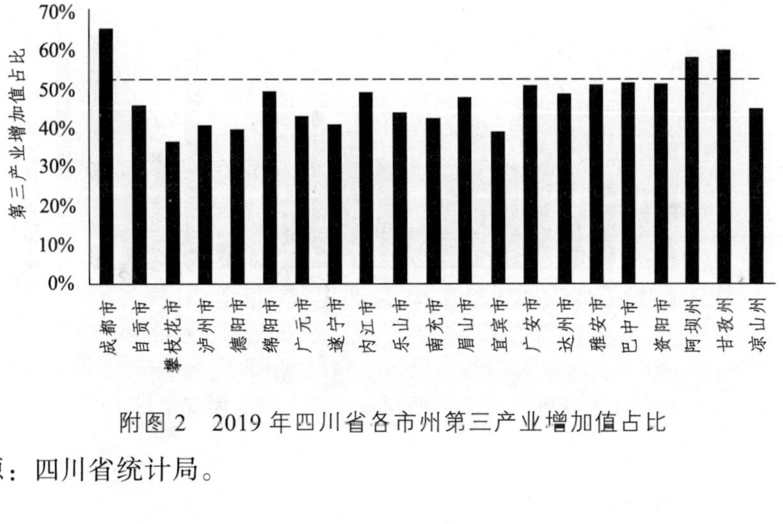

附图 2　2019 年四川省各市州第三产业增加值占比

数据来源：四川省统计局。

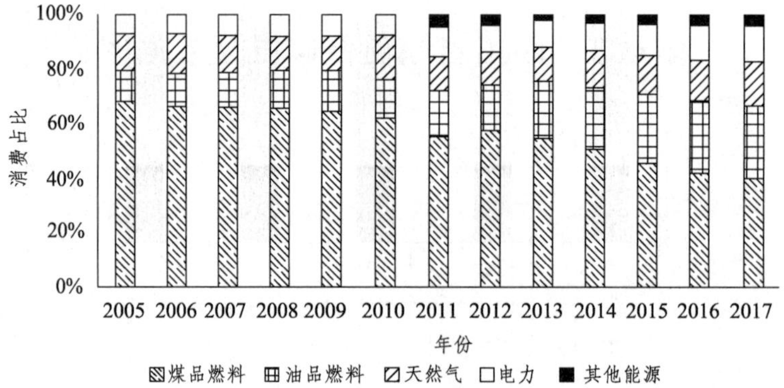

附图 3　2005—2017 年四川省各能源品种消费量

数据来源:《四川统计年鉴 2019》。

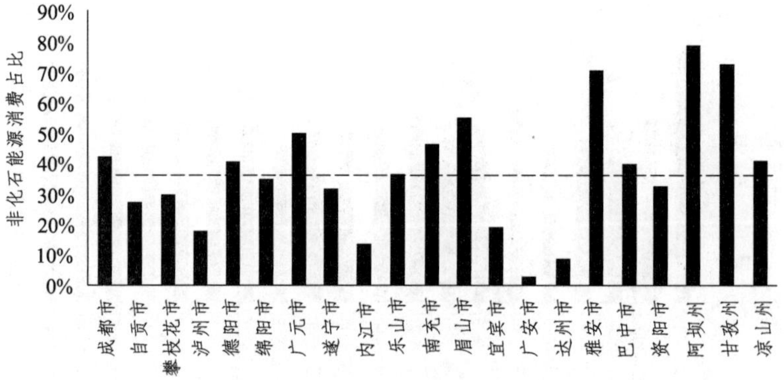

附图 4　2005—2017 年四川省三次差产业增加值占比

数据来源：四川省统计局。

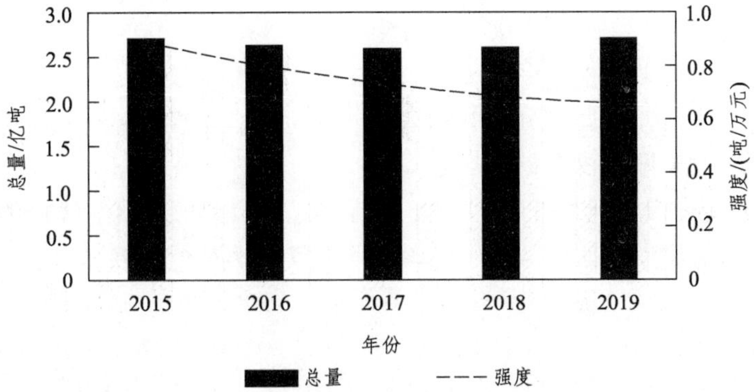

附图 5　2015—2019 年四川省能源消费产生二氧化碳排放总量与强度

数据来源：四川省生态环境厅。

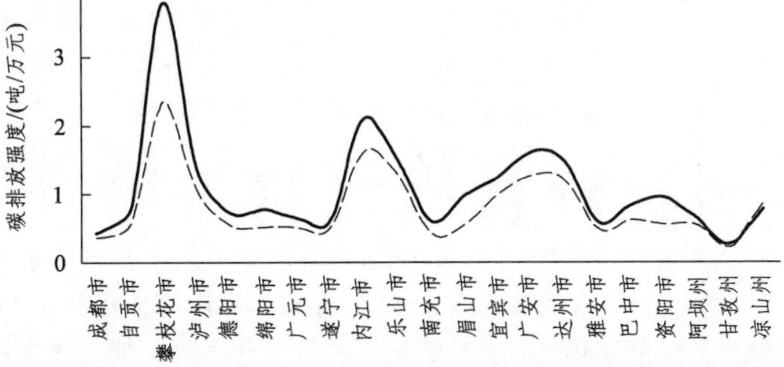

附图 6　2015 年、2019 年四川省化石能源消费产生碳排放强度

数据来源：四川省生态环境厅。

附录 2　四川省绿色低碳发展大事记

2016 年

2016 年 1 月 29 日，四川省发展和改革委员会印发《关于切实做好碳排放权交易市场重点工作的通知》，启动碳排放权交易市场建设。

2016 年 3 月，清华四川能源互联网研究院落户成都市天府新区。研究院依托清华大学电机系、能动学院、水土学院、软件学院、汽车系等，致力于践行习近平总书记提出的能源“四个革命、一个合作”战略思想，推动构建清洁低碳、安全高效的能源体系，积极开展能源互联网的前沿研究和产业培育。

2016 年 4 月，成都市人民政府与瑞士发展和合作署签订《关于中国—瑞士低碳城市项目合作备忘录》，确定在成都温江设立“中国—瑞士（成都）低碳生物医学产业园”示范项目。项目是瑞士全球气候变化项目在中国的合作项目之一，旨在推动中国城市低碳发展转型，促进绿色增长，推动可持续发展。

2016 年 4 月 26 日，国家发改委发出《温室气体自愿减排交易机构备案通知书》，予以四川联合环境交易所温室气体自愿减排交易机构资质。四川联合环境交易所成为全国非试点地区第一家获得备案的交易机构、全国第八家碳交易机构。

2016 年 5 月 3 日，四川省技术质量监督局办公室印发《四川省低碳产品认证工作方案》，全省首次开展低碳产品认证。该方案提出，2016 年完成 10 个产品获得低碳产品认证；到 2020 年，初步建立低碳产品认证管理体系。

2016 年 6 月 28 日，四川在全国率先启动省级环境保护督察。

2016 年 6 月 30 日，国家发改委同意四川省依托四川联合环境交易所设立全国碳市场能力建设（成都）中心。

2016 年 7 月，四川省发展和改革委员会公告各市州 2015 年度及“十二五”单位 GDP 二氧化碳排放降低目标责任考核评估结果，成都、广元、遂宁、雅安、攀枝花、德阳、绵阳、乐山、南充、达州、眉山 11 个市为优秀等级。

2016 年 7 月，四川省绿化委员会印发《大规模绿化全川筑牢长江上游生态屏障总体规划（2016—2020 年）》，全面启动“大规模绿化全川”行动。该规划提出，到 2020 年全省森林覆盖率达到 40%，林木覆盖率达到 50%，国土绿化覆盖率达到 70%，基本建成长江上游生态屏障。

2016 年 7 月 22 日，中共四川省委机构编制委员会印发通知，同意四川省经济信息中心增挂四川省节能低碳和应对气候变化中心牌子，增加承担节能、应对气候变化与低碳发展等方面的研究职责。

2016 年 8 月 9 日，四川省发展和改革委员会印发《四川省碳排放权交易管理暂行办法》。

2016 年 9 月 20 日，四川省林业厅办公室印发《四川省林业适应气候变化行动方案（2016—2020 年）》。该方案提出，到 2020 年，全省林地保有量不少于 3.54 亿亩，森林蓄积达到 18

亿立方米，森林覆盖率达40%，林木覆盖率达到50%，绿化覆盖率达到70%，森林火灾受害率控制在1‰以下，林业有害生物成灾率控制在3‰以下，中、重度可治理沙化土地治理率达到78%，石漠化土地治理率达到40%，自然湿地保护率提高到56%，森林、湿地和荒漠生态系统适应气候变化能力明显增强。

2016年10月17日，联合国开发计划署、中国21世纪议程管理中心、四川省科技厅主办，四川拓展清洁发展机制服务中心承办的“第一届中非可再生能源技术转移相关方联合培训会”在成都举行。会议旨在促进中国可再生能源技术在非洲的落地与发展，以技术转移和经验共享代替物质援助与成果分享。

2016年11月21日，第三届低碳·智慧城市发展国际论坛在广安举行。论坛由中国投资协会、中国旅游文化资源开发促进会主办，四川省市长协会、中国低碳产业投资中心承办。

2016年12月16日，四川碳市场鸣锣开市，标志着四川正式跨入全国碳排放权交易行列。四川是继北京、上海、天津、重庆、湖北、广东、深圳7个碳排放权交易试点地区之后，全国第八个开展温室气体自愿减排交易的省份。

2016年12月16日，全国碳市场能力建设（成都）中心揭牌。该中心是继深圳、北京、上海、广东、湖北、重庆之后全国第七个、非碳交易试点地区第一个正式获准设立的全国碳市场能力建设中心。

2017年

2017年1月7日，国家发改委发布第三批国家低碳城市试点名单，四川省成都市入选。成都将在2025年前实现碳达峰，实施“碳惠天府”计划，探索碳排放达峰追踪制度。

2017年2月21日，国家发改委、住房和城乡建设部印发气候适应型城市建设试点工作的通知，广元市入选国家气候适应型城市建设试点。

2017年2月23日，四川省人民政府政府印发《四川省“十三五”能源发展规划》。该规划提出，到2020年，全省非化石能源消费比重达到37.8%，天然气消费比重达到16.2%，煤炭消费比重23.9%；非化石能源发电装机比重提高到83.5%，常规火电装机不超过1 800万千瓦。

2017年2月28日，四川省人民政府办公厅印发《关于加快电动汽车充电基础设施建设的实施意见》。该意见提出，到2020年，初步建成适度超前、车桩相随、布局合理的充电基础设施体系，新建集中式充换电站600座以上，分散式充电桩27万个以上，满足23.8万辆以上电动汽车的充电需求。

2017年3月3日，成都市正式启动国家低碳试点城市。3月24日，成都市节能减排及应对气候变化工作领导小组印发《成都市低碳城市试点实施方案》。该方案提出，分三个阶段推进低碳城市建设，构建绿色低碳制度等六大体系，实施体制机制完善等十大重点工程，争取早日加入“中国达峰先锋城市联盟”，在2025年前实现碳排放总量达峰，成为国内低碳发展先进城市。

2017年3月7日，中国绿色碳汇基金会联合绵阳市林业局成立四川省首只碳汇基金——中国绿色碳汇基金会绵阳大熊猫碳汇专项基金成立，首日募集资金213.2万元。专项基金是全国首家以大熊猫保护、植树造林、增汇减排、应对气候变化为主要目标的全国性公募基金。

2017 年 3 月 14 日，四川省发展和改革委员会、四川省能源局、四川省经济和信息化委员会、四川省财政厅、四川省环境保护厅、四川省住房和城乡建设厅四川省交通运输厅联合印发《四川省推进电能替代实施意见》。该意见提出，着重在工业生产、交通运输、农业生产、供暖供冷、家居家电等领域分类推进电能替代，到 2020 年电能占终端能源消费比重提高至 36%以上，煤炭和燃油消费比例降至 50%以内。

2017 年 3 月 17 日，广元市人民政府印发《广元市“十三五”低碳发展规划》。该规划提出，广元市 2028 年二氧化碳排放达峰。

2017 年 5 月 2 日，四川省住房和城乡建设厅印发《四川省建筑节能与绿色建筑发展“十三五”规划》。该规划提出，到 2020 年，城镇新建建筑 50%达到绿色建筑标准，100%达到建筑节能强制性标准；在太阳能丰富的凉山川、甘孜州、阿坝川、攀枝花市逐步实现新建建筑强制推广太阳能与建筑一体化。

2017 年 5 月 8 日，国家发展和改革委员会应对气候变化司组织配额试算工作组在成都开展电力、水泥、电解铝 3 个行业的碳排放配额分配试算、排放报告和核查交流工作。

2017 年 5 月 16 日，四川省政府印发《四川省控制温室气体排放工作方案》，首次在政府文件中明确四川省 2030 年前二氧化碳排放达到峰值。

2017 年 6 月 13 日，中国社科院主办、中国社科院城市发展与环境研究所和广元市人民政府承办的“低碳发展与生态康养旅游名市建设（中国·广元）国际论坛”在广元举行。会议发布了《低碳发展与生态康养旅游名市建设（中国·广元）国际论坛广元共识》。

2017 年 6 月 9 日，四川省经济和信息化委员会、四川省发展和改革委员会、四川省财政厅、四川省政府国有资产监督管理委员会、四川省质量技术监督局、四川省统计局、银监会四川监管局联合印发《“十三五”重点工业企业节能低碳行动实施方案》。该方案提出，促进企业节能降碳的长效机制基本确立，工业领域温室气体排放持续降低。

2017 年 7 月 21 日，首届国际城市可持续发展高层论坛在成都市举行。本届论坛由国家发展改革委指导，联合国人类住区规划署与中国城市和小城镇改革发展中心联合主办，成都市人民政府承办。

2017 年 8 月 7 日，中央第五生态环境保护督察组首次进驻四川省，督察四川省党委、政府贯彻落实国家环境保护决策部署、解决突出环境问题、落实环境保护主体责任情况。

2017 年 8 月 11 日，四川省发展和改革委员会印发《四川省节约能源规划（2017—2020 年）》。该规划提出，到 2020 年，全省能源消费总量控制在 2.29 亿吨标准煤以内，单位 GDP 能耗较 2015 年下降 16%。

2017 年 8 月 28 日，四川省交通运输厅印发《关于加快推进四川省绿色交通运输发展的指导意见》。该意见提出，到 2020 年适应气候变化能力明显增强，绿色循环低碳交通运输体系基本建成。

2017 年 8 月 27 日，清华四川能源互联网研究院能源战略与低碳发展研究中心揭牌仪式暨能源可持续发展论坛在成都天府菁蓉中心举行。该中心旨在以系统、深入和开放性学术研究为基础，探索定量研究新方法，解决能源发展新问题。该中心由中国工程院院士倪维斗担任首席科学家、清华大学低碳经济研究院院长李政担任主任。

2017 年 9 月 10 日，由四川省人民政府、美国华盛顿州政府、中国清华大学、美国华盛顿大学四方主导的中美“2 + 2”清洁能源论坛在成都科学城菁蓉中心举行。

2017年9月11日，“2017中美绿色能源高峰论坛”在成都开幕。300多名来自中美两国电力行业、可再生能源行业、信息技术行业和互联网行业的领军人物和行业人士出席论坛，聚焦全球能源转型，共同探讨推广绿色能源、满足全球电力需求、减少大气污染等话题。诺贝尔物理学奖获得者、中国科学院外籍院士、斯坦福大学物理学教授朱棣文以《气候风险与清洁能源的机遇》为题作主旨报告。论坛由清华四川能源互联网研究院与美中绿色能源促进会、中国西部海外高新科技人才洽谈会联合举办。

2017年9月12日，四川省发展和改革委员会、四川省能源局印发《关于贯彻能源生产和消费革命战略的实施意见》。该意见指出，2030年全省非化石能源消费占比达到49%左右，天然气消费占比达到24%左右，煤炭消费占比降低至12%左右，全面形成以水电和天然气为主体、新能源和化石能源清洁化利用为补充的多能互补格局。

2017年9月18日，成都市节能减排及应对气候变化工作领导小组印发通知，确定首批成都市绿色低碳示范单位。成都市经开区能效网络小组、成都废宝科技有限公司、通威太阳能（成都）有限公司、锦江区三圣街道、龙泉驿青龙湖小学、成都国际科技节能大厦、摩拜单车等59家企事业单位获得成都市绿色低碳示范单位称号。

2017年10月24日，广元市人民政府办公室印发《广元市气候适应型试点城市建设实施方案（2016—2020）》。该方案提出，以建设安全、韧性、宜居、生态广元为总目标，从政策法规、体制机制、规划统筹、标准规范、建设管理等方面全面推进气候适应型城市建设，全面提升城市适应气候变化能力。

2017年11月1日，广元市质量技术监督局发布四川省首个低碳发展地方标准——《低碳旅游景区标准》。

2017年11月7日，中共四川省委组织部主办、四川省环境保护厅承办的省大规模培训重点项目“四川省推动绿色发展专题研讨班”在成都开班。

2017年12月4日，联合国开发计划署、中国21世纪议程管理中心、四川省科学技术厅主办，四川拓展清洁发展机制服务中心承办的“中非可再生能源技术转移需求对接会”在成都市举行。

2017年12月8日，四川省经济和信息化委员会主办、四川省节能协会承办的四川省绿色制造产业发展机遇与挑战高峰论坛启幕。论坛上，四川省绿色制造产业联盟成立。

2017年12月21日，四川省发展和改革委员会印发《关于进一步推进省级低碳社区建设试点工作的通知》，明确广元市芸香社区、雅安市汉碑路社区、西昌市低碳社区等11个低碳社区建设试点。

2018年

2018年1月18日，四川省人民政府办公厅印发《四川省绿色金融发展规划》。该规划提出，加快建设西部碳交易中心和全国碳市场能力建设（成都）中心，开展碳排放权配额、新能源汽车碳配额和国家核证自愿减排量交易。积极发展各类碳金融产品。

2018 年 2 月 24 日，四川省发展和改革委员会首次组织开展企事业单位温室气体排放信息披露，要求年碳排放量达到 130 万吨二氧化碳当量及以上企事业单位率先开展碳披露。

2018 年 3 月 26 日，成都市发展和改革委员会、成都市经济和信息化委员会、成都市科学技术局、成都市环境保护局联合印发《成都市推进绿色经济发展实施方案》。该方案提出，到 2022 年，绿色经济成为现代化经济体系的重要支柱，绿色低碳制造业实现主营业务收入 3 000 亿元以上，绿色低碳服务业快速成长，绿色经济应用场景显著扩展，成为国内绿色经济发展的领先城市。

2018 年 4 月 11 日，四川省节能减排及应对气候变化工作领导小组办公室印发《四川省落实〈全国碳排放权交易市场建设方案（发电行业）〉工作方案》，成为全国碳交易体系启动后首个出台推进方案的省份。

2018 年 4 月 23 日，成都市发布《建设西部金融中心行动计划》。该行动计划提出，加快开展碳排放权、排污权等环境资源交易，助力节能集约和清洁发展，实现碳排放权交易突破发展。

2018 年 4 月 17 日，成都中建材具有完全自主知识产权的大面积发电玻璃生产线在成都市西航港经济开发区正式投产，标志着中国企业完全掌握大面积碲化镉弱光发电玻璃的核心技术。碲化镉弱光发电玻璃可替代砖块和水泥作为绿色节能建筑材料，从源头减少雾霾和二氧化碳排放，在新型建筑材料等领域具有巨大的发展空间。2019 年 9 月，碲化镉发电玻璃荣获“第 21 届中国国际工业博览会新材料奖”。

2018 年 5 月，四川省林业厅主办、四川农业大学和四川省大渡河造林局承办的森林碳汇扶贫示范工程启动暨研讨会在成都召开，标志着“政府 + 企业 + 高校”合作实施的森林碳汇扶贫工程启动。

2018 年 5 月 22 日，中国人民对外友好协会、四川省人民政府联合主办的“第四届中美省州长论坛”在成都市举行。中共四川省委书记彭清华致辞时表示，愿深化绿色低碳合作，发挥四川清洁能源优势，共同推动中美气候智慧型/低碳城市合作备忘录落实，促进可再生能源、节能环保装备等领域务实合作。本届论坛以“坚持合作共赢，共同发展进步”为主题，围绕贸易投资、绿色发展、创新经济举行三次全体会议。

2018 年 5 月 31 日，成都市发布全国首个城市绿色发展蓝皮书——《成都市绿色低碳循环发展报告（2017）》。

2018 年 6 月 5 日，四川首届“十大绿色先锋”“十大环保守信企业”“十大最美基层环保人”名单发布。

2018 年 6 月 25 日，四川省生态环境保护大会在成都召开。会议进一步分析我省面临的形势，全面部署我省生态文明建设和生态环境保护工作，对打好污染防治攻坚战“八大战役”以及落实中央环保督察反馈意见整改工作进行再安排再部署。

2018 年 6 月 28 日，四川省首条氢燃料电池客车示范线——成都市郫都区 P09 公交线投入商业示范运行，四川成为继广东之后全国第二个开展氢燃料电池客车商业示范运行的省份。

2018 年 8 月 1 日，成都市举行第二届国际城市可持续发展高层论坛“碳中和”项目启动仪式，启动四川首个国际会议“碳中和”项目。项目计划在成都龙泉山城市森林公园建设500亩碳中和林，用20年时间增加碳汇，用以完全抵消本次会议产生的碳排放总量。

2018年8月1日，四川省发展和改革委员会、四川省经济和信息化委员会、四川省教育厅、四川省交通运输厅、四川省商务厅、四川省政府国有资产监督管理委员会、四川省质量技术监督局、四川省统计局、四川省机关事务管理局印发《关于深入实施重点用能单位“百千万”行动加强重点用能单位节能管理的通知》，启动重点用能单位“百千万”行动。

2018年9月26日，以“清洁能源为发展注入新动力”为主题的2018绿色发展科技创新大会在遂宁市开幕。会议由中国科协、生态环境部、住房和城乡建设部、四川省人民政府共同主办。

2018年9月26日，第六届深圳国际低碳城论坛颁奖典礼举行，成都荣获“2018年度全球绿色低碳领域先锋城市蓝天奖”。全球绿色低碳领域“蓝天奖”是由联合国工业发展组织指导开展的绿色低碳领域国际性评比活动，旨在推动绿色低碳技术产业化和广泛应用，引导绿色生活方式与可持续发展。2018年，组委会首次增设“全球绿色低碳领域先锋城市蓝天奖”，成都、深圳、里昂最终获得此项殊荣。

2018年10月30日，成都市建成全省首个会议碳中和林。碳中和依托第二届国际城市可持续发展高层论坛、国家网络安全宣传周网络安全技术高峰论坛创新实施会议碳中和项目，700亩碳中和林作为成都绿色低碳宣传点位，在龙泉山城市森林公园正式落成并面向公众开放。

2018年10月29日，大熊猫国家公园管理局在成都揭牌，标志着大熊猫国家公园体制试点进入全面推进的新阶段。

2018年11月3日，中央第五生态环境保护督察组对四川省开展“回头看”工作动员会在成都召开。“回头看”督察四川省委、省政府部署推动中央环境保护督察整改工作情况，省级有关部门整改责任落实和工作推进情况，地市级党委和政府整改工作具体实施情况。围绕打好污染防治攻坚战的重点领域，同步统筹安排沱江流域水污染防治专项督察。

2018年11月5日，四川省生态环境厅正式挂牌。根据《四川省机构改革方案》，四川省在原环境保护厅的基础上，整合四川省发展和改革委员会的应对气候变化和减排等职责，新组建四川省生态环境厅。

2018年12月13日，四川省绿色金融创新试点启动会举行，正式启动成都市新都区、广元市、南充市、雅安市、阿坝州5个绿色金融创新试点。

2018年12月5日，四川省清洁能源产业联盟成立大会暨清洁能源产业高质量发展论坛在成都举行。联盟以“贯彻落实习近平总书记‘四个革命、一个合作’能源发展战略，构建清洁低碳、安全高效的能源体系，推动四川创建国家清洁能源示范省、加快建设全国优质清洁能源基地，培育壮大清洁能源产业”为使命，以打造“全国知名的政产学研用协同创新平台、国际一流的清洁能源产业培育平台”为愿景。联盟由清华四川能源互联网研究院、国网四川省电力公司、四川省能源投资集团等单位发起，联盟拥有会员单位90余家，涵盖清洁能源生产、传输、消费、存储、装备制造、服务咨询、科学研发全产业链。

2018年12月27日，成都市发布国内首个针对会展活动制定的碳足迹核算地方标准——《成都市会展活动碳足迹核算与碳中和实施指南》。

2019 年

2019 年 2 月 27 日，为推动中国（四川）自由贸易试验区探索开展出口产品低碳认证试验，成都市人民政府办公厅印发《成都市鼓励和支持开展出口产品低碳认证若干政策措施》。该政策措施提出，以产品碳足迹国际标准为基础，在成都率先建立国际化的低碳产品认证标准、认证机构与服务体系，推动出口产品低碳认证工作，实现低碳产品扩大出口，促进成都外贸高质量发展。

2019 年 3 月 4 日，四川省生态环境厅、四川省发展和改革委员会联合印发《关于开展重点企业碳排放、能耗报告与核查及排放监测计划制定工作的通知》，首次对拟纳入用能权交易的重点用能单位开展能源消费报告与核查。

2019 年 3 月 11 日，省领导联系指导节能环保产业机制办公室印发《节能环保产业培育方案（2018—2022）》。该方案提出，节能环保产业规上企业主营业务收入年均增长 15%以上，到 2020 年力争达到 1 800 亿元；到 2022 年力争达到 2 300 亿元。

2019 年 3 月 26 日，省领导联系指导清洁能源产业机制办公室印发《四川省培育壮大清洁能源产业方案》。该方案提出，到 2022 年，非化石能源发电装机比重达到 89%，非化石能源消费占一次能源消费比重达到 43%，天然气消费占比达到 18%。

2019 年 4 月，四川温室气体自愿减排（CCER）交易市场累计成交量突破 1 000 万吨大关，居全国第五。

2019 年 4 月，成都市发展和改革委员会、成都市规划和自然资源局、成都市生态环境局联合印发《成都市浅层地温能开发利用试点工作方案》。

2019 年 4 月 22 日，首届公园城市论坛在成都市举行。论坛以“公园城市・未来之城——公园城市理论研究与路径探索”为主题，共同探索新时代可持续发展城市新路径，展望未来城市发展新愿景。

2019 年 4 月 22 日，成都首届国际氢能及燃料电池产业大会举行。成都市氢能及燃料电池产业发展促进会正式成立。成都市政府与中国东方电气集团有限公司、国家能源投资集团有限责任公司、中国长江三峡集团有限公司四方共同签署《氢能及燃料电池产业战略合作协议》。

2019 年 5 月，四川省认定“三品一标”农产品累计达 5 357 个，其中无公害农产品 3 684 个、地理标志农产品 166 个、绿色食品 1 385 个、有机农产品 122 个，绿色食品数量位居西部第一。

2019 年 5 月 8 日，由清华大学气候变化与可持续发展研究院、国家应对气候变化战略研究和国际合作中心主办，天府新区成都管委会、清华四川能源互联网研究院承办的“中国城市碳排放达峰和低碳发展研讨会”在成都市举行。

2019 年 5 月 31 日，四川省人民政府省长、四川省节能减排及应对气候变化工作领导小组组长尹力主持召开领导小组 2019 年第一次会议。会议审议通过了《四川省 2019 年节能减排和应对气候变化工作安排》和《四川省“十三五”控制温室气体排放目标责任评价办法》，并对下一步重点工作做了研究部署。

2019 年 6 月 11 日，四川省直机关工委、四川省生态环境厅共同举办省直机关生态文明建设形势报告会。报告会邀请国家应对气候变化战略研究和国际合作中心副主任马爱民就应对气候变化国际进展与中国应对气候变化战略作主旨报告。

2019 年 6 月，省领导联系指导新能源与智能汽车产业机制办公室印发《新能源与智能汽车产业培育方案》。该方案明确，到 2022 年，实现新能源汽车生产 15 万辆，实现总产值 1 000 亿元。到 2020 年，新建集中式充换电站 600 座以上，分散式充电桩 27 万个以上，满足 23.8 万辆以上电动汽车的充电需求，基本形成统一开放、竞争有序的充电服务市场。

2019 年 7 月 1 日，四川省环境政策研究与规划院揭牌成立。

2019 年 7 月 9 日，受成都市科技局委托，清华四川能源互联网研究院联合四川大学、电子科技大学、西门子（中国）有限公司、东方电气（成都）氢燃料电池科技有限公司、国家电网四川公司等 26 家单位共同组建成都市氢能产业技术研究院。研究院将逐步搭建氢能标准化测试平台，面向政府及相关企业提供行业咨询服务，开展氢能产业技术规划和项目策划工作，推进联合技术攻关，加强国际产业技术交流，助推成都氢能产业转型升级。

2019 年 7 月 16 日，成都试点开通个人“碳账户”，引导社会公众绿色生活。在个人“碳账户”微信小程序上，绿色出行、步行、旧物回收、垃圾分类等活动可兑换“积分”，“积分”可兑换礼品、电子优惠券等。个人“碳账户”平台由“早点星球”环保积分平台、四川联合环境交易所合作开发。

2019 年 7 月 31 日，四川省人民政府办公厅转发《四川省水电消纳产业示范区建设实施方案》。该方案提出，在甘孜州、攀枝花市、雅安市、乐山市、凉山州、阿坝州开展水电消纳产业示范区试点。

2019 年 8 月，成都市氢能暨新能源汽车产业推进工作领导小组办公室印发四川省首个氢能发展规划——《成都市氢能产业发展规划（2019—2023 年）》。该规划提出，到 2023 年，氢能产业力争实现主营业务收入超过 500 亿元，在客车、物流车、环卫车、出租车、公务车、共享汽车等领域推广应用燃料电池汽车 2 000 辆以上。

2019 年 8 月 15 日，四川省首次携手中欧碳市场对话与合作项目举办全省生态环境系统应对气候变化工作培训班、纳入全国碳交易电力企业能力建设培训。

2019 年 9 月 10 日，2019 中国国际绿色发展大会发布《2019 发现中国绿色创造力样本》，攀枝花入选“2019 中国绿色城市创造力样本”。

2019 年 9 月 26 日，四川省用能权交易市场开市，全省钢铁、水泥、造纸三大行业 100 多家企业首批纳入交易。

2019 年 9 月 27 日，2019 第二届中国光伏产业高峰论坛在成都市举行。论坛以“智慧引领 产业赋能 融合创变”为主题，来自光伏行业主管部门领导、顶级专家、领军企业家以及企业精英等 900 余位嘉宾齐聚蓉城，围绕中国光伏产业发展的焦点问题，展开智慧碰撞，展示前沿成果，全力助推中国光伏产业高质量发展。

2019 年 9 月 29 日，四川省林业和草原局印发《关于大力发展林草碳汇推进林草高质量发展的意见》。该意见提出，到 2025 年林草碳汇有效参与国内外碳排放权交易，基本形成林草碳汇多元化发展格局，林草碳汇项目总规模力争达到 3 000 万亩；并按照区域化布局、规模化发展和彰显特色要求，确定川西南、川西、川东北、川南、川中五大片区林草碳汇主攻方向和发展重点。

2019 年 10 月，《成都市大气污染防治五年行动计划》成功入选第七届 C40《100 城》。此奖项旨在突出城市作为领导力量在应对气候变化中所起的关键作用，在全球范围评选 100 个最具示范意义的项目。《成都市大气污染防治五年行动计划》通过“压减燃煤、治污减排、控车减油、清洁降尘、综合执法、科技治气”等系列措施，在五年内大幅改善成都市大气环境质量，成为《100 城》8 个中国案例之一。

2019 年 10 月 18 日，四川省林业和草原局、成都市人民政府共同举办的四川省林业碳汇国际研讨会在成都召开。研讨会旨在学习借鉴国际国内林草碳汇经验以及林草应对气候变化的先进成果，集中宣传推广林草碳汇发展成效，推介、签约林草碳汇、碳中和建设项目。会上，省林草局、生态环境厅、省金融监管局、人行成都分行、成都市人民政府签署《四川林草碳汇战略五方合作协议》，省林草局、壳牌、阿拉善 SEE 基金会签署《四川林草碳汇双边合作协议》，四川省林业和草原局向诺华集团（中国）、四川省大渡河造林局等单位颁发“四川林业碳汇发展突出贡献奖”。

2019 年 10 月 20 日，国家发展改革委、中央网信办联合举行国家数字经济创新发展试验区启动会，四川省等 6 个国家数字经济创新发展试验区接受授牌。

2019 年 10 月 23 日，由生态环境部应对气候变化司主办、国家应对气候变化战略研究和国际合作中心承办的全国首场“碳市场配额分配和管理系列培训班”在四川成都开班。

2019 年 10 月 28 日，四川省发展和改革委员会、四川省经济和信息化厅、四川省科学技术厅、四川省财政厅、四川省自然资源厅、四川省生态环境厅、四川省经济合作局、中国人民银行成都分行联合印发《四川省支持节能环保产业发展政策措施》。

2019 年 11 月 7 日，四川省节能减排及应对气候变化工作领导小组办公室组织召开四川省应对气候变化工作推进会。

2019 年 11 月 15 日，成都市工业和信息化系统低碳现场会召开。

2019 年 11 月 18 日，通威太阳能成都四期 3.8 GW 高效晶硅电池项目投产，全球首个 10 GW 电池基地在成都诞生。

2019 年 11 月 28 日，四川省生态环境厅办公室印发《关于开展温室气体清单编制工作的通知》，首次部署开展市州温室气体清单编制工作。

2019 年 12 月 13 日，成都市地方金融监督管理局、成都市新都区人民政府和中国人民银行成都分行营业管理部主办的“绿色金融行稳致远，绿色投资知行合一”2019 第二届成都绿色金融高峰论坛在成都市新都区举行。论坛上，成都市发布四川首个地方绿色金融认定标准，正式成立成都绿色金融智库。

2019 年 12 月 25 日，以“绿色金融助力企业高质量发展”为主题的四川省绿色产业和绿色金融融资对接会在成都举行，四川绿色金融超市——“绿蓉融”正式上线。

2019 年 12 月 25 日，国家电网四川省电力公司宣布，四川电网累计水电全口径外送电量突破 1 万亿千瓦时大关，相当于为华东、华中地区替代电煤约 4 亿吨标准煤、减少约 10 亿吨二氧化碳排放。四川自 1998 年启动向省外送电，跨省最大外送能力已超 3 000 万千瓦，全国第一。

2019 年 12 月 27 日，成都市地铁 5 号线一二期、10 号线二期和有轨电车蓉 2 号线非首开段正式开通运营，成都市轨道交通累计开通 8 条线路，运营里程突破 300 千米大关，达 341 千米。近年来，成都地铁实现从单线开通到“十字”交接、再到逐渐成网的历史性飞跃，累计安全运送乘客逾 49 亿乘次，轨道交通占公共交通出行分担率超过 50%。

2019 年 12 月 28 日，新华网主办、中国环境科学学会协办的“第六届绿色峰会暨点赞 2019 绿色中国典范”期间，攀钢集团西昌钢钒公司获评“2019 最具影响力绿色发展企业品牌”。公司实现生产过程用水全循环利用零排放，固体废物循环利用率 99%以上，大气排放指标均低于国家允许排放标准。

2019 年 12 月 31 日，成都出口产品低碳标准与认证联盟成立暨认证企业发证大会举行，成都出口产品低碳标准与认证联盟正式成立，标志着成都低碳产品标准、认证与服务体系构建正式起步。联盟由 14 家机构组成，其中检测及认证机构 6 家、院校及低碳研究机构 4 家、行业协会 3 家、低碳行业企业 1 家。联盟以“节能减排、服务外贸”为宗旨，为成都出口产品和企业提供包括但不限于人员培训、认证服务、技术改造等一系列的低碳技术服务。

2020 年

2020 年 2 月 28 日，全省能源工作会议召开。会议要求，加快建成全国优质清洁能源基地和国家清洁能源示范省，编制完成“三州一市”光伏基地规划，开展低价上网光伏基地项目试点示范，推进风光水互补开发规划编制，启动实施“气大庆”工程，完善攀西地区等末端区域供气管网，尽快建成西南天然气区域储备中心和国家天然气储备基地。

2020 年 3 月 10 日，四川省发展和改革委员会印发《宜宾三江新区总体方案》。该方案提出，将宜宾三江新区建设为长江上游绿色发展示范区。宜宾三江新区是四川省人民政府 2 月 18 日批复设立全省首个省级新区。

2020 年 3 月 13 日，四川省自然资源厅启动 2020 年“规划攻坚年”行动行动。本轮国土空间规划与以往规划的最大区别是将“生态优先、绿色发展”摆在突出位置。

2020 年 3 月 18 日，成都市人民政府印发《关于构建“碳惠天府”机制的实施意见》，明确以公众碳减排积分奖励、项目碳减排量开发运营为路径的碳普惠机制建设思路，确定“碳惠天府”机制顶层设计和基本框架。

2020 年 3 月 31 日，宜宾市黄桷庄电厂 210 米钢筋混凝土烟囱和两个 105 米冷凝塔完成整体爆破拆除，标志着宜宾市中心城区最后一座老火电厂彻底退出历史舞台。黄桷庄电厂是国家“八五”重点工程，隶属四川华电黄桷庄发电有限公司，装机容量 2×20 万千瓦，1994 年竣工投产，2014 年停产。20 年间，电厂累计发电量 347.63 亿千瓦时，为宜宾市乃至四川省经济社会发展做出贡献。

2020 年 4 月 18 日，工业和信息化部通报国家新型工业化产业示范基地五星级名单，“绿色建材 · 成都青白江”成为全省唯一上榜示范基地。

2020 年 4 月 22 日，四川省生态环境厅发布《四川省应对气候变化和低碳发展 10 大事件》。

2020 年 4 月 24 日，四川省机关事务管理局、中共四川省直属机关工作委员会、四川省发展和改革委员会、四川省财政厅印发《四川省节约型机关创建行动实施方案》。该方案提出，到 2022 年 75%的县级及以上党政机关达到创建要求，建成节约型机关。

2020 年 5 月 6 日，四川省在全国率先制定实施《四川省基层生态环境部门应对气候变化工作指南（2020）》。

2020 年 5 月 7 日，四川省装配式建筑领域首个产业联盟——四川省钢结构装配式住宅产业联盟揭牌启动。联盟由中国五冶集团牵头发起，联合省内知名院校、设计院及相关装配式建筑企业共同成立。联盟集产品设计研发、制造、装配为一体，致力于构建我省钢结构装配式住宅产业生态圈，打造全国钢结构装配式住宅领域集科研开发、成果转化、人才培养和开放服务于一体的核心平台。

2020年5月16日，国内最大的固态白酒生产企业沼气发电示范项目——五粮液污水处理站沼气发电项目并网发电。项目综合利用3个废水处理站污水厌氧发酵处理系统产生的沼气污染物，通过新型燃气发电机组，将沼气转化为电能，是兼具经济、环境和社会效益的低碳环保示范项目。

2020年5月19日，四川省生态环境厅和中国农业银行四川省分行签订银政合作协议，计划未来三年向四川省生态环境领域重点企业和项目提供不低于500亿元的融资支持。2018年以来，分行支持内江沱江水域治理PPP项目、绵阳地下综合管廊、成都地铁18号线、国电大渡河、大唐广元风电等绿色金融重点项目34个、实现投放567亿元，支持城市污水处理、垃圾焚烧等超20亿元。截至2019年3月末，绿色信贷规模突破千亿大关，居省内国有商业银行首位。

2020年6月，势银（Trend Bank）发布《中国氢能城市竞争力30强榜单》，成都市位列全国第四、中西部第一。

2020年6月2日，四川省市场监督管理局、四川省住房和城乡建设厅、四川省经济和信息化厅印发《四川省绿色建材产品认证实施方案》。该方案提出，推进实施绿色建材产品认证制度，健全绿色建材市场体系，增加绿色建材产品供给，提升绿色建材产品质量，促进建材工业和建筑业转型升级。

2020年6月5日，百威亚太发起的“绿电智酿 赋能未来”云沙龙上，百威亚太首席执行官兼联席主席、百威集团亚太区总裁杨克宣布，百威四川资阳工厂成为中国首家实现100%可再生电力的酿酒厂。沃尔沃汽车成都工厂宣布实现100%可再生电能，成为中国首家实现电能零碳排放的汽车工厂。成都工厂生产和运营环节用电100%采用可再生能源，包括65%水电和35%风光电，实现用电环节二氧化碳排放量从11 000吨减少至0吨。

2020年6月12日，四川省气候中心首次公开发布《四川省气候变化监测公报》。该公报显示，1961—2019年，全省平均气温每十年升高0.17 °C，攀西地区升温最快。

2020年6月29日，金沙江乌东德水电站首批机组投产发电。投产前，中共中央总书记习近平做出重要指示，要求坚持生态优先、绿色发展，科学有序推进金沙江水能资源开发，推动金沙江流域在保护中发展、在发展中保护，更好造福人民。乌东德水电站位于云南省昆明市禄劝县和四川省凉山州会东县交界，由中国长江三峡集团有限公司于2015年12月全面开工建设，总装机容量1 020万千瓦，年均发电量389.1亿千瓦时。

2020年6月29日，由四川省公共机构节能工作协调小组举办的2020年四川省公共机构节能宣传周暨节能环保品牌推广全川行活动启动。活动期间，发布《四川公共机构“树立低碳理念 建设绿色家园”倡议书》。

2020年6月30日，四川省经济和信息化厅、四川省经济合作局与德国北威州能源协会联合举办中国四川—德国北威州氢能源产业合作视频对接会。德国尤里希研究中心、清华四川能源互联网研究院、四川省能源协会、东方电气集团、四川省能投集团等50余家企业和研究机构在线对接交流。

2020年7月2日，四川省环境政策研究与规划院发布全国首份应对气候变化领域“双创”需求清单《四川省积极应对气候变化创新创造需求清单》和首批《四川省低碳发展25个优良实践案例》。

2020年7月3日，经四川省人民法院批准，全国首个大熊猫国家公园法庭——大熊猫国家公园卧龙法庭在阿坝州汶川境内的卧龙特别行政区成立。

2020 年 7 月 2 日，第九届四川国际茶博会期间，“四川省精制川茶自动化、清洁化示范企业”首批认定企业名单正式发布，四川省气象局代表中国气象服务协会向雅安市名山区授牌“蒙顶山茶——中国气候好产品”，成为四川省首个获得“中国气候好产品”认证标志农产品。

2020 年 7 月 4 日，2020 第三届中国（成都）新能源汽车产业大会召开。大会由电车资源、成都新能源汽车产业推广应用促进会主办，中国城市公共交通协会网约车分会协办。会议透露，截至 2019 年底，成都市累计推广新能源汽车超过 12.3 万辆，包含 210 辆氢燃料电池汽车。

2020 年 7 月 6 日，四川省生态环境厅、四川省机关事务管理局联合印发《关于开展公共机构碳排放核算报告和信息披露试点工作的通知》，首次开展公共机构碳排信息披露试点。

2020 年 7 月 7 日，成都市人民政府办公厅印发《关于促进氢能产业高质量发展的若干意见》。该若干意见从推动氢能全产业链发展、加大氢能项目引进力度、强化氢能产业集群培育、支持氢能企业科技创新、营造氢能产业生态五个方面明确支持政策。

2020 年 7 月 14 日，川渝两地发展改革委、能源局在重庆签订《共同推进成渝地区双城经济圈能源一体化高质量发展合作协议》，双方将携手打造具有全国影响力的能源绿色高效利用示范区和重要清洁低碳能源生产基地。

2020 年 7 月 24 日，四川—粤港澳大湾区节能环保产业合作交流对接会在广东深圳举行。

2020 年 7 月 23 日，四川联合环境交易所发布四川省第一批入库绿色企业和绿色项目，确定 131 家企业为四川省首批绿色企业、55 个项目为四川省首批绿色项目，另有 19 家国家级和省级绿色工厂、绿色园区、绿色产品设计、绿色供应链管理、绿色建材标识评价、全国绿色矿山名录的企业直接纳入绿色企业库。

2020 年 9 月 8 日，四川省人民政府办公厅印发《四川省加快推进新型基础设施建设行动方案（2020—2022 年）》。该行动方案提出，打造轨道上的智慧都市圈，加快建设能源互联网，加快推进特高压工程建设，加快构建新能源汽车充电基础设施网络体系；到 2022 年底，建成新能源汽车充电桩 20 万个以上，数字经济规模占地区生产总值的比重超过 40%。

9 月 8 日，凉山州德昌县王所烤烟房第一批次电烤烟叶出炉，标志着四川省首个集中式烤烟房“煤改电”示范项目——试点成功。“电烤烟”项目采用电磁加热锅炉集中供热式烤房对烟叶进行集中烘烤，提升了烟叶烘烤规范化管理水平和自动化水平。根据第一批次的 22 房烟叶核算，烟农烤烟成本维持 900 ~ 1 000 元/房不变，人工投入从 2 人/房下降至 0.2 人/房，烟叶成品率从 92.17%提升到 94.8%，增收成品烟叶约 40 千克/房。

2020 年 9 月 21 日，成都绿色发展战略研讨会举行。研讨会由清华大学气候变化与可持续发展研究院、清华四川能源互联网研究院主办，共同探讨成都市绿色低碳发展的协同创新之路。

2020 年 9 月 21 日，四川省经济和信息化厅印发《四川省氢能产业发展规划（2021—2025 年）》。该规划提出，到 2025 年，将四川打造成为国内国际知名的氢能产业基地、示范应用特色区域和绿氢输出基地。

2020 年 9 月 22 日，世界无车日期间，“美丽中国 我是行动者”绿色出行普惠平台成都、泸州启动会在泸州举行，生态环境部气候变化事务特别顾问、清华大学气候变化与可持续发展研究院院长解振华，生态环境部副部长赵英民进行视频致辞，中华环保联合会副主席杜少中，泸州市委副书记、市长杨林兴出席启动仪式。启动会上，泸州发布《绿色出行“一吨碳”行动倡议》，号召社会各界积极倡导绿色、低碳、循环、可持续的生产生活方式，着力推进生态优先、绿色发展，为成渝地区双城经济圈建设高品质生活宜居地贡献力量。

2020 年 9 月 22 日，国家应对气候变化战略研究和国际合作中心赴四川省调研，了解四川省及成都市、眉山市、广元市应对气候变化试点示范、能力建设、“十四五”规划、碳排放达峰和碳市场建设工作。

2020 年 9 月 22 日，洪雅县“2020 年中国农民丰收节”暨“零碳农业”行动计划发布会庆祝活动举行。洪雅县提出，五年内在全县实行化肥零使用、化学农药减量控害行动，努力打造全省零碳农业第一县。

2020 年 9 月 24 日，2020 成都国际环保博览会举行，博览会首次通过四川联合环境交易所碳中和服务平台实施会展碳中和，利用四川农村户用沼气国家核证自愿减排项目抵消碳排放 53 349 千克，成为 2020 年度全国首个碳中和会展。

2020 年 9 月 25 日，遂宁市 2020 年应对气候变化工作能力提升培训会举行。培训会由遂宁市生态环境局、中欧碳市场合作项目主办，全国碳市场能力建设（成都）中心、四川联合环境交易所、北京中创碳投科技有限公司承办，并邀请相关市州生态环境局参加。

2020 年 9 月 26 日，瑞士—中国可持续金融与经济研究中心签约仪式在西南财经大学举行。

2020 年 9 月 29 日，四川省人民政府顺应国内外汽车产业结构调整和转型升级趋势，印发《四川省支持新能源与智能汽车产业发展若干政策措施》，将氢燃料电池产品纳入四川省重大技术装备首台（套）支持范围。

2020 年 9 月，四川大学召开“国家碳中和技术创新中心”建设方案预论证会。拟聚焦突破一批碳减排、碳零排、碳负排的碳中和技术瓶颈，催生以生物质能源化工产业技术创新为引领、经济附加值高、带动作用强的万亿级产业集群，建设开放、共享的国家碳中和技术创新中心。

2020 年 10 月 15 日，2020 国家能源互联网大会暨国家能源互联网产业及技术创新联盟第二次全体成员大会在都举办。大会以“发展能源互联网，推动数字新基建”为主题。会议期间，发布了《2020 国家能源互联网发展蓝皮书》。

2020 年 10 月下旬，成都市相关部门印发《成都市“碳惠天府”机制管理办法（试行）》《成都市“碳惠天府”机制公众低碳场景评价规范（试行）》及供热锅炉使用电能或天然气替代、机场光伏 + 储能静变电源（GPU）系统替代燃油、节能改造、造林管护、天府绿道、川西林盘、湖泊湿地、测土配方施肥等第一批 8 个“碳惠天府”机制碳减排项目方法学。至此，成都市“碳惠天府”顶层设计和配套制度规范体系基本构建形成。

2020 年 10 月 28 日，四川省生态环境厅在成都市召开四川省积极应对气候变化工作座谈会。有关高等院校、科研院所、学会协会、重点企业、三方机构和成都市生态环境局等 27 个单位的 40 余名专家和代表参会。与会专家和代表立足构建“双循环”新发展格局、推进新一轮西部大开发和成渝地区双城经济圈建设的时代大背景，以各自不同的视角，从疫后绿色复苏、碳排放梯次达峰、碳中和先行示范区建设路线图、新型试点示范创新、低碳产业准入、电网通道建设、多能互补耦合、控制甲烷排放、环境与气候治理协同、适应气候变化、气候投融资、规划政策协同、统计体系完善、产学研结合、碳中和技术创新、意识能力提升、国际项目合作等方面建言献策。

2020 年 10 月 29 日，四川省生态环境厅发布《四川省温室气体清单技术审查指南（试行）》。该指南以市州温室气体清单为重点，涵盖技术审查实施方案、资料清单、清单编制质量评价细则、清单通用报告表、主要排放指标表等内容。